PRÁTICAS DE ENSINO DO PORTUGUÊS

Consulte nosso catálogo completo e últimos lançamentos em **www.editoracontexto.com.br**.

Roza Palomanes e Angela Marina Bravin (orgs.)
Ana Ziner Nogueira • Andressa Ribeiro • Angélica Furtado da Cunha
Cynthia Patusco • Deise Moraes Pinto • Edvaldo Balduino Bispo
Gabrielle Costa Lourenço • Gerson Rodrigues • Gilson Costa Freire
Karen Sampaio Alonso • Maria Cecilia Mollica
Mariangela Rios de Oliveira • Mônica Piza

PRÁTICAS DE ENSINO DO PORTUGUÊS

editoracontexto

Montagem de capa e diagramação
Gustavo S. Vilas Boas

Preparação de textos
Roza Palomanes e Angela Marina Bravin

Revisão
Larissa Wostog Ono

Dados Internacionais de Catalogação na Publicação (CIP)
(Câmara Brasileira do Livro, SP, Brasil)

Práticas de ensino do português /
organizadoras Roza Palomanes e Angela Marina Bravin. –
São Paulo : Contexto, 2019.

Vários autores.
Bibliografia.
ISBN 978-85-7244-738-6

1. Português 2. Português – Estudo e ensino
I. Palomanes, Roza. II. Bravin, Angela Marina.

12-10518 CDD-469.07

Índices para catálogo sistemático:
1. Português : Estudo e ensino 469.07

2019

EDITORA CONTEXTO
Diretor editorial: *Jaime Pinsky*

Rua Dr. José Elias, 520 – Alto da Lapa
05083-030 – São Paulo – SP
PABX: (11) 3832 5838
contexto@editoracontexto.com.br
www.editoracontexto.com.br

Sumário

Apresentação

Roza Palomanes
Angela Marina Bravin

Este livro é o resultado de nossas reflexões, ao longo de mais de vinte anos dedicados ao ensino de língua portuguesa nos níveis fundamental e médio. A questão principal que se levanta é: Por que grande parte de nossos alunos reflete, em seus textos, um desconhecimento das normas linguísticas exigidas em eventos de escrita e fala monitorados? Tal pergunta parte não só de nossa experiência como professoras desses dois níveis, mas também de resultados obtidos por avaliações de rendimento escolar aplicadas pelo MEC e secretarias estaduais e municipais de educação.

Para compartilhar conosco esse questionamento, convidamos outros docentes, com experiência nesses dois níveis de ensino, além de formação especializada em linguística, ou em língua portuguesa, a escreverem sobre temas ainda considerados "pedras no sapato" do professor de Português. Assim surgiu este livro que tem como *destinatários privilegiados* – retomando uma expressão de Ilari, na obra *Introdução ao estudo do léxico: brincando com as palavras*, publicada pela Contexto – os futuros professores da língua materna, graduandos ou pós-graduandos de Letras, além dos já experientes professores em exercício do magistério. Propusemos aos autores uma reflexão que associasse tradição e ruptura nos estudos sobre a língua portuguesa, a fim de levarmos ao leitor discussões que lhe ofereçam novos conhecimentos construídos dentro da ciência linguística que vão somar-se a sua prática e aos conhecimentos que já domina.

Por tudo isso, apresentamos, na primeira parte, alguns conceitos sobre processamento cognitivo e aquisição de conhecimento que possibilitarão, ao leitor, conhecer um pouco mais sobre a capacidade humana de assimilação de conceitos e, de forma didática e simples, o que, dentro da Sociolinguística, considera-se variação e norma. Na segunda parte do livro, serão apresentadas críticas e propostas ao ensino de algumas estruturas morfológicas e sintáticas, tomando como apoio as teorias linguísticas surgidas no século xx: serão abordadas as relações entre o significado do verbo e a organização estrutural da oração, mais especificamente dos verbos tradicionalmente classificados como transitivos diretos, ou seja, aqueles acompanhados de sujeito e objeto direto; será questionado o ensino de sintaxe nas escolas brasileiras com foco no estudo do sujeito indeterminado; apresentaremos uma abordagem da morfossintaxe do português na perspectiva da integração de sentido e de forma; serão discutidos os modelos de leitura e interpretação de textos nos livros didáticos; levantar-se-á uma discussão acerca das estratégias comumente usadas pelos livros didáticos no ensino dos clíticos de terceira pessoa; será dada especial atenção ao ensino das classes de palavras, com os advérbios em foco; e, finalmente, serão apresentadas evidências que apontam para a existência de uma real necessidade de se repensarem afirmações sobre gênero, número e grau. A última parte do livro apresentará os casos especiais com que o professor de Língua Portuguesa, dentro da proposta de escola inclusiva, tem que lidar no cotidiano escolar: discutir-se-á o papel da consciência fonológica em sujeitos típicos e atípicos, objetivando demonstrar sua relevância no processo de alfabetização e letramento, além de oferecer um capítulo sobre reflexões e práticas do ensino de língua portuguesa para surdos nas classes regulares.

Esperamos atingir o objetivo de contribuir para o estudo da língua portuguesa nas escolas brasileiras a partir de reflexões que visam a um ensino produtivo do português considerado padrão e utilizado em eventos de fala e escritas monitorados.

Agradecemos aos autores pela gentileza de aceitarem o nosso convite, oferecendo-nos valiosas reflexões, e encerramos com uma carinhosa menção a Mário Eduardo Martelotta, que muito contribuiu para a linguística do Brasil, deixando-nos no auge de sua carreira. A ele, a singela homenagem dos organizadores e autores deste livro.

* * *

À memória do Professor Mário Martelotta,
por tudo que significou como ser humano e pesquisador.

UM POUCO DE TEORIA

Sobre processamento cognitivo e aquisição de conhecimento

Roza Palomanes

Palavras iniciais

O século XXI coloca os educadores, mais do que nunca, frente à necessidade de uma reavaliação da formação dos alunos e do papel do professor no que se refere às práticas pedagógicas voltadas a alcançar os objetivos a que se propõe a educação formal. O ensino da modalidade padrão da língua portuguesa ministrado, principalmente, nas escolas públicas brasileiras de ensino básico, torna-se um desafio para o professor desta disciplina quando oferecida àqueles que não a dominam efetivamente.

Através de ferramentas que acompanham o desenvolvimento educacional no Brasil, tais como o Índice de Desenvolvimento da Educação Básica (IDEB), que leva em conta o rendimento escolar e as médias de desempenho na Prova Brasil[1] tem-se percebido que o desempenho dos alunos na disciplina língua portuguesa não tem sido satisfatório.

Embora se devam levar em conta outros fatores – como os de ordem emocional e social, por exemplo, dos quais o professor não poderá dar conta – que interferem diretamente no processo ensino-aprendizagem, a divulgação desses resultados tem levantado discussões na sociedade e, sobretudo, no meio docente que busca alternativas para melhorar a proficiência em língua portuguesa padrão.

Em função de pesquisas realizadas, sobretudo dentro das abordagens linguísticas dedicadas ao estudo da língua em uso, conseguem-se perceber mudanças na postura do professor, que começa a atuar como mediador entre o aluno e o objeto a ser aprendido por este. No entanto, ainda há docentes que continuam se servindo de um ensino tradicional, revestido por uma capa de modernidade, não promovendo, na prática, mudanças significativas na metodologia de ensino com intenção de permitir que o aluno se aproprie do conhecimento.

A partir do exposto, e por ter este livro o objetivo de colaborar com os professores de Língua Portuguesa no sentido de oferecer momentos de reflexão sobre suas práticas, apoiados, teoricamente, em conhecimento construído ao longo de mais de um século de pesquisas voltadas a entender o processamento cognitivo humano e o mecanismo de aquisição de conhecimento, apresentaremos, neste capítulo, algumas teorias e conceitos importantes que permitirão ao professor refletir sobre atitudes e construir um próprio método de ensino, de modo a alcançar melhor seus propósitos educativos.

O PANORAMA EDUCACIONAL BRASILEIRO: UM POUCO DE HISTÓRIA

A partir da década de 1970, a escola brasileira passa por um processo de democratização tal que classes sociais que historicamente sempre estiveram ausentes do grupo escolar passam a compor seu corpo discente. Gradativamente, apoiando-se na crença de que o ensino básico é de extrema importância para garantir o acesso das massas ao conhecimento humano historicamente construído, a escola vai atendendo a uma clientela cada vez maior.

Na década de 1980, o percentual de crianças de 7 a 14 anos atendidas pela educação pública chega a 80,9%; já no ano 2000, o percentual sobe para 96,4%. Em virtude desse processo de inclusão, passaram a conviver, no espaço escolar, falantes de uma diversidade de dialetos, o que gerou, com muita frequência, antagonismos acentuados. Ao se ampliarem as oportunidades de acesso à escola, criando-se um maior número de vagas, não foram ampliadas, concomitantemente, oportunidades adequadas ao processo ensino-aprendizagem dessa nova clientela da escola pública, levando os alunos à evasão escolar, após vários anos de fracasso.

A partir da década de 1990, pesquisas na área educacional propiciaram que se reconhecesse que o modelo educacional homogeneizador das escolas públicas brasileiras não dava conta das diferenças culturais, linguísticas, econômicas e sociais dos alunos. Assim, o reconhecimento e respeito às diferenças passam a ser foco das novas propostas educacionais que surgem. Grande parte das pesquisas e estudos acerca das causas do fracasso escolar demonstram que os mais baixos índices de aproveitamento encontravam-se na área da linguagem.

Consideramos que o papel do professor, no processo ensino-aprendizagem, seja o de possibilitar o acesso de seus alunos à cultura e à linguagem, em todas as suas formas e variedades. No entanto, a comunicação pedagógica, muitas vezes, é fundamentada em bases desiguais. Os alunos das classes dominantes, ao chegarem à escola, estão em condições mais favoráveis em relação ao acesso à cultura, tanto de seu país como a mundial, além de serem falantes da variedade considerada de prestígio. Em contrapartida, os alunos das camadas populares, com sua linguagem considerada pelo mercado linguístico[2] e cultural como *não legítima*, não reconhecida socialmente, ao chegarem à escola, em geral, fracassam, visto que a comunicação pedagógica não atinge o objetivo de fazê-los adquirir bens como a língua culta, como adição e não substituição à língua que fala. Tudo isso associado ao fato de que, por não dominarem algumas palavras e estruturas usadas nos livros didáticos ou verbalmente pelos professores, deixam de assimilar alguns conceitos importantes para sua formação global.

Assim, o não domínio da língua padrão culta apresenta-se como um entrave à expressão e compreensão do que se diz na escola, interferindo, consequentemente, na aquisição de outros conceitos e saberes.

Sobre o processo de construção do conhecimento

O homem constrói o conhecimento quando atua, física e/ou mentalmente, sobre objetos, assimilando o estímulo ou fazendo uma acomodação do novo com o que foi previamente interiorizado.

Na moderna ciência, o conhecimento não é entendido, somente, como o saber sobre alguns fatos ou o domínio de algumas informações, mas a habilidade de aplicar o conhecimento que se tem sobre um assunto a variadas situações, de modo a alcançar objetivos ou novos conhecimentos.

O conhecimento é, pois, uma ferramenta de que o homem lança mão para dar sentido à sua existência. Construir o conhecimento foi fundamental para a sobrevivência humana ao longo da história: produzir significava garantir a existência material.

O ser humano está imerso num meio em que a aprendizagem ocorre de forma constante. A todo o momento, deparamo-nos com situações inteiramente novas ou situações que já são conhecidas, mas que portam alguns elementos diferentes. Os homens, salvo casos específicos de distúrbios da mente, são capazes de utilizar as novas informações adquiridas em diferentes contextos, evocando o que aprenderam, não somente na situação em que foram geradas e assimiladas, mas em diferentes contextos da vida.

As teorias de aprendizagem desenvolvidas, sobretudo, no século XX têm em comum o fato de reconhecerem o indivíduo como ser ativo no processo de assimilação e construção de conhecimento:

(a) A teoria da epistemologia genética de Piaget centra-se na estrutura cognitiva do homem que, ao passar por processos de assimilação e acomodação, sofre mudanças. Entende-se por assimilação o entendimento do que é novo em termos de estruturas cognitivas internalizadas. Enquanto que a acomodação é entendida como uma mudança impressa na estrutura cognitiva do sujeito para fins de entender os conceitos novos.

(b) A teoria construtivista de Bruner defende a ideia de que o aprendizado é um processo ativo, que necessita partir de conhecimentos prévios para entender o novo. Nesse processo, o ser é ativo no sentido de selecionar o que é relevante e transformar o que se aprende a partir de suas próprias experiências.

(c) A teoria sociocultural de Vygotsky defende que o homem, no processo de aquisição de conhecimento, precisa estar inserido em um grupo social para daí retirar o que necessita aprender. Sob esta ótica, a aquisição de conhecimento no contexto escolar só é possível a partir das interações entre professor e alunos.

Graças a esses estudos, entende-se que a aquisição individual do conhecimento parte da experiência histórica e coletiva da cultura em que tal indivíduo está inserido, que lhe serve de matriz: novas experiências se tornam possíveis pelas experiências passadas e acumuladas numa determinada sociedade. Com efeito, o conhecimento pressupõe um alicerce construído nas relações sociais, que possibilita todo o processo de sua aquisição. A aquisição de conhecimento se dá ativamente na medida em que o sujeito vai incorporando o objeto a ser conhecido aos esquemas construídos a partir de sua experiência sensório-motora.

Os *esquemas* são as estruturas mentais através das quais o homem organiza intelectualmente o meio em que vive. Como se sabe, nosso conhecimento é dinâmico, estruturado a partir de nossa movimentação no espaço e interação com os seres a nossa volta. Nosso primeiro contato com o mundo se dá através de nossos sentidos corporais e, a partir daí, extensões de sentido são estabelecidas. Internalizamos, por exemplo, a experiência de movermo-nos de um lugar para outro. Essa experiência física corriqueira se estrutura na nossa mente na forma de um esquema de percurso. Esse esquema imagético abrange os elementos *ponto de partida*, *distância percorrida* e *ponto de chegada*. A partir desse esquema, podemos conceber a vida em termos de uma viagem, com um ponto inicial, uma distância percorrida e um ponto final.

O conhecimento não é algo rígido e estanque, uma vez que o mundo muda e, consequentemente, a forma subjetiva, particular, de organizá-lo também muda. O conhecimento que o homem tem de si mesmo e do mundo, hoje, não é o mesmo que possuíam seus antepassados. Ao longo dos séculos, o homem tem acumulado informações sobre muitos assuntos, alguns utilizados no seu dia a dia, tendo-os, à disposição, para deles se servir, quando necessário.

(d) A teoria da aprendizagem de David Ausubel[3] defende que o principal no processo de ensino é que a aprendizagem seja significativa, o que quer dizer, *grosso modo*, que o material a ser aprendido deve fazer algum sentido para o aprendiz. Quando novas informações são aprendidas sem interagirem com conceitos relevantes existentes na estrutura cognitiva, este conceito é logo apagado da mente. Sem dúvida, para haver aprendizagem significativa, é preciso a combinação de dois fatores: o aluno tem que ter vontade de aprender e o material a ser aprendido tem que lhe ser potencialmente significativo.

(e) A teoria das inteligências múltiplas de Gardner defende que, no tocante ao ensino, o professor deve buscar perceber as inteligências que mais se destacam em seus alunos, explorando-as para que possa chegar ao aprendizado do que se ensina. Suas ideias causaram profundo impacto no pensamento e prática de ensino, sobretudo nos Estados Unidos.

> Eu desejo que minhas crianças entendam o mundo, mas não somente porque o mundo é fascinante e a mente humana é curiosa. Eu quero que elas o compreendam para estarem em condições de torná-lo um lugar melhor. O conhecimento não é o mesmo que moralidade, mas temos que o assimilar se queremos evitar erros passados e nos movermos em direções mais produtivas. Uma parte importante desse entendimento é saber quem somos e o que podemos fazer... (tradução nossa) (Gardner, 1999: 180-1)

Gardner vê a inteligência como a capacidade de resolver problemas ou criar algo de valor a uma ou mais sociedades (Gardner e Hatch 1989). Uma das sete inteligências formuladas pelo teórico (1999: 41-3) é a *inteligência linguística*. Valorizada na escola, a inteligência linguística envolve "sensibilidade" em língua falada e escrita, habilidade de aprender línguas novas, capacidade de usar a linguagem de forma a alcançar objetivos comunicacionais e a habilidade de usar a linguagem como meio de processar outros conhecimentos.

A teoria das múltiplas inteligências de Gardner, apesar de não ter sido prontamente aceita entre os acadêmicos, encontrou resposta positiva entre muitos educadores sedentos de teorias que pudessem ser aplicadas para solucionar o problema do fracasso escolar.

Associados às teorias de aprendizagem, estudos sobre o papel da educação no mundo contemporâneo, tanto os produzidos no Brasil como os de nível internacional, apontam para a qualificação intelectual e o desenvolvimento emocional e afetivo como exigências do mundo moderno, e a escola como o lugar de construção e desenvolvimento dessa qualificação.

Entende-se por qualificação intelectual a que envolve maior capacidade de abstração e de raciocínio, de integração, de tomada de decisões, a que permite trabalho em equipe, melhor assimilação de mudanças e autonomia. Saber ler e saber escrever são, na sociedade contemporânea, imprescindíveis ao acesso a todo tipo de informação, o que permite ao cidadão participar de atividades produtivas e coletivas. Não dominar a leitura e a escrita na modalidade padrão gera desvantagens e dependências de todo tipo.

Sintetizando o exposto nesta seção, pode-se afirmar que o homem só adquire conhecimento a partir de duas importantes competências: a competência cognitiva – processar, assimilar e conhecer – e a competência linguística, que é a habilidade de usar e entender a linguagem para interagir com o objeto.

Linguagem, língua e fala

Linguagem, língua e fala são facetas de um processo mais abrangente: a comunicação humana. Em vista disso, faz-se necessário que se apresente sua distinção.

O termo linguagem possui mais de um sentido: pode ser usado para se referir a qualquer processo comunicacional – inclui-se, nesse sentido, a linguagem das artes, a linguagem corporal, a linguagem dos sinais – ou, na visão dos linguistas, é a capacidade inerentemente humana de se comunicar por meio das línguas.

A língua, enquanto legado histórico e cultural, se apresenta como um sistema de regras e normas instituídas, cuja existência está vinculada a uma atualização constante através da fala, que é permanentemente estabelecida nos processos interlocutórios. Tais processos devem ser entendidos como formas de expressão e de intercâmbio que constroem o universo discursivo. A língua, pois, é um instrumento a serviço do homem, indispensável para sua vivência no mundo.

A dicotomia língua e fala, relacionada ao pensamento do linguista Ferdinand de Saussure, fundamenta-se na oposição social/individual. Isto quer dizer que a linguagem apresenta duas faces que se correspondem: o lado social – a língua – e o individual – a fala. É importante lembrar ainda que, para Saussure, a língua constitui o que é adquirido e convencional. Nas palavras de Saussure, é "uma soma de sinais depositados em cada cérebro, mais ou menos como um dicionário cujos exemplares, todos idênticos, fossem repartidos entre os indivíduos" (1975: 27). A fala, em contrapartida, "é um ato individual de vontade e inteligência" (1975: 22).

A língua, portanto, traz, em si, toda a história de um povo e só existe de modo completo dentro do grupo social, manifestando-se através da fala, que é a utilização individual do código linguístico.

A língua que utilizamos não transmite apenas nossas ideias, transmite também um conjunto de informações sobre nós mesmos. Certas palavras e construções que empregamos indicam quem somos socialmente, ou seja, em que região do país nascemos, qual é nosso nível social e nossa formação escolar.

Cognição e linguagem

Estudos dentro das Ciências Cognitivas admitem que o fenômeno da cognição ocorra no processamento simbólico das relações que os homens estabelecem consigo mesmos, com os outros e com o mundo, tendo relação ampla com a linguagem, uma vez que a capacidade cognitiva de pensar e transmitir ideias e sentimentos realiza-se por seu intermédio.

A cognição é um processo de captação de sentidos, percepções e assimilação de conhecimento. Tem como material a informação do meio em que se vive, além do que já está armazenado na memória. O resultado do processo de aquisição de conhecimento corresponde, na verdade, à soma total da experiência linguística humana, associada à existência do homem. Como ato ou processo de conhecer, a cognição envolve, portanto, habilidades como a atenção, a memória, o raciocínio, a imaginação e a linguagem.

Tomasello (1999) propõe uma interdependência de processos filogenéticos, ontogenéticos[4] e históricos para a formação da cognição humana. Segundo ele, certas habilidades cognitivas e sociocognitivas humanas se desenvolvem durante o primeiro ano de vida da criança e favorecem a sua interação com o mundo. Interagindo com outras pessoas, adquire-se um repertório cultural simbólico. Inclui-se neste repertório, por exemplo, a linguagem.

A linguagem é tratada, na abordagem cognitivista, como um fenômeno biológico natural, inerente à espécie humana. Como um fenômeno natural, a linguagem pode ser descrita como um *continuum* autogenerativo e autossustentável que serve como interface entre o homem e o mundo (Maturana e Varela, 1980). A linguagem ocupa lugar central nos fenômenos de cognição por ser um sistema de comunicação motivado por um sistema de representação simbólica dos conhecimentos sobre as coisas, os acontecimentos, as situações e as ações.

A *língua* é vista dentro dessa abordagem como uma base de conhecimento capaz de refletir o sistema conceptual humano. E isso só é possível graças a habilidades cognitivas como a capacidade de estabelecer comparações.

Parte constitutiva do sistema humano de representação simbólica, as metáforas (Lakoff e Johnson, 1980) fazem parte da comunicação cotidiana. Através desse mecanismo estabelecem-se relações entre domínios cognitivos[5], permitindo que se chegue ao conhecimento sobre o mundo à volta. Para melhor entendimento, tomemos como exemplo o enunciado "Nosso casamento chegou ao fim", em que se estabelece uma relação entre o domínio *viagem*, mais concreto, e o domínio *relacionamento amoroso*, mais abstrato. A respeito dessa metáfora conceptual muito comum, Lakoff (1986: 215-25) diz:

> A metáfora envolve a compreensão de um domínio da experiência, o amor, em termos de um domínio muito diferente da experiência, as viagens. A metáfora pode ser entendida como um mapeamento (no sentido matemático) de um domínio de origem (neste caso, as viagens) a um domínio alvo (neste caso, o amor). O mapeamento é estruturado sistematicamente. Há correspondências ontológicas, de acordo com as quais as entidades no domínio do amor (por exemplo, os amantes, seus objetivos comuns, suas dificuldades, a relação amorosa etc.) correspondem sistematicamente a entidades no domínio de uma viagem (os viajantes, o veículo, os destinos etc.).

Assim, o que constitui a metáfora AMOR É UMA VIAGEM não é uma palavra ou expressão determinada, mas, sim, o mapeamento do que há no *domínio fonte das viagens* que possa ser utilizado para se entender o *domínio mais abstrato do amor*. A metáfora, pois, é uma questão que transcende a linguagem. A linguagem apenas reflete esse mapeamento, dependendo, por sua vez, da forma cultural de se entender o amor.

Lakoff e Johnson (1987), ao descreverem estudos sobre imagem mental, permitiram que se entendesse que tais esquemas e suas transformações desempenham papel importantíssimo no funcionamento cognitivo global.

De acordo com os pressupostos teóricos da linguística cognitiva, o sistema conceitual humano estrutura-se em experiências concretas. Advêm dessas experiências concretas estruturas abstratas que são armazenadas sob forma de esquemas de imagens. Explicando melhor, atividades reais humanas, tais como movimentação pelo espaço, por exemplo, permitem a elaboração desses esquemas como o de percurso.

Os *esquemas imagéticos* mais comuns, conforme Croft (1998), são os *de espaço, de escala, de contêiner, de percurso, de existência, de força, de equilíbrio, de unidade e multiplicidade e de identidade*. A partir dessas configurações conceptuais com que organizamos o mundo a nossa volta, é possível elaborar ou entender as seguintes expressões:

(1) *Estou sobrecarregada de trabalho*, em que os esquemas imagéticos de *força* e *contraforça* permitem que se entenda tal enunciado através da metáfora DIFICULDADE É ALGO PESADO.

(2) *Você passou dos limites*, lançando mão do esquema *ordem linear* que permite que se estabeleça a metáfora ESCALAS LINEARES SÃO CAMINHOS.

A aquisição da linguagem apresenta-se como um ponto fundamental no estudo da cognição humana. Entender a linguagem como a capacidade que apenas o ser humano tem de se comunicar por intermédio das línguas leva-nos ao seguinte questionamento: o que torna o homem capaz de assimilar a língua da comunidade em que vive?

A aquisição da linguagem

Há várias hipóteses acerca da aquisição da linguagem que serão apresentadas, brevemente, nesta seção.

A visão *behaviorista*, ou comportamentalista, da aquisição da linguagem defende que esta se desenvolve através de interações sociais do tipo estímulo – resposta. Assim, aprender-se-ia a falar por imitação, sendo o processo de aquisição da linguagem reduzido à aquisição de hábitos. Os princípios, pois, que governam o behaviorismo, *grosso modo*, levam ao entendimento de que se aprende através de repetição e estímulos, sendo esses fundamentais para a formação dos hábitos desejados. Essa visão, que partiu das ideias propostas pelos psicólogos Watson e Skinner, predominou por quase duas décadas.

Em 1959, Chomsky publicou na revista *Language* uma resenha do livro de Skinner, *Verbal Behavior* (comportamento verbal), dando início à derrocada da visão behaviorista de aquisição da linguagem. Sua crítica se fundamentou, basicamente, nos seguintes argumentos:

a) Reforço ou estímulo não são obrigatórios no processo de aprendizagem, uma vez que é possível aprender, por exemplo, através da leitura ou assistindo à televisão;
b) O homem é criativo e capaz de produzir sentenças complexas sem, necessariamente, ter tido contato com tais estruturas anteriormente. Isto se dá devido à sua capacidade linguística inata.

A hipótese inatista da aquisição da linguagem proposta por Noam Chomsky, nos anos 50 do século xx, defende a ideia de que o homem nasça com uma capacidade inata para adquirir a linguagem, da mesma forma como adquire outras habilidades. Tal hipótese se contrapõe, como visto no parágrafo anterior, ao que é defendido pela hipótese comportamentalista.

Para os inatistas, o ser humano é equipado geneticamente de um "dispositivo de aquisição da linguagem" (*language acquisition device*) que lhe dá acesso às categorias e estruturas gramaticais da língua falada a sua volta. A aquisição linguística se dá a partir de um conjunto de *princípios universais* e de *parâmetros* que especificam as variações destes princípios nas línguas. Tais princípios e parâmetros compõem o equipamento genético humano.

O sociointeracionismo surge como uma proposta de dar conta de alguns questionamentos levantados a partir das teorias comportamentais e inatistas. Parte do pressuposto de que o homem, numa interação com o meio, é capaz de modificá-lo. Essa abordagem apresenta a linguagem como uma atividade constitutiva do conhecimento de mundo, sendo, através dela, que a criança se constrói como sujeito.

Numa perspectiva sociointeracionista, a capacidade inata de adquirir a linguagem é vista, pois, em associação a fatores de ordem social. Fatores extralinguísticos, como meio social e escolaridade, podem interferir, diretamente, no comportamento linguístico da criança. O contexto sociocultural determina o que será aprendido, como e de que forma.

A abordagem interacionista da aquisição da linguagem apoia-se em três principais teóricos: Piaget, Wallon e Vygotsky, cada qual apresentando uma concepção diferenciada de interação. No entanto, ainda que as ideias apresentadas pelos referidos teóricos se diferenciem em certos aspectos do desenvolvimento da linguagem, coincidem no que diz respeito ao papel fundamental da interação social.

Piaget ressalta as relações entre o desenvolvimento da linguagem e o desenvolvimento cognitivo geral. Compartilha, com a teoria inatista, a ideia de que a aquisição da linguagem é determinada pelo desenvolvimento das capacidades cognitivas gerais. Para Piaget, as estruturas linguísticas resultam da interação entre o nível de desenvolvimento cognitivo e o ambiente linguístico e social. Admite a existência dos universais linguísticos, porém, estes são construídos através da interação sensório-motora com o meio.

Os estudos de Vygotsky apresentam-se como uma alternativa ao construtivismo piagetiano. Vygotsky explica o desenvolvimento da linguagem e do pensamento como tendo origens sociais. Por sempre considerar o homem como um ser social, seus estudos tiveram uma dimensão sócio-histórica. Para o referido autor, a linguagem é, ao mesmo tempo, um processo pessoal e social. Numa visão vygotskiana, o homem não é um ser social nem cultural sem a linguagem, vista como instrumento complexo do pensamento.

Wallon compartilha a mesma matriz epistemológica com Vygotsky: o materialismo histórico e dialético. Ao romper com a noção de desenvolvimento linear e estático, Wallon (1981) postula que o homem constrói o conhecimento de forma progressiva, em estágios que são assistemáticos e descontínuos. Os estágios pelos quais o ser humano passa são os de impulsividade motora, o emocional, o sensório-motor e projetivo, o do personalismo, o categorial e o da puberdade e adolescência. Ao mudar de um estágio a outro, a criança apresenta uma evolução mental qualitativa.

Com relação ao desenvolvimento da linguagem, Wallon considera este o processo que possibilita que o homem conceitue os seres a sua volta, além das ações que presencia ou vivencia, a partir do repertório linguístico que recebe do meio social em que está inserido.

Para Wallon, a aprendizagem ocorre na interação. Sua teoria aponta a escola/educação como um meio que promove o desenvolvimento, um espaço de troca onde se criam as condições necessárias para que o aluno construa conceitos e seja um transformador da sua realidade e da realidade social.

Entrecruzando o conceito de sujeito apresentado pelos três teóricos citados, vemos que Piaget (1995) aponta para um sujeito epistêmico, i.e., pensante, crítico; Vygotsky (2005) vê o homem como um sujeito social, construindo e reconstruindo o mundo a sua volta e a si próprio; e Wallon (1981) considera o homem um ser geneticamente social, devendo ser estudado de forma contextualizada nas relações com o meio.

No final do século xx, surge um novo paradigma de estudos linguísticos – a Linguística Cognitiva (Ler capítulo "O paradigma cognitivista e o ensino) – que, embora ainda não tenha construído uma teoria explícita sobre a aquisição da linguagem, postula que os humanos possuem estruturas e habilidades inatas que os capacitam a aprender as línguas. No entanto, essas estruturas e habilidades não são específicas da linguagem. Segundo os cognitivistas, o conhecimento linguístico não é diferente de qualquer outro tipo de conhecimento: é adquirido, armazenado e recuperado segundo os mesmos princípios cognitivos estruturais que operam em outras áreas. Assim, apresenta críticas severas à hipótese do inatismo com relação à modularidade da mente. Essa nova abordagem teórica vê a linguagem não como um componente autônomo da mente, isto é, não a vê como independente de outras faculdades mentais.

A *teoria da aquisição da linguagem baseada no uso,* dentro da linguística cognitiva, levanta a hipótese de que a aquisição da linguagem é um processo sociobiológico que envolve todas as habilidades cognitivas humanas. Por essa razão, surge como boa proposta capaz de dar conta dos processos de aquisição e desenvolvimento da linguagem.

A aquisição da linguagem baseada no uso

A aquisição da linguagem baseada no uso vem sendo observada no interior de uma análise mais ampla sobre a evolução da cognição humana. Tomasello e outros (2005), em estudos recentes sobre a aquisição da linguagem, argumentam que esta se dá de uma forma construtivista, ou seja, a criança adquire competência linguística gradualmente, começando com estruturas linguísticas mais concretas baseadas em morfemas e palavras, e construindo, depois, estruturas mais complexas e abstratas.

A partir do momento em que começa a interagir com outras pessoas e objetos a sua volta, compartilhando, com os demais, experiências de atenção em relação a referenciais externos, a criança passa a compreender o papel que cada um desses elementos desempenha, o que lhe permitirá compreender as intenções comunicativas que o adulto tem quando utiliza os símbolos linguísticos.

> Se você vem e me empurra sobre uma cadeira, reconheço sua intenção de que eu me sente, mas se você me disser “Sente-se!”, reconhecerei sua intenção de que eu atenda a sua proposta de que eu me sente [...]. Para entender que a intenção do outro é chutar uma bola, tenho

> apenas que determinar seu objetivo no que diz respeito à bola. Mas, para compreender o que outra pessoa pretende quando emite o som "Bola" na minha direção, tenho de determinar seu objetivo no que diz respeito aos meus estados de atenção intencionais em relação a uma terceira entidade. (Tomasello e Habery, 200: 143)

Quando a criança consegue perceber a intencionalidade comunicativa a sua volta, ela passa a usar do mesmo mecanismo para fazer com que compreendam suas próprias intenções comunicativas. Assim, passará a utilizar os mesmos símbolos linguísticos usados pelos demais falantes a sua volta para alcançar seus objetivos comunicativos. Desta forma, segundo Tomasello e outros (2005), os símbolos linguísticos são os meios arbitrariamente compartilhados pela criança e pelo adulto, além de possuírem um caráter perspectivo, na medida em que a criança entende que há variadas formas de se representar uma mesma coisa ou que há possibilidade de se usar a mesma estrutura para alcançar diferentes objetivos comunicacionais.

O compartilhamento de intencionalidades não surge logo após o nascimento. Trata-se do resultado de um processo gradual de organização sensório-motora. As crianças aprendem a internalizar as perspectivas daqueles com quem convivem, sob forma de representações cognitivas, a partir da interação dialógica com o meio. Esse conteúdo internalizado será utilizado na mediação entre a compreensão das coisas à sua volta e a da cultura em que está inserido.

Desenvolvendo habilidades de leitura e escrita

É entre os seis e sete anos que a criança começa a ser alfabetizada. Os mecanismos que coordenam os processos de aquisição da língua oral e da língua escrita são considerados os mesmos, resguardando suas diferenças estruturais.

A língua oral é aquela transmitida no lar e no convívio com os falantes que compõem a comunidade linguística na qual o indivíduo se insere. Assim, o homem aprende a se expressar dentro de um determinado grupo social utilizando a modalidade linguística que aprendeu na prática cotidiana. A língua escrita é, em geral, oferecida ao indivíduo pela instituição escolar na modalidade da língua padrão.

Em primeiro lugar, deve-se levar em conta que o conceito de alfabetização tem sido apresentado a partir de diversos enfoques. Vale ressaltar que, durante muito tempo, a prioridade era a preocupação com métodos e técnicas de alfabetização. A partir da década de 1980, graças às contribuições da linguística e outras ciências humanas dadas ao tema, a concepção de alfabetização recebeu novo *status*: a escrita passou a ser vista não como mero instrumento de aprendizagem escolar, mas como produto cultural.

Apesar do grande interesse sobre alfabetização nas últimas décadas, observa-se que a prática escolar ainda não se volta, na sua totalidade, à necessidade do domínio pleno da escrita exigida socialmente, restringindo suas práticas ao ensino mecânico da escrita e da leitura, o que possibilita o analfabetismo funcional.

Talvez porque se deseje mudar a visão tradicional de desenvolvimento de leitura e escrita, vinculada a uma concepção de alfabetização segundo a qual ensinar a ler e a escrever é fazer o aluno chegar ao reconhecimento das palavras, estabelecendo correspondência entre letras e fonemas, é que estudos mais recentes têm apontado para a diferenciação entre alfabetização e letramento. Pesquisas realizadas a partir de 1980 propuseram modelos teóricos com ênfase no letramento, isto é, uso de práticas de leitura e escrita na sala de aula.

A aquisição da língua escrita nas escolas brasileiras do século XXI vem sendo propiciada a partir de duas práticas que se alternam: tradicionais de ensino mecânico ou socioconstrutivistas, ainda em número reduzido. Provavelmente, como resultado de uma formação de professores inadequada, grande parte dos docentes das escolas brasileiras, sobretudo os de ensino fundamental, ainda adota uma postura tradicional com relação à sua prática pedagógica, entendendo o aluno como um ser passivo. Dentro dessa postura, o professor é um transmissor de conhecimentos e acaba por rejeitar práticas que busquem romper com essa visão, como é o caso do socioconstrutivismo.

Dentro da perspectiva socioconstrutivista, e podemos citar os trabalhos de Ferreiro e Teberosky (1986), sugere-se um contato com o texto escrito contextualizado e significativo. Desta forma, através de práticas consistentes de leitura e escrita, com textos que signifiquem algo ao aluno, refletindo e levantando hipóteses sobre o que lê, este desvenda o código escrito, cabendo ao professor o papel de intervir para tornar mais efetiva esta reflexão.

A leitura é de extrema importância no desenvolvimento do raciocínio lógico da criança, como já havia enunciado Vygotsky (2005). A leitura, contribuindo para o desenvolvimento da linguagem da criança, colabora para seu desenvolvimento intelectual.

Palavras finais

Diante do que foi apresentado no capítulo, proponho a você um momento de reflexão: concebendo o acesso à escrita e leitura como primordial no processo de aquisição de conhecimento, como você vê o papel da escola no que se refere ao ensino de língua portuguesa?

Notas

1 A Prova Brasil foi criada em 2005 com o intuito de avaliar a qualidade de ensino de forma mais detalhada, servindo de complemento ao SAEB (Sistema de Avaliação da Educação Brasileira), desenvolvido no final da década de 1980. São avaliados todos os estudantes da rede pública de ensino que cursam do 5º ao 9º ano do nível fundamental e o 3º ano do nível médio, aferindo as habilidades dos estudantes em matemática e língua portuguesa, tendo foco na leitura e na interpretação de textos.

2 Segundo Bourdieu (1977), numa sociedade capitalista, entre os bens materiais, como a força de trabalho, e os bens simbólicos, como os conhecimentos, as obras de arte, a música e a linguagem, estabelecem-se relações de trocas desiguais, separando os dominantes dos dominados. A competência dominante funciona como capital linguístico, assegurando um ganho de distinção na sua relação com as outras competências, na medida em que os grupos que a detêm são capazes de se impor como únicos, os legítimos, nos mercados linguísticos legítimos (mercado escolar, administrativo, social etc.) Assim, conforme o autor citado, "não se deve esquecer que as trocas linguísticas – relações de comunicação por excelência – são também relações de poder simbólico onde se atualizam as relações de força entre os locutores ou seus respectivos grupos" (p. 24). A sua análise da economia das trocas linguísticas permite compreender fatos relacionados à produção, distribuição e consumo da linguagem inscritos nas relações sociais, dentre elas, a escolar.

3 A Teoria de David Ausubel prioriza a Aprendizagem Cognitiva, que é a integração do conteúdo aprendido a um conteúdo informacional armazenado por um indivíduo. Esse conteúdo previamente internalizado pelo indivíduo representa um forte influenciador do processo de aprendizagem, resultando num "ponto de ancoragem" em que novas informações se integrarão àquilo que já se conhece. O processo de associação de informações interrelacionadas denomina-se Aprendizagem Significativa.

4 A filogênese estuda a história da evolução humana, nomeadamente a constituição dos seres humanos como sujeitos cognitivos. A partir de inúmeras investigações, afirma-se que os homens nem sempre tiveram a mesma constituição e capacidades. A explicação mais consensual é que a evolução da nossa constituição morfológica e funcional foi feita em simultâneo com o desenvolvimento das nossas capacidades cognitivas (memória, linguagem e pensamento) e esta de forma articulada com o desenvolvimento das nossas realizações e capacidades técnicas. Todos estes fatores de forma inter-relacionada contribuíram para gerarem a espécie que hoje

somos. Para a Ontogênese, o conhecimento é encarado como um processo de modificações e adaptações ao meio que desde o nascimento ocorre em todos os seres vivos. Segundo diversos autores, a ontogênese repete a filogênese, isto é, o desenvolvimento da humanidade é como que repetido no desenvolvimento de cada ser.

5 Os domínios cognitivos são conjuntos de conhecimentos estruturados que quando ativados, quer por formas linguísticas, quer pragmaticamente, ajudam a construir os significados.

Referências bibliográficas

Ferrero, Emília; Teberosky, Ana. *Psicogênese da língua escrita.* Porto Alegre: Artes Médicas, 1986.

Gardner, H. *Intelligence Reframed.* Multiple intelligences for the 21st century, New York: Basic Books. 292 + x pages. Useful review of Gardner's theory and discussion of issues and additions, 1999.

_______; Hatch, T. *Multiple intelligences go to school*: Educacional, implications of the theory of multiple intelligences. Educational Researchers, 18(8), 1989, pp. 4-9.

Lakoff, G. Frame semantic control of the coordinate structure constraint. In: *CLS-22, Part 2: Papers from the Parasession on Pragmatics and Grammatical Theory at the Twenty-Second Annual Regional Meeting.* Chicago: Chicago Linguistic Society, 1986, pp. 152-67.

________. Cognitive Models and Prototype Theory. In: Ulric Neisser (ed.). *Concepts and Conceptual Development:* Ecological and Intellectual Factors in Categorization. New York: Cambridge University Press, 1987, pp. 63-100.

________; Johnson, M. *Metaphors We Live By.* Chicago: University of Chicago Press, 1980.

Maturana, H.; Varella. *Autopoiesis and cognition*: The realization of the living. Boston: Reidel, 1980.

Piaget, J. *Seis estudos de psicologia.* Trad. Maria Alice Magalhães D'amorim e Paulo Sergio Lima Silva. Rio de Janeiro: Forense Universitária, 1995.

Saussure, F. *Curso de Linguística Geral.* Trad. Antônio Chelini, José Paulo Paes e Izidoro Blikstein 7. ed. São Paulo: Cultrix, 1975.

Tomasello, M. *The Cultural Origins of Human Cognition.* Harvard: Harvard University Press, 1999.

________; habery, k. *Understanding attention*: 12- and 18-montholds know what is new for other persons. Developmental Psychology 39:906– 12. [DB, aMT] p. cm. (Cognitive linguistics research, 2003.

________; carpenter, m. The emergence of social cognition in three young chimpanzees. *Monographs of the Society for Research in Child* 70(1):1– 122, 2005.

Vygotsky, L. S. *Pensamento e linguagem.* Trad. Jefferson Luiz Camargo. 3. ed. São Paulo: Martins Fontes, 2005.

Wallon, H. *A evolução psicológica da criança.* Lisboa: Edições 70, 1981.

ENSINO DE LÍNGUA PORTUGUESA: NOVAS PERSPECTIVAS

O paradigma cognitivista e o ensino

Roza Palomanes

Palavras iniciais

Ao refletirmos sobre as práticas de ensino do português, associando o conhecimento teórico sobre os princípios que constituem a *linguística cognitiva* à experiência como docente do ensino básico, buscamos, primeiramente, selecionar, dentre os pressupostos teóricos do modelo cognitivista, o que permitisse construir, para um contexto particular como o escolar, um método que auxiliasse o trabalho do professor de Língua Portuguesa.

Modelos linguísticos baseados no uso, como os surgidos dentro da *linguística cognitiva,* permitem que se vejam as habilidades linguísticas como resultado de experiências com a língua que o falante armazena nos eventos de uso de que participa. Graças aos repetidos usos das formas linguísticas nos eventos de fala, elas são assimiladas e passam a compor o repertório linguístico do falante; graças à percepção, que se obtém pelo uso, da variação possível entre os elementos que compõem as construções linguísticas, a experiência linguística acumulada consegue passar por processos de abstração, propiciando que se estabeleçam, entre as formas, relações de similaridade.

Tais modelos teóricos reconhecem que o ser humano aprende e usa expressões linguísticas fixas, armazenadas como unidades singulares (Ler também capítulo "Integração de sentido e forma na morfossintaxe do português"). Por outro lado, é capaz de operar com padrões construcionais altamente abstratos, como as construções resultativas (*João cortou as cebolas finas*), ditransitivas (*João deu um carro a Pedro*) e de movimento causado (*João empurrou Pedro até o colégio*).

É objetivo deste capítulo, portanto, apresentar os princípios básicos que governam a *linguística cognitiva* e que podem ser usados para compreendermos como se dá a aquisição de conhecimento, entendendo a linguagem como um conhecimento que se adquire a partir dos mesmos mecanismos cognitivos que outros conhecimentos e habilidades. Além disso, destacando dois conceitos importantes dentro do modelo – motivação e construção gramatical –, demonstrar ao professor de Língua Portuguesa do ensino básico e aos futuros professores desta disciplina como podem ser utilizados em suas práticas, construindo um método de ensino mais natural e eficaz.

A linguística cognitiva: entendendo a teoria

A partir da década de 1970, a *linguística cognitiva* surge como uma nova corrente de estudos linguísticos. Dentre outras contribuições desse paradigma para os estudos da linguagem, destacamos o fato de que muito do que vinha sendo apresentado como idiossincrático e arbitrário numa visão tradicional passa a ser tratado como sistemático e motivado.

Para os cognitivistas, a linguagem não é independente de outras faculdades mentais, i.e., o conhecimento não linguístico é requerido quando se utilizam as estruturas linguísticas, adequando-as aos contextos reais de uso ou construindo novas estruturas, quando necessário. Por adotar, portanto, uma visão da linguagem baseada no uso, a *linguística cognitiva* possibilita a compreensão dos contextos em que as construções gramaticais ou itens lexicais ocorrem e se alternam com outros usos variantes.

Sendo assim, tal paradigma permite-nos propor uma abordagem interdisciplinar no que se refere ao ensino de línguas. Isto se deve ao fato de que, para esta teoria, *a percepção e a computação* das estruturas linguísticas são postuladas como sendo dependentes do conhecimento mais amplo, enciclopédico.

Compreender este princípio cognitivista é fundamental para o professor de qualquer disciplina, mas, sobretudo, de línguas. Desta forma, seu trabalho pode ser direcionado rumo a um ensino mais produtivo que, por exemplo, leve os alunos a perceberem a *motivação* existente para determinados usos ditos excepcionais, oferecendo-lhes uma descrição mais coerente da língua.

Objetivando aplicar o paradigma cognitivista ao ensino, apresentamos, nas próximas seções, os princípios básicos da linguística cognitiva e as noções de *motivação* e *construção gramatical* – duas noções de extrema importância dentro da teoria – que, a nosso ver, devem ser de conhecimento do professor de Língua Portuguesa, permitindo-lhe propor aos alunos atividades que o levem a perceber o funcionamento da língua.

PRINCÍPIOS BÁSICOS DA LINGUÍSTICA COGNITIVA

O princípio básico que distingue esta teoria das demais é o de que a *linguagem é significado*, um instrumento de organização, processamento e veiculação de informação, tal como foi publicado em 1990, no editorial do primeiro exemplar do *Journal Cognitive Linguistics*.

Quando se diz que a linguagem é significado, deseja-se mostrar que a forma como subjetivamente entendemos o mundo a nossa volta permite criarmos construções linguísticas adequadas à necessidade expressiva e em consonância com a forma como "vemos" o mundo. Trata-se de outro princípio cognitivista: *o significado não constitui um reflexo objetivo do mundo exterior; na verdade, é uma forma de modelá-lo.*

Não se pode pensar na língua, portanto, como uma estrutura estável. Se a forma de conceber o mundo muda, se novas experiências vão sendo incorporadas às construções mentais humanas (Ler capítulo "Sobre processamento cognitivo e aquisição de conhecimento") e se levarmos em conta os processos de pensamento subjacentes à utilização das estruturas linguísticas, então se deve pensar nessas estruturas como flexíveis, sujeitas à mudança. Por tudo isso é que, dentro da abordagem cognitivista, o significado linguístico é entendido como dinâmico e flexível, permitindo as variações.

Outro princípio em que se fundamenta a teoria apresentada é de que o *significado linguístico é enciclopédico e não autônomo*. Como o significado tem relação com a forma como o homem interage com o mundo a sua volta e essa forma de interação se dá através de nossos sentidos corporais, é lógico pensar que, na construção do significado, todo o ser está envolvido. Pode-se compreender bem este princípio se pensarmos que somos seres que possuímos um corpo físico, que interage com o meio. Fruto desta interação é o conhecimento/experiência que se adquire, refletidos na língua que se usa. O significado se constrói na e através da linguagem, não existindo um módulo mental independente que dê conta desse processamento[1].

O significado linguístico reflete, pois, toda a experiência humana, sendo, por isso, enciclopédico e não autônomo. Segundo Martelotta e Palomanes (2008: 179), a proposta cognitivista considera "aspectos relacionados a restrições cognitivas que incluem a captação de dados da experiência, sua compreensão e seu armazenamento na memória, assim como a capacidade de organização, acesso, conexão, utilização e transmissão adequada desses dados".

A ideia de que o significado é não autônomo, i.e., depende de toda a nossa experiência e conhecimento, leva a outro princípio básico da linguística cognitiva: *o significado linguístico baseia-se no uso.* Geeraerts (2006: 5-6) destaca a importância do uso linguístico para o conhecimento da linguagem, citando, como exemplo, que há estruturas linguísticas abstratas que não podem ser diretamente observadas. Nesses casos, o que faz com que o léxico se relacione à sintaxe para estruturar tais formas? As habilidades humanas de *percepção* e *abstração.*

Se pensarmos, como sugere a linguística cognitiva, que os padrões gramaticais possuem uma base experiencial concreta e que a experiência linguística é a experiência real da língua, fica mais fácil entender que não é possível dissociar língua e uso. Aplicando ao ensino, não é possível proporcionar a aquisição de um conhecimento acerca de algo abstrato, como a língua, sem criar condições reais de percepção – e futura abstração – de padrões construcionais.

Aplicando os princípios cognitivistas ao ensino de língua portuguesa

A partir dos princípios que norteiam a abordagem cognitivista, apresentados na seção anterior, destacamos o que, a nosso ver, deva ser de conhecimento dos professores que se arriscam na tarefa de ensinar uma variedade linguística:

(1) As estruturas mentais são intrinsecamente significativas devido à sua conexão com nossos corpos e sua experiência com o meio, o que permite que se estruturem esquemas de imagens (ver "Sobre processamento cognitivo e aquisição de conhecimento") que serão usados para entender o que é novo.

(2) Nossos cérebros são estruturados de forma a projetar a ativação de padrões de áreas sensório-motoras para níveis corticais mais altos, constituindo as chamadas metáforas primárias (Ler "Sobre processamento cognitivo e aquisição de conhecimento").

Entendendo o exposto, a imagem de percurso, que armazenamos na memória a partir de nossa experiência concreta de movimentação pelo espaço, é utilizada para construir a metáfora conceptual A VIDA É UMA VIAGEM, o que será usado para estabelecer sentido para o enunciado *Ele chegou ao fim de sua jornada.* Em *Você só tem palavras vazias*, é o esquema imagético de contêiner que é ativado, e as metáforas A MENTE É UM RECIPIENTE e IDEIAS SÃO OBJETOS.

Segundo Lakoff e Johnson (1980: 47), "A essência de uma metáfora é compreender e experienciar uma coisa em termos de outra". As metáforas primárias envolvem uma ligação entre conceitos distintos que surgem de cenas primárias relacionadas à percepção física (experiencialismo). Segundo essa visão, a estrutura conceptual é significativa porque emerge de nossas experiências corpóreas pré-conceptuais (Lakoff, 1986).

Aplicação

a) Sugere-se que o professor trabalhe com manchetes de jornais e revistas. Há enunciados construídos a partir de conceitos que, para serem entendidos, precisam ser estruturados em outros, em geral, mais concretos. A capacidade de se estabelecer comparações é uma habilidade cognitiva humana. Ao propor exercícios de ativação de esquemas e projeções entre domínios cognitivos, pretende-se levar o aluno a transferência e processamento do sentido entre padrões que já domina e outros apresentados pelo professor.

b) Outra sugestão é usar a *charge*, que, para ser compreendida, necessita que se estabeleça uma relação de similaridade entre as ideias veiculadas. Esse tipo de atividade permitirá um exercício cognitivo importante por parte do aluno, uma vez que a metáfora é parte constitutiva do processamento cognitivo humano, possibilitando novas assimilações e usos.

Tomando como base teórica a abordagem cognitivista que vê o conhecimento em conexão com as experiências de mundo do ser, propõe-se que as unidades e as estruturas da linguagem sejam estudadas como manifestações de capacidades cognitivas gerais, da organização conceptual, de princípios de categorização, de mecanismos de processamento e da experiência cultural, social e individual. Nesse sentido, os significados das palavras, sentenças e outras estruturas linguísticas são vistas como *motivadas e alicerçadas na experiência concreta* do ser humano com o meio com o qual interage.

Assim, ao defender, como caminho lógico, que se deva buscar uma metodologia que possibilite ao aluno interagir com o objeto a ser conhecido, ao apresentar o paradigma cognitivista ao professor pretende-se que ele se apoie nesses conhecimentos para melhor organização do processo ensino-aprendizagem.

Sendo assim, apontamos dois conceitos relevantes trazidos pela *linguística cognitiva* que podem ser usados para sanar algumas incongruências no que se refere ao ensino de certas estruturas linguísticas: a *motivação* e a *construção gramatical.*

Entendendo o conceito de motivação

Motivação é tradicionalmente vista em oposição à *arbitrariedade.* Esse é um questionamento antigo. Na Grécia antiga já se levantavam questionamentos acerca da existência ou não de uma relação de similaridade entre a forma linguística e seu referente. Por muito tempo se considerou a arbitrariedade – ou convenção – entre o nome e os seres designados o mecanismo de denominação ou designação utilizado dentro do sistema linguístico. Saussure, ao resgatar os conceitos da tradição clássica, considera como norma que o signo linguístico seja resultado da associação arbitrária entre significante e significado. A partir dos estudos dentro da *linguística cognitiva*, no entanto, é a *motivação* que passa a ser vista como norma, enquanto que a *arbitrariedade* é considerada um último recurso do falante (Lakoff: 1987).

Heine (1997) argumenta a favor da ideia de motivação como norma a partir da evidência de que o comportamento humano não é arbitrário, mas guiado por motivações. Desta forma, a estrutura linguística, produto do comportamento humano, logicamente deve ser motivada. Para o autor, as formas linguísticas são motivadas na medida em que são construídas para algum propósito específico.

De uma forma mais ampla, a motivação não é vista como um fenômeno periférico; é uma noção central da *linguística cognitiva* e apoia-se no princípio de que todo tipo de conhecimento – incluindo o conhecimento linguístico – está intimamente relacionado ao conhecimento geral que o ser humano possui do mundo que o cerca, adquirido numa relação experiencial. Essa rede de relações facilita o aprendizado, o armazenamento e a assimilação de conceitos e estruturas. Especificamente com relação à linguagem, pode-se dizer que é essa rede de relações que estrutura nosso inventário linguístico.

A *motivação*, em estudos recentes, tem sido tratada sob vários pontos de vista, o que resultou em uma tipologia a ser apresentada, brevemente, nesta parte do capítulo: *motivação ecológica*, *motivação genética*, *motivação experiencial-conceptual* e *motivação perceptual*.

A *motivação ecológica*[2] é assim nomeada por se referir à ideia de que o processamento cognitivo depende da estrutura geral do sistema conceitual. Deve-se a Lakoff (1987: 487) a introdução da noção de *motivação ecológica*, termo este que não se restringe à linguagem; é um princípio geral humano. Taylor (2004) faz uma releitura da noção, aplicando o termo à motivação linguística. Entende-se por *motivação linguística ecológica* o fato de que todas as unidades linguísticas são motivadas em algum grau, uma vez que cada unidade está relacionada a outras dentro do sistema. O composto *pé da cadeira*, por exemplo, é um termo motivado e se relaciona, morfológica e semanticamente, a outras unidades dentro do sistema: por um lado, temos uma palavra composta por elementos já existentes na língua e, por outro, estabelece-se uma analogia a partir da semelhança entre a função do objeto nomeado e os pés humanos.

Deve-se a Bernd Heine (In: Radden e Panther: 2004) o termo *motivação genética*. Segundo o autor, o comportamento linguístico atual foi motivado por fatores que operaram há muito tempo e que continuam visíveis e relevantes ao entendimento das estruturas linguísticas hoje. Em outro momento, Heine (1997) discute, dentre outros casos, a noção esquemática de comparação. Ao se deparar com a constatação de que *João é alto* e *Pedro não é alto*, o falante é capaz de produzir enunciados como *João é mais alto que Pedro*. A lógica da inferência que nos permite pressupor, ao ouvir o enunciado *João é mais alto que Pedro,* que Pedro não seja tão alto como João, se mantém, ainda hoje, como princípio geral humano.

Heine (1997: 105) também contrasta *motivação estrutural* e *motivação genética. Motivação estrutural* diz respeito às relações entre estruturas linguísticas e extralinguísticas, enquanto *motivação genética* parte da ideia de que a estrutura linguística é produto do comportamento cognitivo humano. Como Heine (1997) enfatiza, *motivação genética* é uma noção diacrônica que dá conta dos fatores motivadores que subjazem à mudança linguística. Ainda que não se consiga perceber a motivação para determinada forma linguística, pode ser que seja encontrada num estudo diacrônico.

Com relação à *motivação experiencial-conceptual,* a linguística cognitiva chama a atenção para a ideia de *pensamento corporificado.* "A estrutura e organização do pensamento estão diretamente associadas à estrutura de nosso corpo, bem como às nossas restrições de percepção e de movimento no espaço" (Martelotta e Palomanes, 2008: 181). A partir de nossas experiências sensório-motoras, formam-se os esquemas imagéticos, como os de *contêiner, de percurso, de escala etc.*, (Ler "Sobre processamento cognitivo e aquisição de conhecimento") que relacionam nossas experiências passadas e novas. Os esquemas imagéticos apresentam-se como fatores de motivação devido a sua base corporal. Se observarmos, por exemplo, a preposição "*em*" e suas extensões de sentido, podemos perceber que derivam do esquema imagético de *contêiner.* Todos os sentidos que a preposição *em*[3] adquire, em português, guardam a noção de locativo.

Newman (2004) estuda translinguisticamente a motivação para usos de verbos, na sua maioria experienciais. Sua pesquisa demonstra que, em um grande número de línguas, verbos como *sentar, levantar, ouvir, comer* e *beber* demonstram desempenhar papel fundamental na língua, uma vez que possibilitam extensões figuradas ou adotam funções gramaticais variadas. O verbo *comer,* por exemplo, a partir do significado básico de "alimentar-se", adquire outros significados, alguns relacionados à ideia de "saciar a fome", como através do sexo ou na contemplação de algo belo (*Ele me comeu com os olhos*) e outros relacionados de "fazer desaparecer algo através do processo de mastigação e deglutição" (*Ele comeu toda a mesada num dia só*).

Os *princípios de percepção* permitem-nos filtrar as informações que não são relevantes, além de oferecer mais informação na tentativa de construir o significado. As capacidades perceptuais *ponto de vista* e *alinhamento figura e fundo,* por exemplo, mostram-se como fatores relevantes para a motivação da estrutura linguística.

A noção de *ponto de vista* relaciona-se às diferentes possibilidades de se compreender uma cena. A forma como o falante percebe o referente o permite selecionar a construção linguística a ser usada para expressar a cena. Imagine a seguinte situação: ao ser indagado sobre a localização de sua moradia, o falante, tomando como *ponto de vista* o lado direito da rua, responde que sua casa fica antes do supermercado. Ora, caso tivesse adotado outro *ponto de vista*, vindo da esquerda para a direita, seu enunciado seria diferente.

O conceito de *alinhamento de figura e fundo* diz respeito à maior proeminência que se atribui a um elemento da cena. Ao colocamos um determinado elemento em primeiro plano, é *figura*, em segundo plano, é *fundo*. Em *A bicicleta está sobre meu pé* e *Meu pé está sob a bicicleta*, os dois enunciados designam a mesma cena. No entanto, a atenção recai sobre entidades diferentes. Essa capacidade perceptual é que motiva as possíveis construções chamadas de passivas: *O cão mordeu o menino* e *O menino foi mordido pelo cão*.

Aplicação

O professor poderá propor exercícios orais e escritos em que a mesma cena seja descrita de pontos de vista diferenciados, alternando os elementos que estarão em destaque. Esse tipo de exercício permitirá que se trabalhem percepção, atenção e memória, selecionando as estruturas linguísticas adequadas à intenção comunicativa e ao contexto.

Como já foi apresentado anteriormente, fatores de ordem cognitiva são motivadores das estruturas linguísticas. Dentre eles, podemos citar a habilidade humana de desenvolver e acessar o conhecimento armazenado em estruturas como as *categorias*, os *frames*[4] e os *espaços mentais*[5], e, a partir deles, realizar operações cognitivas, como, por exemplo, *mapeamentos metafóricos*, *inferências* e *mesclagens*.[6]

Aplicação

O professor poderá propor exercícios que permitam a inferência, promovendo a associação entre o conhecimento prévio e o novo. Tendo o texto como apoio, pedir que os alunos estabeleçam relações entre as situações apresentadas nele e fatos que já tenham presenciado ou vivido. Após essa etapa, pedir que os alunos expliquem as situações abordadas no texto, tendo como base sua experiência de mundo.

Os fatores de ordem cognitiva sempre interagem com outros fatores, como o experiencial e o cultural. O verbo de movimento *ir*, ao se inserir na construção *Esta estrada vai até praia*, não possibilita uma leitura explícita de movimento do sujeito. Esse tipo de construção é motivado a partir da habilidade humana de simular mentalmente o movimento, o percurso, ao longo de um caminho, com o objetivo de se orientar no espaço.

Aplicação

Sugerimos que sejam elaborados exercícios de substituição de elementos nas construções, tais como verbos e sujeitos com características diferentes, de forma que o aluno perceba as alterações de sentido e as restrições que o padrão construcional impõe. Por exemplo, tomando como modelo a construção de movimento-causado "Ana rolou o botijão de gás até a padaria", pedir que os alunos substituam o sujeito, que tem traço [+humano] e [+ animado], por outro [- humano] ou [-animado], como *o carro, a bicicleta* ou *o ônibus*. Nesses casos, qual o sentido que se estabelece? E quando se substitui o verbo *rolar* por outros que não sejam de movimento (*cantar*, por exemplo), a construção fará sentido? Ou é preciso lançar mão da metáfora, por exemplo, para entender o enunciado novo?

A partir do exposto, pode-se resumir que o termo motivação é usado pela *linguística cognitiva* para se referir às diversas maneiras como as variadas construções linguísticas podem ser criadas em função de necessidades pragmáticas, para sinalizar que as construções podem ser sistematicamente relacionadas umas às outras e para explicar como uma correspondência forma-significado pode se estabelecer numa língua.

A noção de construção gramatical

A *gramática das construções*, uma das teorias que fazem parte da linguística cognitiva, entende que a unidade básica da língua é a *construção gramatical*, definida como uma correspondência entre forma (incluindo informações lexicais, sintáticas e morfofonológicas) e significado (incluindo informações semânticas e pragmáticas). Vendo dessa maneira, é possível considerar os morfemas, as palavras, os sintagmas e as sentenças tipos de construções, por apresentarem um pareamento forma-significado.

A noção de *construção* trazida por esta teoria pode representar uma grande ajuda para o professor de línguas. Uma das vantagens de se trabalhar com padrões construcionais repousa no fato de acelerar o aprendizado, uma vez que construções mais complexas podem ser aprendidas como uma estrutura singular, uma expressão convencional cujo significado, ou uso, não pode ser inteiramente descrito com base em seus constituintes.

Dentro desta teoria, as construções são, basicamente, esquemas que permitem algumas possibilidades de preenchimento, como os padrões mais abertos, a outras constituídas de elementos mais fixos como a construção *acertar na mosca* (unidade). (Ler capítulo "Por uma proposta de abordagem da morfossintaxe do português na perspectiva da integração de sentido e de forma"). A definição de construção trazida pela teoria apresentada cobre uma variedade de unidades linguísticas, tais como:

(i) morfemas simples, lexicais ou gramaticais: *cas-inha*

(ii) palavras multimorfêmicas: *in-feliz-mente*

(iii) sintagmas fixos: nos sintagmas fixos, o sentido global não é formado pelo conjunto dos sentidos das palavras componentes, já que essas palavras não funcionam individualmente, mas como um todo. No entanto, mesmo as unidades componentes tendo perdido, nos sintagmas fixos, parte da sua autonomia semântica, conservam ainda, em maior ou menor grau, os esquemas e modelos mentais que as suportam enquanto unidades fora dos mesmos sintagmas fixos: *ficar com o pé atrás.*

(iv) padrões sintáticos abstratos: um tipo básico de estrutura gramatical é criado a partir da projeção de uma situação abstrata constituindo um padrão semântico e um sintático: *padrão semântico-sintático das construções resultativas (X (SN) causar (V) Y (SN2) tornar-se Z (SR) João cortou as cebolas em rodelas).*

Entender que as construções são uma união de interpretações semânticas e sintáticas leva à rejeição da ideia do modelo de gramática componencial. Contudo, há construções que possibilitam mais variação que outras. As construções resultativas, por exemplo, formam uma família construcional com padrões sintáticos transitivos e intransitivos e semântica que pode apresentar propriedade causativa e não causativa. Isso permite escolhas por parte do falante na seleção dos elementos que a constituirão.

Afinal, como se define a construção? Há construções que são atômicas, outras complexas, podem ter partes obrigatórias ou livres, esquemáticas ou não, porém, todas as construções são pares de forma (fonologia, morfologia e sintaxe) e sentido (semântica e pragmática).

As construções constituem uma rede organizada por relações de herança que motivam suas propriedades. O conceito de herança trazido pela abordagem cognitivista permite que os falantes percebam se duas construções são ou não diferentes (Goldberg, 1995: 72).

Vantagens da proposta apresentada

O conceito de construção gramatical pode auxiliar o trabalho do professor que deve ensinar a modalidade padrão da língua a usuários de outras variedades do português. Buscar estabelecer as diferenças e similaridades entre as construções disponíveis, tanto na variedade a ser aprendida quanto na variedade em uso, permitirá, durante o processo de aquisição dessa nova variedade linguística, que os alunos assimilem novos padrões construcionais, num processo inferencial, estabelecendo relações com construções já armazenadas. Além disso, os alunos podem ser levados a internalizar padrões gramaticais mais esquemáticos, assim como o fazem com os mais lexicalizados.

Para entender melhor a proposta, pensemos em uma situação com a qual os professores de Língua Portuguesa do ensino básico se deparam frequentemente. Trata-se da concordância verbal de orações passivas sintéticas, como *Vendem-se livros*/ *Vende-se livros* (Ler capítulo "Variação linguística e o estudo da indeterminação do sujeito nas escolas brasileiras").

Segundo a gramática tradicional, a voz passiva ocorre quando o sujeito é o ser que sofre a ação expressa pelo verbo, podendo ocorrer com o apoio de um verbo auxiliar mais o particípio de outra forma verbal dita verbo principal (voz passiva analítica): *Os livros são vendidos*. Além disso, considera-se a construção formada por um verbo na terceira pessoa seguido do pronome *-se*, denominado, nesse caso, de pronome apassivador, como exemplo de construção passiva sintética: *Vendem-se livros*.

Alguns gramáticos apresentam definições que diferem em certos aspectos. Bechara (2001: 178) afirma o seguinte sobre as passivas sintéticas:

> [...] o *se* como índice de indeterminação de sujeito – primitivamente exclusivo em combinação com verbos não acompanhados de objeto direto –, estendeu seu papel aos transitivos diretos (onde a interpretação passiva passa a ter uma interpretação impessoal: *Vendem-se casas* = ("alguém tem casa para vender") [...] A passagem deste emprego da passiva à indeterminação levou o falante a não mais fazer a concordância, pois o que era sujeito passou a ser entendido como objeto direto, função que não leva a exigir o acordo do verbo: *Vendem-se casas* (= "casas são vendidas") → Vendem-se casas (= "alguém tem casa para vender") → *Vende-se casas.*

Rocha Lima (2004) segue a mesma linha de outras definições tradicionais ao analisar as passivas. Ele apresenta a voz passiva sintética como a que se estrutura com a possível flexão de número do verbo acrescido da partícula *–se* e seguido de substantivo pluralizado, excetuando os casos em que o verbo é intransitivo ou transitivo indireto.

O ensino tradicional dessas estruturas fundamenta-se no contraste estrutural entre elas (*Os livros são vendidos/ Vendem-se livros*). Desse modo, a visão tradicional permite que se considere que a construção *Vendem-se livros* contenha a mesma carga semântica que *Os livros são vendidos.* Ora, se analisarmos semanticamente tais construções, poderemos perceber que, através do exemplo *Vendem-se livros*, infere-se a existência de um sujeito que pratica a ação verbal; já no segundo exemplo, *Os livros são vendidos*, o verbo tem sua função sintática alterada, além de o foco recair não no ato de vender, mas no *status* que os livros passam a ter. Pode-se dizer, portanto, que não há correspondência semântica entre a voz passiva sintética e a voz passiva analítica em língua portuguesa, conforme apresenta o ensino tradicional.

O sujeito da construção tradicionalmente conhecida por passiva sintética não é um sujeito prototípico, isto é, o sujeito sofre a ação verbal. Isto acaba por levar ao entendimento do termo, não como sujeito da oração que, estando no plural, deveria vir acompanhado de verbo flexionado no plural.

A releitura, feita pelos falantes, das construções passivas sintéticas, em termos de entender o elemento que vem após o verbo não como sujeito, mas como objeto, leva-os a entender a partícula *–se* como uma partícula de indeterminação do sujeito. Há, portanto, incompatibilidade entre o que o ensino tradicional determina e o conhecimento que o falante detém sobre a gramática de sua língua que, levando em conta os critérios semânticos e pragmáticos, entende que o verbo *vender*, por exemplo, requer um sujeito que seja humano, animado, o que possibilita aceitar o elemento *livros* como objeto dessa construção, com um sujeito indeterminado que *vende livros*.

Aplicação

Numa visão trazida pela *gramática das construções*, pode-se propor uma análise de estruturas como *Vendem-se/Vende-se livros* e *Livros são vendidos*, por exemplo, como construções diferentes, com pareamento forma/função diferenciado. Não é possível pautar-se apenas, como o faz a *gramática tradicional*, em critérios sintáticos para classificar tais construções, desconsiderando os aspectos pragmáticos e semânticos do fenômeno.

As construções consideradas passivas sintéticas pela tradição gramatical, como a do exemplo *Vendem-se livros*, trazem a ideia de alguém que vende. Do ponto de vista construcional, isso tem relação direta com a semântica do verbo, integrada à semântica da construção, que seleciona os papéis participantes de *vendedor*, *objeto vendido* e *comprador*, por exemplo. O verbo vender evoca uma cena experiencial de transferência que prototipicamente compatibiliza com a construção bitransitiva (quem vende, vende algo a alguém) e perfila os papéis argumentais de *agente*, *paciente* e *recipiente*. No entanto, quando o verbo *vender* é inserido no que se intitula tradicionalmente construção passiva sintética, que apresenta o agente expresso de forma indeterminada e o recipiente não expresso, os papéis perfilados pelo verbo não combinam com os perfilados pela construção, propiciando outra leitura daquela construção que passa a ser usada em contextos diferenciados daqueles em que, em geral, se usa a tradicionalmente nomeada passiva analítica.

A rede construcional

Goldberg (1995) afirma que as construções gramaticais formam uma rede interligada através de relações de herança. Essa rede é regulada por quatro princípios básicos: *Princípio da motivação maximizada*, *Princípio da não sinonímia*, *Princípio do poder expressivo* e *Princípio da economia maximizada*.

(1) Segundo o *Princípio da motivação maximizada*, se uma construção A se relaciona com B, então o sistema da construção A é motivado em algum grau e está ligado semanticamente à construção B.

O que permite a abordagem cognitivista?

A implicação para o ensino de língua portuguesa da noção de que as construções apresentam clara função comunicativa, sendo sua existência mais motivada que arbitrária, é relevante no sentido de que os alunos passam a ter consciência dos vários aspectos e contextos de uso das variadas construções. A abordagem cognitivista permite que se considere um contexto significativo dentro do qual os vários tipos de construções podem ser assimilados e estudados a partir de explicações possíveis sobre as formas sintáticas que apresentam.

(2) Pelo *Princípio da Não Sinonímia*, se uma construção A é sintaticamente diferente da construção B, então serão diferentes semântica e pragmaticamente. Comparando as construções *Vendem-se empadas* e *Empadas são vendidas*, percebe-se que são construções sintaticamente distintas, logo, semanticamente distintas também. Enquanto a primeira construção apresenta a ideia de que alguém quer transferir a posse de um objeto a outrem, na segunda construção o foco recai no tipo de objeto que se vende. Além disso, a utilização da primeira construção não se dá nos mesmos contextos que a segunda: quando o falante do português quer vender algo, dá preferência ao primeiro enunciado.

(3) Outro princípio básico trazido pela *Gramática das Construções* é o do *Poder Expressivo Maximizado*. Segundo ele, o inventário de construções é maximizado por propósitos comunicativos, i.e., um significado diferente leva à criação de uma forma diferente que o expresse. No que se refere às passivas, pode-se basear neste princípio para entender que a língua apresenta duas construções diferentes, sintática, semântica e pragmaticamente, que a *gramática tradicional* rotula da mesma forma.

(4) E, finalmente, tendo em vista *o Princípio da economia maximizada*, o número de construções distintas é minimizado tanto quanto possível. Há, em português, construções do tipo *Fala-se bobagens*, classificada tradicionalmente como oração

> com sujeito indeterminado, com forma similar à construção passiva sintética *Vende-se empada* e apresentando uma semântica compatível em que o foco não recai sobre o ser que *vende* ou *fala*, mas no que se vende ou fala. Há uma relação forma-significado entre essas orações.

Como já foi dito anteriormente, quando um verbo se insere numa construção intransitiva, ainda que seja um verbo prototipicamente transitivo, passa a compor o todo construcional de forma a propiciar uma leitura intransitiva. Segundo a *gramática das construções*, a estrutura argumental é determinada pelo verbo e pela construção, e o sentido vem da construção em que o verbo é empregado e da forma como a construção combina semanticamente com o verbo para expressar o evento complexo. (Ler também o capítulo "Relações sintático-semânticas da oração: ensino reflexivo de gramática"). Este exemplo nos faz refletir sobre como as regras ditadas pelos gramáticos tradicionais precisam se apoiar na lógica que advém do uso linguístico.

Aplicação

Ao trabalharmos com a noção de construção como um pareamento forma e significado, consideramos seus significados básicos e padrões sintáticos. Entre os padrões podem existir relações de similaridade. Quando se diz *Pedro enviou um e-mail a João* e *Pedro empurrou João até o colégio*, percebe-se uma semelhança na configuração sintática e a ideia de *causa* presente nas duas construções: na primeira, Pedro causou o recebimento do e-mail, enviando-o a João, e, na segunda, Pedro causou o deslocamento de João, empurrando-o até o colégio. Trabalhando com as construções básicas do português padrão, o professor poderá propor que os alunos:

a) Enumerem os verbos que podem ser inseridos nos padrões apresentados;
b) Percebam se o sentido da construção se altera com a substituição dos verbos por outros;
c) Substituam os elementos que se encontram na posição de sujeito da construção por outros, com características diferenciadas, como animado/inanimado e humano/não humano.
d) Percebam em que contextos cada construção pode ser utilizada.
e) Apliquem a cada situação apresentada pelo professor construções adequadas ao contexto comunicativo, entendendo que há um leque de possíveis construções linguísticas que poderá utilizar, indo das mais formais às menos formais.

Observando-se os aspectos sintáticos, semânticos e pragmáticos das construções a serem assimiladas, o aluno será levado a perceber que pode lançar mão desses padrões construcionais diferenciados, dependendo do contexto comunicativo em que se encontre.

Pelo exposto, pode-se dizer que o paradigma cognitivista atende bem à proposta de aplicação ao ensino. A partir dos princípios em que se fundamenta, é possível pensar numa metodologia capaz de promover um contexto significativo para a aquisição de construções da modalidade padrão da língua pelos alunos dos níveis fundamental e médio.

Não é nosso objetivo oferecer, neste capítulo, uma "receita de bolo"; pretendemos, com o que foi apresentado, promover momentos de reflexão ao professor que, conhecendo as ideias trazidas pela *linguística cognitiva,* possa elaborar seus próprios métodos que o levem a alcançar seus objetivos.

Palavras finais

A abordagem cognitivista se apoia na premissa de que a aprendizagem é um processo individual, ativo, que envolve a participação dos alunos na aquisição de conhecimento. O aluno deliberadamente cria no processo de cognição e, através dele, interpreta, compreende e avalia os eventos, situações e novas informações que adquire. Cada pessoa constrói o conhecimento de forma particular, dependendo de suas habilidades cognitivas, de seu estilo de aprender, das diferenças individuais e, ainda, de fatores emocionais.

O ponto de partida no processo ensino-aprendizagem do português deverá ser sempre o que o aluno já domina, estruturas que já tem armazenadas. Com relação à aquisição das estruturas da língua padrão, face à realidade de que o aluno pode não possuir um conhecimento prévio armazenado de algumas de suas estruturas, o professor deve auxiliá-los no sentido de construírem um conhecimento geral, formarem representações mentais dos conceitos relacionados à variedade linguística que se aprende e, principalmente, promover oportunidades de expressão dessas novas noções e estruturas.

A *linguística cognitiva* considera que a língua não é pura sintaxe, pura forma, independente de todo significado, contexto, percepção, emoção, memória, atenção, ação e da dinâmica natureza da comunicação.

Observar as construções linguísticas dentro desta perspectiva pode auxiliar no trabalho do professor de Língua Portuguesa quando se depara com construções usadas em contextos de uso de norma culta que fogem do que a tradição escolar prescreve, como, por exemplo, o uso dos clíticos abordado neste livro, no capítulo "Clíticos acusativo e dativo no ensino de língua padrão".

É necessário, acima de tudo, que o professor tenha uma atitude crítica e criativa com relação ao material didático que ele utiliza em suas aulas e as novas possibilidades de ensino que ele buscará para alcançar seus objetivos.

Notas

1 A gramática gerativa de Chomsky e seus discípulos defende que a *faculdade da linguagem* é um componente autônomo da mente e, em princípio, independente de outras faculdades mentais; portanto, o conhecimento da linguagem seria independente de outros tipos de conhecimento. A Linguística Cognitiva, por sua vez, rejeita o princípio de autonomia da linguagem, a afirmação da discrição e homogeneidade das categorias linguísticas, a ideia de que a linguagem é gerada por regras lógicas e por traços semânticos objetivos e a tese chomskyana da autonomia e da não motivação semântica e conceptual da sintaxe.

2 Entendendo ecologia como o estudo das interações entre os organismos e o meio ambiente.

3 De acordo com estudos de Mollica (1996), o uso da preposição *em* com verbos de movimento (ir em) há muito tempo faz parte da norma padrão do português do Brasil.

4 A noção de *frame* foi introduzida na *linguística* por Fillmore (1985). Entende-se por *frame* as estruturas de conhecimento relacionadas a determinadas situações de interação. Essas estruturas se refletem nas relações entre os elementos linguísticos. O conhecimento de mundo também pode ser representado em um *frame*. Para entendermos o significado de construção linguística, precisamos ter como referência uma estrutura de contexto de experiência ou crença. Os *frames* podem diferir de cultura para cultura, uma vez que há modos diferentes de ver o mundo. As construções linguísticas evocam ou introduzem os *frames*. Por exemplo, o *frame* "comunicação" pode ser ativado, em português, a partir de elementos como *comunicar, avisar, contar, twitar,* dentre outros.

5 A teoria dos espaços mentais foi desenvolvida por Gilles Fauconnier, na década de 1980, permitindo que se analisasse o processo de projeção entre as bases de conhecimento. Essa noção propiciou outra: a noção de mesclagem.

6 O processo de mesclagem permite que se estabeleçam conexões entre diferentes domínios conceptuais, i.e., diferentes conjuntos de conhecimento pré-linguísticos que são estruturados a partir de nossas experiências coletivas e individuais.

Referências bibliográficas

Bechara, E. *Moderna gramática portuguesa*. 37. ed. Rio de Janeiro: Lucerna, 2005.

Croft, W. *Linguistic evidence and mental representations*. Cognitive Linguistics. 9(2): 151-173, 1998.

Geeraerts, d. *Cognitive linguistics*: basic readings. Berlin/New York: Walter de Gruyter, 2006.

Goldberg, a. *Constructions:* a construction grammar approach to argument structure. Chicago: Chicago University Press, 1995.

Heine, b. *Cognitive Foundations of Grammar.* New York and Oxford: Oxford University Press, 1997.

Lima, r. *Gramática normativa da língua portuguesa.* 39. ed. Rio de Janeiro: José Olympio, 2004.

Martelotta, m. e.; Palomanes, r. Linguística Cognitiva. In: Martelotta, m. e. (org.). *Manual de Linguística.* 1. ed., 1ª reimpr. São Paulo: Contexto, 2008.

Newman, j. Motivating the uses of basic verbs: Linguistic and extralinguistic considerations. In: Gunter Radden and Klaus-Uwe Panther (eds.), *Studies in Linguistic Motivation.* Berlin: Mouton de Gruyter, 2004. pp. 193-218.

Radden, g.; Panther, k. *Studies in Linguistics Motivation.* Cognitive Linguistics Research 28. Berlin and New York: Mouton de Gruyter, 2004.

Taylor, j. *The ecology of constructions.* In: Radden, Günther; Klaus Uwe Panther (eds.), 2004, pp. 49-74.

Modelos de leitura e interpretação de texto

Gerson Rodrigues

Palavras iniciais

Uma das discussões que atinge sobremaneira os estudiosos da linguagem hoje dá conta da falta de interlocução entre a comunidade acadêmica e o seu público-alvo mais direto, que seriam os profissionais da educação. Os resultados das pesquisas que se têm feito quase não alcançam os professores em sua prática escolar, o que acaba fazendo com que tais resultados não encontrem qualquer ressonância fora do ambiente acadêmico por si só. Por conta disso, tornam-se necessários trabalhos que busquem esse diálogo, o que, entende-se, estimularia também uma maior produtividade dos cientistas da linguagem, os quais encontrariam espaço maior de divulgação.

Este capítulo tem por objetivo a tentativa de alcançar essa interlocução a partir de proposta que abarque noções sobre leitura, sob viés que se poderia denominar de cognitivista, uma vez que se coaduna com agenda proposta por Koch (2010) para essa área. Essa agenda pode começar pela discussão sobre um modelo de interpretação de texto que se poderia aplicar do ensino fundamental (segundo segmento) até o fim do ensino médio.

Para o estabelecimento deste trabalho, parte-se da noção de que

> [...] a linguagem é parte integrante da cognição (e não um módulo separado) e se fundamenta em processos cognitivos, sociointeracionais e culturais e deve ser estudada no seu uso e no contexto da conceptualização, do processamento mental, da interação e da experiência social e cultural. (Silva, 1997: 2)

Sendo assim, todo e qualquer trabalho, que deverá ser feito em sala de aula por meio da proposta aqui elaborada, deverá observar tal pressuposto. Ou seja, já se sabe num primeiro momento que o aluno deverá ser parte fundamental desse processo de interpretação ao se considerar o contexto em que ele interage, quais as suas experiências que ativarão determinados conhecimentos e facilitarão o processo de interpretação de textos.

Além disso, deve-se observar que qualquer análise aqui apresentada deve ser tratada em consonância com propostas apresentadas na área das ciências da educação sobre temas de natureza afim. Por exemplo, as noções de competências exigidas a serem alcançadas pelos alunos devem permear a proposta, já que tal perspectiva se relaciona ao que se discutirá neste capítulo. Competência aqui deve ser entendida como a "faculdade de mobilizar um conjunto de recursos cognitivos"[1] na realização de tarefas e soluções de problemas. Ou seja, não basta o aluno acumular determinado conhecimento sobre determinado conteúdo, mas também saber lidar com problemas que surgirão na manipulação desse material. Em nosso caso, é importante apresentar aos professores como tratar esses problemas e como auxiliar os alunos na tarefa de resolvê-los.

Nesse sentido, entende-se que uma proposta teórica como a da linguística cognitiva daria conta de alguns problemas que incorrem na aprendizagem. Isso porque tal perspectiva, como já mencionado, prevê que a linguagem é parte da cognição e deve ser considerada a partir de uma perspectiva sociocultural, o que se coaduna com a proposta de se trabalhar com competências e habilidades no processo de ensino/aprendizagem. Essa discussão se faz presente, inclusive, nas Orientações Curriculares Nacionais para o ensino médio (OCN: 8), em que se afirma que "a política curricular deve ser entendida como expressão de uma política cultural, na medida em que seleciona conteúdos e práticas de uma dada cultura para serem trabalhados no interior da instituição escolar".

A busca por esse modelo é importante, tendo em vista que muitas das deficiências encontradas em salas de aula advêm de problemas relacionados a uma não observância desses aspectos socioculturais. Se um aluno não apresenta um bom desempenho na habilidade de leitura/interpretação, o problema, em parte, pode acontecer por conta de uma metodologia que não esteja adequada às características desse aluno.

Para a apresentação de nossas ideias neste capítulo, parte-se de uma perspectiva indutiva, analisando-se num primeiro momento três livros didáticos em exercícios sobre leitura. Observar-se-ão os comandos das questões e de que maneira as atividades apresentam problemas aos alunos que os façam realizar o mínimo esforço cognitivo. Parte-se da premissa de que os exercícios não se afastam de modelos tradicionais de produção de enunciados de questões e de que não se apresentam problemas efetivos para a resolução dessas questões.

Em um segundo momento, apresentar-se-ão propostas de comandos de questões em que se proponha o exercício tradicional de uma atividade de leitura, associado a uma problematização, que exigirá do aluno algumas associações com conhecimentos prévios sobre o tema. Com isso, pretende-se um resultado mais eficaz nesse processo de ensino/aprendizagem da habilidade de leitura e uso da língua.

Para pensar

A partir da leitura do capítulo introdutório, faça o que se pede:

1. Diferentes documentos oficiais vêm através dos anos propondo formas de dinamizar o processo de ensino/aprendizagem nos diferentes níveis da Educação Básica. Entretanto, o que ainda se vê nas escolas é um afastamento das pesquisas nas universidades do que realmente acontece em sala de aula em diferentes lugares no Brasil. Assim, qual a proposta de metodológica de trabalho que se apresenta nessa primeira parte do texto?
2. Como apresentado em diferentes momentos da introdução, parte-se do pressuposto de que a linguagem se fundamenta em processos cognitivos, sociointeracionais. Você concorda com essa perspectiva? Caso contrário, que outra metodologia você acredita que poderia subjazer o trabalho com os alunos em sala de aula?

O que os colegas propõem

Leitura e produção de texto são atividades a que os alunos são submetidos em sala de aula muitas vezes sem que haja da parte do professor a observação de condições prévias para a realização das atividades, tais como uma reflexão sobre quais teorias seriam as mais apropriadas, qual a metodologia aplicável ao contexto, além de quais resultados poderia se esperar desse trabalho.

Parece comum no trabalho docente nas escolas de ensinos fundamental e médio a prática de utilizar a gramática tradicional como recurso para tentar indicar estratégias de produção de sentido nos textos. Grande parte de exercícios encontrados em gramáticas didáticas buscam apenas o reconhecimento de expressões que remetam a um ou outro significado, sem que haja uma exemplificação de estratégias de apreensão de sentidos pelo professor.

As práticas explicitadas só demonstram que estão ausentes nos livros didáticos propostas que prevejam uma interação com resultados de pesquisas nas academias. Por exemplo, as contribuições da linguística textual não se traduzem nos materiais didáticos de uma forma geral, a não ser em questões muito básicas sobre gêneros e tipologias textuais. Não se encontram indicações sobre a noção de referenciação, por exemplo. O mesmo se pode dizer a respeito de diferentes contribuições de estudos da cognição, como, por exemplo, o das metáforas conceituais, propostos por Lakoff e Johnson já em 1980, portanto, há mais de trinta anos.

Para atingir esse objetivo, o presente capítulo partirá de perspectiva que preconiza que "O significado linguístico não pode ser dissociado do conhecimento de mundo. A linguagem é uma ferramenta por meio da qual o homem arquiteta e percebe seu meio biopsicossocial" (Chiavegatto, 2009: 65). Sendo assim, a proposta ora apresentada leva em conta que será trabalho de professor fazer os alunos reconhecerem esse processo.

Parte-se aqui da concepção que considera a cognição como determinada pela nossa própria experiência corporal e pela experiência individual e coletiva (Silva, 2000) em que se assinala que a interpretação e a aquisição de novas experiências são feitas à luz de conceitos e categorias já existentes, que, por isso mesmo, funcionam como modelos interpretativos, como *paradigmas* ou *protótipos* (Geeraerts, 2006). Tendo isso em perspectiva, podem-se criar modelos de análise linguística em diferentes níveis, inclusive gerando modelos de interpretação de texto com fins didáticos.

Entender a sala de aula como o destino das pesquisas linguísticas pode parecer uma obviedade, entretanto não deve ser entendido como senso comum. Existe um estranhamento por parte dos próprios profissionais da educação nesse aspecto, uma vez que, em muitos casos, já estão tão afeitos a determinada prática que acabam evitando o novo. Embora não se possa falar em algo efetivamente novo – como no caso da pesquisa sobre metáforas –, para os docentes pode passar essa impressão.

Num primeiro momento, vamos proceder à análise de atividades que se dão a partir de gêneros distintos. A primeira parte do gênero diário pessoal; a segunda, de poema em prosa; a terceira, carta de reclamação. Serão apresentados alguns exercícios cujos comandos – entende-se – não ofereçam problemas aos alunos, estando a solução ao seu alcance.

Um gênero na moda

O texto gerador escolhido para trabalhar o gênero diário pessoal é um trecho do romance *O diário de Bridget Jones*, de Helen Fielding. O texto pode ser encontrado no livro didático *Língua portuguesa: linguagem e interação*, de Faraco, Moura e Maruxo Jr., em edição de 2010. Os autores aproveitam-se do fato de o livro ter sido adaptado para a linguagem cinematográfica e utilizam imagens da película, buscando a ativação de uma espécie de tradução intersemiótica. Não será feita aqui a transcrição do texto, o que tomaria um espaço muito grande, mas far-se-á uma análise das atividades propostas pelos autores em seus exercícios.

De certa forma, essa é uma estratégia válida, que pode permitir ao aluno processar a informação mais rapidamente, todavia, existe uma necessidade de otimizar uma habilidade a partir de uma competência. Os eventos que ocorrem no diário vão do dia 26 de setembro até o dia 5 de outubro, sendo apresentados de forma resumida. Quando os autores entendem que a expressão não será de domínio do aluno, destacam-nas e as expõem em um glossário.

Nas atividades, os comandos adotados pelos autores são os seguintes (Faraco, Moura e Maruxo Jr., 2010).

Você já escreveu em um diário? Em sua opinião, o que as pessoas escrevem em seus diários?
Identifique no texto duas passagens em que predomina a narração e outras duas em que a narradora faz alguma reflexão.
No parágrafo inicial desse registro de 5 de outubro, Bridget admite para si mesma que desconhece o assunto cuja cobertura jornalística iria fazer. Em relação a esse episódio, **pode-se dizer que ela não é uma pessoa muito bem informada? Justifique** sua opinião no caderno.
Releia esta pergunta feita por Richard Finch a Bridget: Você sabe do processo da Isabella Rosseline, não? Você às vezes lê jornal, não? **Explique** a evidente ironia que se nota nessa fala.
Releia esta sugestão de Finch para Bridget: "Pergunte a ela se acha certo a gente sair matando com quem não estamos a fim de transar". Depois de saber o motivo do crime, **qual a sua opinião** sobre essa sugestão?
Releia este trecho do registro que Bridget fez no dia 11 de setembro: "Subi a escada correndo, levantei o capacho e, embaixo dele, como um milagre natalino, havia uma pilha de cartões, cartas e convites, todos endereçados a mim. **A mim, a mim, a mim**".
a) **Analise** o tom (modo de encarar o assunto) que podemos perceber nesse trecho, o qual reflete o estado de espírito de Bridget.
b) É possível perceber que Bridget havia se enganado a respeito do recebimento de convites para a festa de Natal e de correspondência em geral. **Explique**.
c) Qual o **efeito de sentido** que o enunciador busca ao repetir a expressão "A mim, a mim, a mim", nesse trecho? (grifos nossos)

Observa-se que nas perguntas selecionadas não se exploram de maneira suficiente os componentes socioculturais da produção de um diário pessoal, como o apresentado no texto gerador. Comandos como *explique*, *analise*, *releia* e *justifique* repetem-se e direcionam perguntas sobre a opinião do aluno em relação ao conteúdo do texto, sem necessariamente explorar seu conhecimento de mundo. Mantêm-se comandos tradicionais que, ou absorvem apenas a superfície do texto, ou exploram de maneira não controlada a habilidade de leitura. Nas respostas há meros gabaritos, que não sugerem ao professor maneiras de trabalhar o conteúdo eficazmente, como, por exemplo:

1. Professor(a), *analise* as ocorrências e *explique* que os diários, os livros de memória, as autobiografias, etc. não se limitam a narrar fatos – ficcionais ou reais –, mas sempre apresentam também passagens reflexivas. Ao se narrar, o eu geralmente faz considerações sobre fatos, coisas, pessoas, etc. (Faraco, Moura e Maruxo Jr., 2010).

Identifica-se que na própria resposta há comandos similares aos das perguntas, ou seja, os autores não privilegiam o debate, não se utilizam da vivência dos alunos, e o exercício não vai além de uma atividade repetitiva e automática. Há problemas nesse tipo de abordagem, pois os alunos normalmente não registram resultados positivos. Os problemas advindos de questões com comandos genéricos como os apresentados poderiam ser solucionados com uma resposta comentada mais elaborada, em que o professor pudesse ser exposto a uma teoria linguística como a proposta na introdução deste trabalho.

Por exemplo, em relação ao trabalho com o gênero *diário* se poderia expor um trabalho com categorização, em que se explique que os diários pessoais podem ser produzidos até em meio virtual – talvez mais comumente hoje, por meio de páginas pessoais como blogs. Outra forma de categorizar seria explicar que o texto tem um caráter mais informal e que é escrito com foco em primeira pessoa. Mas, principalmente, deve-se considerar o diário um relato em que se pode observar a relação do autor com o texto e com seu próprio universo.

Silva (1997: 6) explica que "uma das capacidades cognitivas fundamentais é a *categorização*, isto é, o processo mental de identificação, classificação e nomeação de diferentes entidades como membros de uma mesma categoria", indagando posteriormente de que maneira poderíamos categorizar as entidades no mundo. A sua indagação, acrescentar-se-ia uma outra aplicável ao ensino de língua materna, que seria: como tornar os alunos conscientes dessa categorização nos diferentes níveis de análise linguística?

Note-se que nem se falou em uma mudança na estratégia proposta pelos próprios autores ao elaborar sua questão. Apenas seria uma intervenção em comentários de atividades sugeridas por eles. Importante acrescentar que os autores tentam se aproximar do público-alvo com um discurso próximo do informal, apresentam-se de forma mais direta ao seu interlocutor, tratando-o por "você". Já que essa é a intenção, podem também aplicar a categorização, aproveitando-se dos próprios conhecimentos dos alunos e utilizando-os como atores nessa identificação.

Como dito anteriormente, o gênero *diário* não pode ser entendido como uma unidade discreta, uma atividade em que haja a intervenção dos alunos, que caracterizariam – categorizando – os diários. Um passo inicial seria mostrar aos alunos qual seria o diário mais comum, qual a sua descrição. Tal procedimento ajudará a mostrar aos alunos que as percepções sobre o que é um membro central de uma determinada categoria pode variar conforme suas experiências com determinada entidade.

Depois dessa primeira categorização, pode-se partir para as variações que existem de diários. Hoje essa exposição de seu dia é feita da mesma forma? A experiência sociocultural mostrará que não e também que os diários, cujos autores normalmente eram meninas, hoje apresentam um perfil bem mais amplo, o que normalmente acontece com as categorias linguísticas. Se voltarmos a uma tentativa de descrição, certamente pensaríamos em diários que fossem escritos por adolescentes, tivessem chaves, formato de um pequeno caderno, cujos leitores se restringiriam a um círculo de amizade restrito do autor – quando não fosse o próprio autor(a) –, o que não ocorre mais da mesma forma.

Hoje os diários são páginas na internet. São produções mais elaboradas, interativas, com um número bem maior de leitores. O formato atual afasta-se do tradicional, entretanto, permite-se sua categorização como um diário por conta do caráter confessional. As pessoas cumprimentam o mundo, falam com todos, expõem-se sem preocupações – às vezes irresponsavelmente até –, enfim, constroem diários virtuais. O mais importante no processo, porém, será internalizar os conceitos que subjazem a proposta de categorização.

Ao se trabalhar a habilidade em reconhecer categorias a partir de um gênero como diário pessoal, fazendo uso de uma ferramenta teórica, como a teoria dos protótipos – aqui exposta, sem uma referência específica –, o professor poderia vir a obter resultados mais satisfatórios em sua prática em sala de aula. O trabalho com a realidade do aluno é preconizado em todos os documentos oficiais que tratam de ensino, como o texto das Orientações Curriculares Nacionais (OCNs), mencionadas anteriormente.

Em outra pergunta, os autores propõem que se "*Analise* o tom (modo de encarar um assunto) que podemos perceber nesse trecho, o qual reflete o estado de espírito de Bridget". Tendo em vista que se fizeram considerações no exercício anterior a partir de uma proposta de categorização do gênero diário, poder-se-ia manter essa mesma perspectiva para a realização desta tarefa. Pode-se usar o mesmo entendimento, partindo do pressuposto de que, na categorização de diário, utilizaram-se traços que, identificavam esse gênero como produção em que se expressam sentimentos do autor, sendo um texto totalmente marcado pela subjetividade. Ao "*encarar um assunto*", então, a autora exporia a si mesma com determinada veemência. O trecho que se pede para analisar apresenta uma reiteração – *A mim, a mim, a mim* – e também pode ser apresentado à luz de uma teoria linguística de base cognitiva.

Parte-se de um entendimento neste trabalho de que existem produções que não observam essa divisão, trabalhando a interpretação de texto sem diferenciar os níveis de análise do texto. No processo de leitura e produção de texto podem ser adotados procedimentos que se utilizem de teorias linguísticas de uma maneira mais consistente do que se observa em materiais didáticos. Podem ser aplicadas metodologias propostas em diferentes trabalhos acadêmicos, o que auxiliaria sobremaneira na interlocução entre estas duas esferas: escola e universidade. E o que se entenderia aqui como modelo ideal para a sistematização de uma prática de leitura deveria ser construído a partir de uma perspectiva sociocognitivista que prevê que os sentidos são construídos no discurso pela interação. Como entender esse processo em perspectiva que considere também a produção de textos é que seria o maior problema a ser trabalhado.

Sendo assim, analisar o tom da expressão dependerá também da experiência dos alunos, a quem se deverá apresentar tal perspectiva para que se entendam como partícipes no processo de aprendizagem, eles que são produtores de sentido nos diferentes textos que ajudam a construir. O comando "analise", assim, deve não só respeitar o conhecimento de mundo do aluno, como servir-se dele para a construção de sentidos.

Com relação às outras questões que se apresentam na atividade, os autores propõem que os alunos deem suas opiniões a respeito de determinado tema. O grande problema que se observa nesse tipo de proposta reside no fato de os estudantes entenderem em grande parte das vezes que sua opinião a respeito de qualquer tema não precisa ser fundamentada em nada além do senso comum. Isso ocorre, pois não são orientados a fornecerem juízos a respeito dos assuntos aos quais são expostos. Com isso, as discussões não geram frutos, e o conhecimento que poderia delas advir não é aproveitado.

Quando se pede a opinião do aluno a respeito de um assunto, realmente se deseja ouvi-lo? Se a resposta é positiva, então os mecanismos utilizados para alcançar tal objetivo não têm sido os mais adequados. Por exemplo, quando se pergunta algo como "Em sua opinião, o que as pessoas escrevem em seus diários?", não se está esperando uma resposta mais reflexiva, em que o aluno exponha realmente um juízo. Até porque, se explorarmos seu conhecimento de mundo, ficará claro que eles sabem o que há em um diário, não existe a necessidade de fazerem associações, inferências e chegarem a conclusões sobre o tema, algo que uma opinião normalmente exigiria. O que acaba sendo feito é aceitar as diferentes respostas que possam incluir o aluno nas discussões. Cabe a pergunta: até que ponto isso é realmente produtivo?

Como dito anteriormente, os documentos oficiais preconizam o aproveitamento do conhecimento do aluno, entretanto, a metodologia utilizada pelos livros didáticos de uma forma geral parece desgastada e descontextualizada das propostas das diferentes teorias linguísticas.

Ao se perguntar, por exemplo, qual o efeito de sentido do uso da expressão "*a mim, a mim, a mim*", tem-se a oportunidade de explorar a relação que os alunos enxergam entre mundo e sentidos decorrentes de sua relação de sujeito com esse mundo. Na resposta comentada, os autores dizem o seguinte: "*Acentua-se o alívio de Bridget, que não parece ter muita autoestima, ao saber que as pessoas se lembraram dela e lhe enviaram cartas, cartões e convites para festas.*" O trecho de onde foi retirada a pergunta foi o seguinte:

> De que maneira os alunos podem ter a ideia de que Bridget Jones não tem muita autoestima? Não pelo trecho transcrito com uma contextualização direta, nem pelo excerto como um todo, que não traz informação suficiente a esse respeito. Talvez os autores estivessem trabalhando com a perspectiva de que os alunos teriam assistido ao filme para chegar a essa conclusão. (Faraco, Moura e Maruxo Jr., 2010)

Sobre esse tema, cabe a discussão proposta por Coelho e Oliveira (2003: 94) a respeito das propostas da LDB/96, em que se propunha que os aspectos gramaticais a serem trabalhados deveriam considerar problemas em nível de legibilidade, adequação de textos, considerando aspectos como maturidade dos alunos, conforme a faixa etária, para resolver tais questões. Pela proposta da questão, parece estar adequada à faixa etária, entretanto, como explicar de maneira tão sintética que essa reiteração se deve ao fato de Bridget ter baixa autoestima? Como resolver tal problema de legibilidade?

Uma sugestão de formas de entender o texto pode se utilizar da proposta de Geeraerts (2006: 4), que explica que significado não se alcança a partir de uma reflexão descontextualizada do mundo, mas é uma forma de modelar o mundo. O significado constrói o mundo de modo particular, e corporifica uma perspectiva de mundo. Ali deve ser observada a perspectiva de Bridget, como referência aos acontecimentos que a rodeiam. Cabe ao professor em sala de aula adentrar o mesmo universo a partir de experiências desses alunos. Entender o uso de expressões enfáticas como as de Bridget seria um bom começo. Tal estratégia prepararia os alunos para a construção de novos significados em outros contextos. Ou seja, aplicar um comando em que pergunte apenas qual o efeito de sentido que se alcança a partir de uma determinada expressão não registra todas as possibilidades a serem alcançadas pelo aluno-leitor em sala de aula.

Além de uma perspectiva que preveja os sentidos construídos na utilização das expressões, da relação dos falantes com o mundo, existiriam diversas outras possibilidades, principalmente se considerarmos pressupostos teóricos da linguística funcional, como iconicidade e marcação, transitividade etc., ou mesmo da linguística textual, como a referenciação. Alcançaríamos bons resultados, desde que o material estivesse apresentando uma metodologia em que tais pressupostos fossem explicitados.

Para continuar pensando

Você viu que a proposta de atividades apresentada pode ser enriquecida se a ela se aplicarem determinados pressupostos teóricos. Tendo em vista que a perspectiva de que os significados são construídos a partir da reflexão contextualizada, como você poderia explicar – na condição de professor do ensino médio – as características de um diário pessoal?

Um gênero diferente

Outro gênero textual trabalhado no material avaliado é o poema em prosa. Podem-se questionar os motivos para Hernandes e Martin

(2010) escolherem tal gênero em detrimento de outros, mas não é este o objetivo deste capítulo. Escolheu-se como texto gerador o poema de Eduardo Galeano, "Os ninguéns".

Assim como na proposta de Faraco, Moura e Maruxo Jr., os exercícios também exploram os gêneros textuais. Tal estratégia é proposta nos Parâmetros Curriculares Nacionais (pcns: 8) quando se afirma que o estudo dos gêneros discursivos proporciona uma visão ampla dos estudos da linguagem, além de traduzirem a natureza social da língua, já que diferentes domínios textuais desdobram-se em diversos gêneros, vide os diversos tipos de textos literários, jornalísticos etc.

Sendo assim, muitos autores tratam diferentes habilidades como leitura e usos da língua por meio da leitura de diferentes gêneros, como é o caso que segue, em que a apresentação de um texto híbrido – poesia e prosa – parece chamar mais atenção por suas características formais do que pelo modo como trabalha os sentidos, como o autor os explora. Fica clara uma preferência das autoras por tratar o texto em aspectos que explorassem pouco a abstração por parte dos leitores dos exercícios.

Sucede que de quatro dimensões possíveis de serem exploradas no trabalho com o texto – linguística, textual, sociopragmática/discursiva e cognitivo conceitual (conforme sugerido nas ocns) –, privilegiou-se claramente uma única abordagem – a textual –, tratando as restantes como elementos secundários de análise, e não como elementos que configurassem a análise plena desses textos.

> Os ninguéns
> As pulgas sonham em comprar um cão, e os ninguéns com deixar a pobreza, que em algum dia mágico de sorte chova a boa sorte a cântaros; mas a boa sorte não chova ontem, nem hoje, nem amanhã, nem nunca, nem uma chuvinha cai do céu da boa sorte, por mais que os ninguéns a chamem e mesmo que a mão esquerda coce, ou se levantem com o pé direito, ou comecem o ano mudando de vassoura.
> Os ninguéns: os filhos de ninguém, os donos de nada.
> Os ninguéns: os nenhuns, correndo soltos, morrendo a vida, fodidos e mal pagos:
> Que não são embora sejam.
> Que não falam idiomas, falam dialetos.
> Que não praticam religiões, praticam supertições.

Que não fazem arte, fazem artesanato.
Que não são seres humanos, são recursos humanos.
Que não têm cultura, têm folclore.
Que não têm cara, têm braços.
Que não têm nome, têm número.
Que não aparecem na história universal, aparecem nas páginas policiais da imprensa local.
Os ninguéns, que custam menos do que a bala que os mata.
(Galeano, 2002: 71)

As atividades sobre o texto, retiradas de Hernandes e Martin (2010: 77) foram as seguintes:

- Descreva formalmente o texto de Galeano.
- Do ponto de vista formal, é possível dividir o texto em duas partes, quais são elas?
- A repetição de palavras ou estruturas é uma característica do poema que confere ritmo ao texto. Sublinhe as repetições que ocorrem tanto na primeira como na segunda parte do texto.
- Qual é o grande sonho dos ninguéns anunciado logo no início do texto? Para realizarem o seu sonho, de que eles precisariam?
- Identifique, no parágrafo inicial do texto, passagens que se referem a superstições relacionadas à chegada da sorte.
- Transcreva um verso do texto que, em sua opinião, resume quem são os "ninguéns".
- Explique, com suas próprias palavras, quem são os "ninguéns".
- No texto de Eduardo Galeano, é possível estabelecer uma relação entre a estrutura geral do texto e as ideias que ele comunica. A parte inicial, por exemplo, que se aproxima mais da prosa, apresenta uma contextualização mais ampla sobre a condição marginalizada dos "ninguéns". E a sequência de versos que compõem a segunda parte? De que ela trata exatamente?

Dentre as atividades propostas para os alunos, pouca diferença há em relação ao que foi observado nos exercícios anteriores. Nota-se uma preferência por comandos que exigem uma atitude mais mecanizada dos alunos, como identificar, transcrever etc. Faz-se uma proposta inicial de uma análise formal do texto – aliás, as autoras dedicam duas questões para esse tipo de procedimento.

Pela proposta apresentada, os alunos apreenderiam apenas um conteúdo de superfície. Já que se apresentaram a ideia de uma análise de caráter formal, Coelho e Oliveira (2003) poderiam optar por trabalhar a categorização dos gêneros – assim como se propôs para os exercícios de Faraco, Moura e Maruxo Jr. (2010) –, pois tal atividade pressupõe um trabalho mais aprofundado com diferentes habilidades dos alunos. Seria importante em tarefas como essas exercitar essa competência em identificar as características de cada sequência tipológica a partir da própria compreensão dos alunos, que certamente indicariam tratar-se de um texto de natureza diversa daqueles com os quais já se acostumaram. O texto encontra-se no limite da prosa e da poesia, já que apresenta características dos dois tipos.

Conforme os PCNS,

> Competência discursiva refere-se a um sistema de contratos semânticos, responsável por uma espécie de filtragem, que opera os conteúdos em dois domínios interligados que caracterizam o dizível: o universo intertextual e os dispositivos estilísticos acessíveis à enunciação dos diversos discursos. (PCN: 23)

Isso posto, é importante que se proponham atividades que deem conta de mais de uma perspectiva de análise textual.

As autoras, apesar de a discussão não ter sido explorada a ponto de se observar uma tendência, optaram por uma metodologia que explorasse o único aspecto mencionado, o que acaba deixando lacunas. Poderíamos aplicar alguns outros conceitos de base cognitivista? Certamente, assim como o de outras teorias linguísticas. Assim o fazemos na tentativa de manutenção de um diálogo entre universidade e escola. Mas o que se poderia ativar nesses exercícios de cunho teórico? Por exemplo, a construção de um poema com recursos de prosa é resultado de um processo de mesclagem, ganhando características próprias. Processos de mesclagem são caros às propostas da linguística cognitiva, visto que formam novos espaços mentais.[2]

Outra forma de trabalhar com tal proposta teórico-metodológica diz respeito ao emprego de metáforas. Para entender a expressão "ninguéns", o aluno precisa primeiramente ativar em sua mente a possibilidade de ampliar o escopo de significação do pronome *ninguém*, cuja significação prevê ausência de pessoas. Aqui, na proposta do texto, isso não ocorre e é facilmente observável e explicável.

Para entender como a linguística cognitiva enxerga a metáfora, cabe a explicação proposta por Silva (1997: 11):

> Tradicionalmente, metáfora e metonímia têm sido consideradas como "figuras de estilo", isto é, mecanismos retóricos de ornamentação da linguagem. E são essas metáforas criativas e poéticas (típicas da linguagem literária) que mais têm sido estudadas por filósofos, retóricos e críticos literários. Mas a metáfora e a metonímia não são exclusivas da linguagem literária ou de outras formas de criação linguística, nem são essencialmente mecanismos retóricos. Metáfora e metonímia são instrumentos cognitivos e a linguagem corrente está repleta de expressões metafóricas e metonímicas (a nível lexical, metáfora e metonímia são os dois meios mais frequentes de extensão semântica dos itens lexicais). São estas metáforas e metonímias generalizadas, convencionalizadas e lexicalizadas (geralmente não reconhecidas como metáforas e metonímias e impropriamente ditas "mortas"), as mais importantes do ponto de vista cognitivo. Para a Linguística Cognitiva, estas metáforas e metonímias são fenómenos verdadeiramente conceptuais e constituem importantes modelos cognitivos.

Entendida a explicação, passa-se ao momento da aplicação. O que faz o autor do poema com a palavra "ninguém" é ampliar-lhe o sentido. Obviamente que está sendo utilizado como recurso literário, entretanto, pode-se observar que as estratégias estão bem definidas. O que ocorre é que, para que a palavra assumisse um novo significado, um traço específico de sua matriz foi modificado: justamente o da indefinição. Perdido o traço, passou-se a uma nova estruturação da palavra que ganhou a possibilidade de sofrer flexão, o que não acontece com a mesma palavra em seu valor denotativo.

Não se está aqui abrindo mão de uma abordagem puramente formal, mas entende-se que, conforme preconizam os Parâmetros Curriculares Nacionais (PCN), a ideia é manter uma atitude mais reflexiva por parte dos alunos. Entretanto, essa reflexão deve ser mediada pelo professor. Os resultados esperados tendem a não ser os mesmos da gramática tradicional.

Ou seja, o professor deve explorar mais de um nível de análise ao comentar o texto. No exemplo, extrapola-se o nível puramente textual e alcança-se o nível linguístico. Pode-se partir para a perspectiva que têm os alunos a respeito do conteúdo do texto e seu caráter social. Afinal de contas, a caracterização que se faz em cada verso sobre os *ninguéns* ao mesmo tempo que os personifica – em termos gramaticais – evidencia-os como não pessoas. As possibilidades de análise se articulam e é importante que os alunos, ao lerem o texto, e, na sequência, ao tentarem fazer as atividades, consigam analisar as especificidades, mas também tenham uma visão do todo.

Analisando a seção: continuando a pensar

Após você ter lido as atividades propostas para a leitura e interpretação do texto “Os ninguéns”, de Eduardo Galeano, viu que foram apresentadas alternativas para que se explorasse de maneira diferenciada o mesmo material. Sendo assim, aproveitando que alguns conceitos já se tornam mais conhecidos para você, seria importante torná-los mais concretos em sua atividade em sala de aula. Então, proponha você uma atividade que envolva ou o conceito de metáfora, ou o de mesclagem, ou o de espaços mentais.

Finalmente, a nossa proposta

Após discussões sobre a forma com que colegas têm abordado atividades de leitura em dois livros didáticos – trabalho feito não para desqualificá-los, mas para enriquecer as propostas que apresentam –, estabelecemos aqui uma proposta que poderia ser proveitosa para iniciar um trabalho em que se utilizem pressupostos da abordagem cognitivista de análise linguística. Serão apresentadas duas atividades tendo por base essa perspectiva, partindo de um gênero que também não é trabalhado com frequência: o verbete enciclopédico.

Verbete enciclopédico é o nome que se dá às entradas de uma enciclopédia. Diferentemente de um verbete de dicionário, apresenta forma mais ampla, com notas extensas, não se atendo a uma mera tradução/significação do vocábulo. Sua extensão estaria ligada à quantidade de hipertextos que poderia gerar. Exemplo disso é o texto gerador que se segue, o qual traz um texto sobre o vocábulo *dengue*. Você poderá perceber que sua estrutura assemelha-se à de um artigo de divulgação ou mesmo à de um artigo científico. O trecho foi retirado da Wikipédia[3].

A proposta para a execução da atividade utiliza o Currículo Mínimo[4] proposto pela Secretaria de Estado de Educação do Rio de Janeiro (SEEDUC), que parte das Orientações Curriculares Nacionais. O documento prevê o trabalho com o conteúdo a partir de competências e habilidades específicas, que são esmiuçadas em descritores. Neste capítulo, serão apresentados um descritor e uma proposta de trabalho para o primeiro bimestre do 9º ano do ensino fundamental.

Esse descritor é apresentado como habilidade a ser desenvolvida no primeiro bimestre do 9º ano, em que os textos geradores devem pertencer aos gêneros *verbete enciclopédico* e *artigo científico*. Uma sugestão para que se explore adequadamente o descritor será a de utilização de uma *abordagem dedutiva* na elaboração da atividade, ou seja, na observação do texto do descritor, primeiramente, para, a partir daí, construir a questão. Trabalhando dessa maneira, evita-se um desvio com relação à proposta, o que ocorreu algumas vezes, sugerindo que se fizeram as questões e tentou-se enquadrá-las aos descritores em momento posterior.

Sendo assim, tendo como base o descritor selecionado, partimos para a construção da questão. Sabe-se que o texto gerador também já foi escolhido – sem ele ficaria inviável realizar a questão –, então cabe, agora, pensar em como explorar a habilidade. O professor já terá trabalhado o conteúdo para que possa exercitá-lo, todavia, a atividade, como exercício que é, ajudará a solidificá-lo. Sendo assim, partamos de trecho do texto de um *verbete enciclopédico* aqui adaptado:

> Dengue é uma enfermidade de origem virótica. O vírus causador trata-se de um arbovírus da família Flaviviridae, que inclui quatro tipos imunológicos – DEN-1, DEN-2, DEN-3 E DEN-4. Quando da infecção por um deles, consegue-se imunidade total para o mesmo sorotipo e parcial contra os outros três.

Desse trecho podemos especificar o Domínio "*doença*", para selecionar as expressões adequadas à finalidade do verbete. A esse domínio associamos as seguintes palavras:

Domínio cognitivo: doença
Dengue
Enfermidade
Vírus
Infecção
Imunidade

No exemplo, foram selecionados apenas substantivos. Em um primeiro momento é o que se pode entender como adequado para início de um trabalho, que pode se estruturar, inclusive, a partir de uma questão bem simples que dê conta de parte do descritor, que é *selecionar* palavras. O elaborador poderá trabalhar um comando em que se exercite a capacidade de identificar qual palavra que, embora faça parte do domínio "doença", não apresenta as mesmas propriedades semânticas das outras. O item poderia apresentar o seguinte comando:

Questão

As palavras de uma língua apresentam características tais que as tornam parte de campos de significação mais amplos. Por exemplo, quando queremos falar em residência, surgem em nossa mente palavras como casa, apartamento, barraco, bairro, comunidade etc. O texto que acabamos de ler trata de questões de saúde, e existem várias palavras que estão ligadas especificamente a esse campo de significação. Das palavras que seguem, a única que foge de alguma forma da ideia de "doença" é:

a) DENGUE
b) ENFERMIDADE
c) VÍRUS
d) INFECÇÃO
e) IMUNIDADE

Ao apresentar a resposta comentada, o professor explicará que, embora a palavra *imunidade* faça parte do domínio cognitivo "doença", não compartilha as mesmas propriedades com as outras, visto que ou são espécies de sinônimos ou causadores. Estão associadas a danos à saúde, enquanto *imunidade* associa-se à ideia oposta. Cabe ao elaborador propor formas de o professor trabalhar a questão e, eventualmente, sugerir trabalhar textos diferentes.

Como se trabalhou a competência *Selecionar palavras* no item? Apesar de parecer uma atividade muito simples, apresenta-se um problema: o aluno conseguirá, muito provavelmente, enxergar propriedades tais nas palavras que as identifiquem com o domínio sugerido, entretanto, serão submetidos a um esforço cognitivo maior para entenderem como *imunidade* se afasta da especificidade dos outros itens. Antes de se chegar ao comando do item, há toda uma contextualização que permitirá ao aluno retomar, de alguma forma, o conteúdo que já lhe fora apresentado.

Agora podemos propor uma segunda etapa para o trabalho com o descritor, que é *empregar as palavras adequadas*. Observe o trecho retirado da Wikipédia:

> A partir da década de 1950, já se encontraram casos da doença em sua forma hemorrágica, na Ásia. Entretanto, existem entendimentos de que a doença não seria tão recente, podendo ter ocorrido em outras regiões no final do século xix e início do século xx. Fora do sudeste da Ásia, o primeiro caso de dengue hemorrágica foi registrado em Cuba, em 1981, evento que foi considerado o mais importante relacionado à doença nas Américas. Na ocasião foram notificados mais de 300.000 casos da doença, sendo 10.000 das formas mais severas, com mais de 100 mortes causadas.

Aqui caberá a sensibilidade de trabalhar a noção de adequado/inadequado, que normalmente gera discussões acaloradas, quando da sua apresentação na educação básica. Se levarmos em conta os textos geradores com os quais trabalhamos, deve-se estabelecer que o padrão culto será a nossa referência, seja na constituição dos textos dos verbetes, seja na dos artigos (científicos ou de divulgação). Ocorre que o professor deve ser sensato ao trabalhar com essa noção e ao cobrar isso dos alunos.[5]

No trecho apresentado, existem algumas expressões destacadas. A partir delas, elaboraremos um item em que o emprego de palavras adequadas ao contexto seja o objeto da questão. O entendimento de que o aluno domina a competência de selecionar deve ser somado ao do emprego. Para que isso esteja claro e o professor possa ter um diagnóstico de como está sua turma, um problema deve aparecer para que o aluno seja desafiado em relação aos conceitos apre(e)ndidos. O exemplo seria:

Questão

Na elaboração de textos formais, em que seja preservado o padrão culto da língua, é necessário que o autor apresente um vocabulário adequado a esse tipo de produção. No trecho lido, há palavras ou expressões destacadas que você deverá substituir por outras equivalentes, preservando o sentido do trecho e mantendo o padrão culto da língua portuguesa.

A partir poderá ser substituído por *desde a*;
Entretanto poderá ser substituído por *todavia;*
Evento poderá ser substituído por *episódio*;
Notificados poderá ser substituído por *relatados.*

Observe que na elaboração do item recupera-se o conteúdo do descritor. A manutenção dessa prática evita que nos afastemos da proposta do Currículo Mínimo, sem qualquer prejuízo ao entendimento da questão.

Essa resposta seria apenas um gabarito e não dá conta do que se pode aproveitar do descritor. Pode-se sugerir que o professor recupere conhecimentos sobre tipologia e gênero textual para trabalhar com seus alunos. Isso porque o gênero apresentado exige um texto mais formal e domínio da norma culta padrão. Assim sendo, o professor tentará recuperar no repertório linguístico do aluno as expressões mais adequadas ao contexto. A discussão, por exemplo, sobre o porquê de os fatos no texto serem relatados, e não comunicados, gera uma discussão que vai além da atividade proposta.

Entende-se que, como a habilidade requerida pelo descritor é a de emprego – não apenas seleção, como na primeira parte –, a atividade com reescritura com substituição das palavras seria mais adequada. Não se entende essa tarefa como de produção textual, visto que a tarefa prevê troca de palavras. Um exercício de múltipla escolha, por sua vez, não atenderia à proposta do descritor.

Sendo assim, uma resposta ideal, além de fornecer o gabarito, deve prever formas de abordagem do tema pelo professor. O que se quererá evidenciar na construção do texto, a seleção lexical, o gênero trabalhado, a norma? Pelo que se viu até então, é importante que essas questões sejam trabalhadas de maneira simultânea. O material deverá ajudar a formar alunos que sejam capazes de transformar esses conteúdos em ferramentas para seu dia a dia. Portanto, a mera apresentação de respostas – mesmo que fundamentadas[6] –, sem uma indicação de prática em sala de aula, pode ser algo estéril. A proposta requer que os alunos tenham essa capacidade de interferência no conteúdo que lhes é apresentado, logo as questões do roteiro devem servir de algum desafio a eles.

Palavras finais

Pelo que se viu, na elaboração de questões que tentem preservar uma interação com os conhecimentos e as experiências dos alunos, além de estarem em consonância com os documentos oficiais, deve-se ter o cuidado de preservar uma estrutura mínima que observe os seguintes padrões tanto na produção como nas respostas esperadas:

(1) Observe uma perspectiva dedutiva: analisem-se os descritores – ou quaisquer outros elementos que sirvam de guia para a construção de questões – antes de se apresentarem os comandos propriamente ditos;

(2) Utilize o texto do próprio descritor antes do comando da questão – mesmo que de forma indireta –, para que não se perca o foco na habilidade trabalhada;

(3) Procure não pensar as questões como meros exercícios; proponha-se em cada uma um problema a ser resolvido, que se torne um desafio para o aluno;

(4) A resposta comentada não deve ser um mero gabarito. Tente articular as respostas com uma proposta de trabalho. Lembre-se de que o objetivo maior será o de tornar os alunos proficientes nas habilidades trabalhadas;

(5) Direcione uma fundamentação mais detalhada para o texto das orientações pedagógicas. Se achar necessário, indique uma ou outra fonte em notas, evitando poluir a resposta.

Espera-se que, empregando a metodologia ora proposta, você consiga garantir eficácia no seu trabalho em sala de aula. Não é o intuito prometer que os resultados serão fantásticos, mas uma tentativa de estabelecer uma sincronia entre o que se trabalha nas universidades em determinada frente de pesquisa e o que se faz em sala de aula na realidade do dia a dia.

Notas

1 Phillipe Perrenoud concedeu entrevista a Paola Gentile e Roberta Bencini, na qual falou sobre o tema.

2 Espaços mentais devem ser entendidos como domínios conceptuais precários criados localmente.

3 *Dengue*. Wikipédia. Disponível em: <http://pt.wikipedia.org/wiki/Dengue>. Acesso em: 14 out 2011.

4 Para uma observação mais detida do Currículo Mínimo, sugere-se a sua leitura, observando-se os diversos descritores propostos para cada bimestre.

5 Ver sugestões apresentadas nas orientações pedagógicas.

6 Tanto na resposta comentada da primeira questão como na segunda, pode-se fazer referência a discussões propostas pelo cognitivismo. Entretanto, as sugestões de leitura podem ser transferidas para as OPs.

Referências bibliográficas

Brasil Lei 9.394, de 20 de dezembro de 1996. Estabelece as Diretrizes e Bases da Educação Nacional. *Diário Oficial da União*. Brasília, DF, v. 134, n. 248, pp. 833-41, 23 dez. 1996.

Brasil/mec. *Parâmetros Curriculares Nacionais*. Brasília: MEC, 2000.

Brasil/mec. *Orientações Curriculares para o Ensino Médio*. Brasília: MEC, 2006.

Chiavegatto, V. Um "olhar" sobre o processo cognitivo de mesclagem de vozes. 99. *Veredas: Revista de Estudos Linguísticos*. Juiz de Fora, v. 3, n. 1, pp. 97-114.

Coelho, Victoria Wilson; Oliveira Mariangela Rios. Linguística funcional aplicada ao ensino de português. In: cunha, Maria Angélica Furtado da; Oliveira, Mariangela Rios de; Martelotta, Mário Eduardo (orgs.) *Linguística funcional*: teoria e prática. Rio de Janeiro: dp&a 2003. pp. 89-123

Faraco, Carlos Emílio; Moura, Francisco; Maruxo jr., José. *Linguagem e Interação*. São Paulo: Ática, 2010.

Galeano, Eduardo. *O livro dos abraços*. Porto Alegre: lp&m, 2002, p. 71

Geeraerts, D. *Cognitive linguistics:* basic readings. Berlin: Mouton de Gruyter, 2006

Hernandes, Roberta.; Martin, Vilma Lia. *Língua portuguesa*. 1. ed. Curitiba: Positivo, 2010.

Kock, i. *Ler e compreender*. São Paulo: Contexto, 2010.

Lakoff, George; Johnson, Mike. *Metaphors we live by*. Chicago: Chicago University Press, 1980.

Silva A. A linguística cognitiva: uma breve introdução a um novo paradigma em linguística. *Revista portuguesa de Humanidades* 1: 59-101. Braga: Faculdade de Filosofia da UCP, 1997.

________. Linguagem, cultura e cognição ou a linguística cognitiva. In: Silva, a., Torres A.; Gonçalves, m. (orgs.) *Linguagem, cultura e cognição*: estudos de linguística cognitiva. v. 1 Coimbra, Almedina, 2004, p. 1-18.

Variação linguística e o estudo da indeterminação do sujeito nas escolas brasileiras

Angela Marina Bravin

Palavras iniciais

O estudo da indeterminação do sujeito gramatical nas escolas brasileiras reflete a abordagem dos fatos linguísticos presente nas gramáticas normativas. Trata-se, portanto, de um estudo que privilegia, como se verá adiante, a análise de estruturas encontradas principalmente em textos literários. Os fenômenos variáveis do português, em consequência disso, não entram nesse estudo, o que é perfeitamente compatível com a descrição linguística desse tipo de gramática. Entende-se que é preciso olhar para as estratégias de indeterminação como um fenômeno variável, mas sem perder de vista as explicações oriundas da tradição gramatical, porque o aluno, sobretudo o do ensino médio, deve conhecê-las, mas deve saber também que outras estratégias se realizam no português brasileiro, competindo entre si.

É sobre competição entre formas linguísticas na fala e na escrita do aluno brasileiro que este capítulo, inicialmente, se debruça para em seguida discutir o estudo da indeterminação do sujeito nas escolas brasileiras.

Variação linguística e Parâmetros Curriculares Nacionais

No que se refere ao ensino de língua portuguesa, os Parâmetros Curriculares Nacionais propõem a participação crítica do aluno diante das variedades linguísticas presentes no português. Para dar conta desse aspecto, os livros didáticos de língua portuguesa desenvolvem atividades relacionadas, quase sempre, às variantes estigmatizadas sem, contudo, levar em conta a competição entre as formas linguísticas, bem como os contextos estruturais e sociais em que elas se realizam. Além disso, não se considera a variação parte da competência linguística de qualquer falante. A abordagem restringe-se à necessidade de levar o aluno a conhecer e respeitar os diferentes registros sociais e regionais.

A impressão que se tem é a de que só ocorre variação linguística na fala de pessoas de regiões interioranas ou de indivíduos com baixo grau de letramento. Como ilustração, vejamos um tipo de atividade que confirma essa afirmação:

VÍCIO NA FALA
PARA DIZEREM MILHO DIZEM MIO
PARA MELHOR DIZEM MIÓ
PARA PIOR PIÓ
PARA TELHA DIZEM TEIA
PARA TELHADO DIZEM TEIADO
E VÃO FAZENDO TELHADOS.
(OSWALD DE ANDRADE)

Questão proposta:

"O autor está censurando, isto é, criticando as pessoas a quem ele se refere, ou revela respeito a elas? Justifique." (Amaral et al., 2003: 334)

Veja que o poema serve de apoio para reflexões acerca do preconceito linguístico em relação a variantes estigmatizadas que, nesse texto, estão representadas pela despalatalização da lateral, como se vê *em mio, teia, teiado* – e pelo apagamento da vibrante em *mió* e *pió*. A resposta esperada seria a de que o poeta revela respeito por pessoas que realizam tais variantes: "Ao afirmar 'vão fazendo telhados', ele revela respeito por esses falantes, valorizando-os pela importância de sua função social". (Amaral et al., 2003: 334)

Não há preocupação em mostrar para o aluno que, no poema de Oswald, deveria estar registrado também o alteamento da vogal média posterior /o/ nas palavras *mio* e *teiado*, uma vez que o indivíduo que despalataliza a lateral, provavelmente, também eleva as vogais médias. Nesse último caso, tem-se uma variação linguística comum a falantes não só de diferentes regiões, mas de níveis de escolaridade diversos.

Como não se considera a elevação das vogais um fenômeno estigmatizado, a variação das médias não é discutida em sala de aula. Não se apresentam também outras estruturas menos estigmatizadas e, por isso, frequentes na fala do aluno, como a supressão do [r] em infinitivos verbais (desenvolver > desenvolvê, nas formas do futuro do subjuntivo, estiver > estivê), e nos adjetivos, substantivos e advérbios polissilábicos (melhor > melhó; regular > regulá; amor > amô) (Bortoni-Ricardo, 2006), reforçando-se a ideia de que alunos de escolas urbanas estão livres de variação linguística, o que, decididamente, se constitui num equívoco com consequências graves para o ensino da língua portuguesa.

Na visão estruturalista, considera-se a língua um objeto homogêneo. Isso significa que, nesse modelo, a variação linguística fica à margem do sistema linguístico – domínio, por excelência, da invariância –, com o qual o paradigma variacionista rompe ao pressupor uma concepção de língua em que a heterogeneidade é característica inerente ao sistema e, por consequência, parte integrante da competência linguística do falante. É justamente nesse pressuposto que os Parâmetros Curriculares Nacionais se pautaram para a elaboração das diretrizes do ensino de língua portuguesa:

> [...] o estudo da variação cumpre papel fundamental na formação da consciência linguística e no desenvolvimento da competência discursiva do aluno, devendo estar sistematicamente presente nas atividades de Língua Portuguesa. (PCN, 1998: 82)

Considerar, portanto, a variação como aspecto fundamental no desenvolvimento da competência discursiva do aluno é reconhecer o fato de que sua fala e escrita são construídas discursivamente por formas linguísticas que competem entre si. Trata-se do que a Sociolinguística chama de variantes linguísticas, ou seja: as "diversas maneiras de se dizer a mesma coisa em um mesmo contexto, e com o mesmo valor de verdade". (Tarallo, 1985: 8)

À medida que o indivíduo alcança um grau de letramento mais avançado, aumenta seu conhecimento linguístico, levando-o a optar por uma ou outra variante, a depender da sua necessidade discursiva. Logo, não constitui nenhuma impropriedade teórica pressupor que o sujeito mais letrado possui mais variação linguística, o que deveria nos levar a desfazer o equívoco de considerar os eventos orais e escritos produzidos na escola, principalmente nas urbanas, isentos de variação.

A análise dos fenômenos variáveis do português brasileiro nos livros didáticos recai, quase sempre, sobre realizações fonéticas, como no exemplo apresentado anteriormente. Este capítulo mostra que é possível o professor de Língua Portuguesa tratar de fenômenos sintáticos variáveis presentes na fala e na escrita de pessoas de diferentes níveis de escolaridade, bem como de diferentes regiões do Brasil. Dessa forma, acredita-se que se possa desenvolver no aluno a consciência de que ele também realiza variação linguística. Para tanto, o fenômeno sintático escolhido é a indeterminação do sujeito gramatical, que se constitui num dos pontos mal compreendidos do estudo da sintaxe do português nas escolas brasileiras.

A indeterminação do sujeito

A dificuldade de o aluno compreender a descrição das estratégias de indeterminação do sujeito é consequência de como os fatos linguísticos são descritos nas gramáticas consideradas normativas, principalmente nas que se consolidaram com base na NGB (Nomenclatura Gramatical Brasileira), das quais se destaca a *Nova Gramática do Português Contemporâneo*, de Celso Cunha e Lindley Cintra, e que será aqui tomada como ponto de partida para as reflexões.

Nessa gramática, os autores são coerentes com a proposta de descrever "o português atual na sua forma culta, isto é, da língua como a têm utilizado os escritores portugueses, brasileiros e africanos do Romantismo para cá, dando naturalmente uma situação privilegiada aos autores dos nossos dias (Cunha e Cintra, 2008: XXIV). A descrição linguística realiza-se, assim, numa amostra de língua escrita. No caso do sujeito indeterminado, trata-se de uma amostra muito especial: a narrativa literária, pois todos os exemplos apresentados são de romances, conforme mostram os títulos dos livros de onde foram destacados: (A. Ribeiro, *SBAM*, 265), (C. dos Anjos, *MS*, 44), (A. Bessa Luís, *OM*, 296), (C. dos Anjos, *MS*, 381).

Essa metodologia sugere a análise de fatos gramaticais distanciados da prática linguística dos estudantes seja na fala, seja na escrita, ainda que monitoradas. Como, de maneira geral, os livros didáticos de língua portuguesa do ensino médio se pautam nos ensinamentos desse tipo de gramática, deduz-se que, por consequência, os professores explicam aos alunos as mesmas estratégias e com o mesmo tipo de amostra. Sendo assim, essa metodologia consiste num dos obstáculos ao entendimento da indeterminação do sujeito, porque o aluno pode não conhecer tais construções como parte de seu desempenho linguístico.

Outro aspecto a dificultar a compreensão das formas de indeterminação diz respeito aos critérios utilizados para conceituá-las. A definição tradicional em Cunha e Cintra associa o sujeito indeterminado à noção de pessoa:

> Algumas vezes, o verbo não se refere a uma pessoa determinada, ou por se desconhecer quem executa a ação ou por não haver interesse no seu conhecimento. Dizemos então, que o SUJEITO é INDETERMINADO". Nestes casos em que o sujeito não vem expresso na oração nem pode ser identificado, põe-se o verbo:
> a) ou na 3ª pessoa do plural:
> **Contaram**-me, quando eu era pequenina, a história duns náufragos, como nós. (A. Ribeiro, SBAM, 265)
> **Reputavam**-no o maior comilão da cidade. (C. dos Anjos, MS, 44).
> b) ou na 3ª pessoa do singular, com o pronome se:
> Ainda **se vivia** num mundo de certezas. (A. Bessa Luís, OM, 296).
> **Precisa-se** do carvalho; não **se precisa** do caniço. (C. dos Anjos, MS, 381). (Cunha e Cintra, 2008: 142)

Parece que o termo *pessoa* é ambíguo, já que poderia significar pessoa gramatical, mas também indivíduo. Como não está acompanhado pelo adjetivo *gramatical*, torna-se pertinente entendê-lo como sinônimo de indivíduo, de gente, estabelecendo-se, portanto, uma correspondência entre realização linguística do sujeito indeterminado e o indivíduo que pratica a ação do verbo. Nesse caso, sujeito gramatical poderia ser confundido com sujeito humano. A julgar pelos exemplos apresentados pelos autores, a conclusão a que se pode chegar é exatamente essa. Veja que todos os verbos em negrito, se ocorressem numa sentença com um sujeito simples ou composto, selecionariam um núcleo com traço [+ humano].

Conforme já apontado por Duarte (2007), a noção de sujeito indeterminado é semântica, cujo traço é o de referência indefinida, podendo se realizar por meio de formas não expressas e expressas. E é sobre tal ponto que recai outro aspecto a dificultar a compreensão desse tipo de sujeito, já que a descrição tradicional não considera formas expressas para sua realização. São descritas apenas estruturas com verbos em que o lugar do sujeito não se encontra preenchido, sugerindo, portanto, que esse contexto seja marca da indeterminação.

Ainda segundo Duarte (2007), estão entre as formas expressas os pronomes *eles*, *nós*, *a gente* e *você*, enquanto as não expressas se realizam por meio das *1ª e 3ª pessoas do plural*, podendo aparecer também em construções do tipo *Não usa mais máquina de escrever* e *Vende apartamento*. Excetuando-se o uso das *1ª e 3ª pessoas do plural*, mais frequentes em gêneros formais, as demais estratégias ocorrem preferencialmente na fala. Veja que a autora não inclui entre as estratégias de indeterminação a estrutura que combina verbo na *3ª pessoa do singular* com o pronome *se*. Tal procedimento deve-se ao caráter todo especial dessa combinação e que, por isso, foi analisada separadamente (Duarte, 2007: 190-1), sendo também examinada, neste artigo, em uma seção à parte.

Indeterminação do sujeito em textos de alunos do ensino médio

Bravin dos Santos (2000), em uma pesquisa variacionista com textos de alunos do ensino médio, investigou, em sentenças finitas, o uso das estratégias de indeterminação descritas por Duarte, além da combinação do verbo na 3ª pessoa do singular com o pronome *se*. Esperava-se a preferência pelas formas expressas e rejeição às não expressas, numa clara tendência à apropriação pela escrita das estratégias frequentes na fala. Sejam os exemplos:

a) Nós
(1) *Nós* devemos deixar o país ou, pelo menos, o bairro limpo. *Nós* devemos deixar tudo bem limpo.
1ª pessoa do plural não expressa
(2) Certamente quando *alcançamos* a idade adulta, nós passamos a aprender que a vida não é brincadeira

b) Você
(3) Logo o dinheiro acaba e *você* não tem de volta sua felicidade.
c) Eles
(4) Às vezes penso por que *eles* não aproveitaram os colégios tradicionais?
d) 3ª pessoa do plural não expressa
(5) ... *aproveitaram* a inexperiência dos alunos nessa questão política...
e) A gente
(6) Quando a gente passa fome, nós somos capazes de fazer qualquer coisa.
f) Se
(7) Agora, só *se vê* na televisão filmes violentos.
g) Zero
(8) Para ser artista, *ø precisa estudar* durante anos.

Em (1), (3) (4) e (6), as formas são expressas, enquanto em (2), (5), (7) e (8), o lugar do sujeito aparece vazio, mas veja que (2), (7) e (8) também não apresentam o mesmo tipo de estruturas exemplificadas na definição de Cunha e Cintra (2008). Os exemplos de Bravin dos Santos (2000) demonstram que, de fato, nos textos examinados, os alunos usaram estratégias de indeterminação que não estão prescritas pela gramática tradicional, conforme revelaram os resultados obtidos pela autora:

	Não expressa		Expressa		Total
Estratégias	Oco.	%	Oco.	%	Oco.
Nós	73	83	15	17	88
Eles	31	72	12	28	43
Se	13	100	-	-	13
Você	2	33	4	67	6
A gente	0	0	2	100	2
Zero	1	100	-	-	1
Total	120	78	33	22	153

Tabela 1 – Estratégias de indeterminação usadas segundo a representação expressa e não expressa do sujeito

Nota-se que a estratégia de indeterminação preferida é o uso da 1ª pessoa do plural, seja expressa, seja implícita, o que revela, por um lado, a utilização de uma estrutura em via de desaparecimento na língua falada, conforme verificado por Duarte (1995) e, por outro, a escolha de uma estratégia que não apresenta a formalidade do uso do *se*, forma de indeterminação prescrita pela norma gramatical, que sequer menciona o uso de *nós*, deixando, portanto, de apresentar estratégias produtivas na língua escrita.

Com 43 ocorrências, aparece a *3ª pessoa do plural*, cuja forma expressa (representada por *eles*) alcança um percentual significativo (28%), se levarmos em conta o fato de que se trata de eventos de língua escrita. O uso da indeterminação com *se* apresenta apenas 13 ocorrências, mas, como será visto na próxima seção, praticamente todas são realizadas com verbo transitivo direto, o que destoa da prescrição tradicional. Finalmente, temos a 2ª pessoa (*você*), com 6 ocorrências, e *a gente*, apresentando apenas 2 ocorrências com referência indefinida, o que revela a rejeição a essa estratégia na escrita e o reconhecimento, por parte do aluno, da sua informalidade. De qualquer modo, já podemos verificar a lenta infiltração nos textos escritos de *você* e *a gente* como formas de indeterminação. Como não sofrem preconceito linguístico, dificilmente tornam-se assunto na aula de português.

Esses resultados ilustram, em parte, a realidade dos textos de nossos alunos no que se refere ao comportamento do sujeito indeterminado. O fato de as formas prescritas pela tradição gramatical não se constituírem na opção preferida por eles não significa que desconhecem o uso da indeterminação. O que ocorre é uma realização variável do fenômeno e que faz parte da competência discursiva do indivíduo seja no nível fundamental, seja no médio.

Indeterminação do sujeito com verbos transitivos diretos

Em Bravin dos Santos (2000), conforme já mencionado, foram observadas 13 ocorrências de indeterminação com *se*: 12 com transitivo direto, exemplificadas em (7), já apresentada, (9)-(13), a seguir, e apenas uma (1) com transitivo indireto, em (14):

(9) ... por mais dinheiro que *se ganhe*, uma coisa não *se deve vender*: a dignidade.

(10) ... quando *se tinha* o prazer de se sentar no sofá...

(11) *Comprou-se* muitos livros para a biblioteca, mas nós estamos interessados em outras coisas.

(12) Tudo bem, compraram os livros, mas não *se calculou* os gastos com a reforma da escola.

(13) Vale lembrar também que *se descobre* muitas coisas nos livros, além de descobrirmos também nossas opções.

(14) .... *visava-se* na época a (à) situação do futuro esposo.

Em (11), (12) e (13), assim como em (7), aparecem estruturas que tradicionalmente seriam consideradas passivas pronominais, uma vez que combinam verbos transitivos diretos com o pronome *se*, classificado como partícula apassivadora. Desse ponto de vista, ao contrário do que ocorre em (9) e (10), todas aquelas ocorrências estariam erradas, porque deveriam concordar com o sintagma nominal posposto no plural, o sujeito da oração.

Na definição vista anteriormente, Cunha e Cintra (2008), ao tratarem da indeterminação com a *3ª pessoa do singular* e pronome *se*, não se referem à transitividade do verbo. Apenas apresentam exemplos com transitivos indiretos e intransitivos, ficando, portanto, subjacente a ideia de que os transitivos diretos não participariam das estratégias para indeterminar o sujeito. Assim, nos textos analisados, só seria, de fato, uma estrutura com indeterminação o exemplo (14), mas observa-se que em (12) a combinação do verbo transitivo direto com *se*, em *se calculou*, varia com o uso da *3ª pessoa do plural*, em *compraram*, numa clara evidência de que os alunos as utilizam como variantes, ou seja: como estruturas em competição.

Na realidade, a estrutura de indeterminação presente em *não se calculou os gastos* reflete uma realização frequente não só na fala, como também na escrita, conforme verificado por Almeida (1999) em textos jornalísticos escritos no século XIX e XX. Trata-se, portanto, de uma estratégia não tão recente no português brasileiro como se poderia supor. Nesse sentido, pode-se retomar Naro (1976, apud Duarte, 2002), segundo o qual construções desse tipo aparecem no sistema a partir de meados do século XVI. De acordo com o autor, é nessa época que a expressão para indicar o agente deixa de figurar na língua.

Câmara Júnior (1974: 185) explica que em *aluga-se casas* ocorre uma oposição formal com *alugam-se casas*, em que, em ambas as construções, ocorre um morfema *se* que omite o agente tanto nos verbos transitivos como nos intransitivos. Quando ocorre a concordância, o paciente é elevado a sujeito; quando não, a estrutura é considerada como formas do tipo *vai-se* e *trata-se*. Assim, não há impropriedade considerar as estruturas sem concordância como estratégias de indeterminação e, nesse caso, o sintagma nominal posposto ao verbo é sentido como objeto direto.

Seguindo por tal raciocínio, cabe uma relação com as reflexões de Palomanes sobre as passivas pronominais (Ler capítulo "O paradigma cognitivista e o ensino"). A autora, do ponto de vista da linguística cognitiva, considera, igualmente, o sintagma posposto ao verbo um objeto direto, recebendo o pronome ***se*** traços de partícula de indeterminação do sujeito. Ela entende que aspectos semânticos e pragmáticos participam desse tipo de estruturas, não sendo, portanto, sem motivação o uso de *vende-se livros* ***ou*** *aluga-se casas*. Nesses casos, os verbos selecionam sujeitos com traço [+ animado] e [+ humano], o que possibilita entender *livros* e *casas* como objetos das ações praticadas por um sujeito, que não se pode, ou não se deseja, indeterminar; mas, diferentemente da proposta aqui defendida, Palomanes considera também como indeterminação as realizações com concordância.

Considerando o objetivo deste livro – o de apresentar propostas para um ensino mais produtivo do registro culto da língua portuguesa – o professor tem, a partir da reflexão acerca dessas construções, material linguístico para levar o aluno, especificamente o do ensino médio, a pensar sobre o comportamento linguístico exigido pela escola, questionando, inclusive, se ele produz, de fato, a norma prescrita pela gramática tradicional.

Indeterminação do sujeito e organização discursiva

Continuando a pensar sobre a dificuldade de os alunos assimilarem a noção de sujeito indeterminado, são retomados os títulos dos livros de onde Cunha e Cintra (2008) destacaram os exemplos presentes na definição vista anteriormente: (A. Ribeiro, *SBAM (São banaboião, anacoreta e mártir)*, 265.), (C. dos Anjos, MS *(A menina do sobrado)*, 44.), (A. Bessa Luís, *OM (O Mosteiro)*, 296.). Todos esses títulos relacionam-se a romances, sugerindo a ideia de que as estratégias de indeterminação só se realizam em textos narrativos. Tal procedimento reflete a visão homogênea de língua discutida na seção *Variação linguística e Parâmetros Curriculares Nacionais* e que pode levar o aluno à idealização de um comportamento linguístico. Na verdade, a indeterminação ocorre em diferentes organizações discursivas[1], conforme resultados obtidos por Bravin dos Santos (2000):

	Cartas	Dissertação	Narração	Descrição	
Estratégias	t.	t.	t.	t.	Total
Nós	24	53	0	11	88
Eles	6	36	1	0	43
Se	1	12	0	0	13
Você	0	5	1	0	6
A gente	0	1	0	1	2
Zero	0	1	0	0	1

Tabela 2 – Estratégias de indeterminação segundo a organização discursiva

Nessa tabela, que exibe apenas a distribuição das ocorrências, nota-se que a dissertação, além de ser a organização discursiva com maior número de ocorrências de indeterminação, apresenta todas as estratégias examinadas. Destaque-se, inicialmente, o fato de a quase totalidade de usos de *se* (12 em 13 casos) estar concentrada nos textos dissertativos. Os pronomes *nós* e *eles,* embora apareçam nos outros tipos de texto, igualmente predominam na dissertação. Outro aspecto a observar na tabela é o fato de a narração, ao contrário do texto dissertativo, ser um contexto totalmente desfavorável à indeterminação. Utilizar, portanto, apenas as explicações oferecidas pela gramática normativa provavelmente dará ao estudante pistas abstratas do uso que ele faz ou deveria fazer das formas para indeterminar o sujeito.

Levar, pois, o aluno a entender a distância entre as estruturas realizadas e as prescritas deve ser um dos objetivos do ensino de português em nossas escolas. No que se refere às estratégias de indeterminação, serão apresentadas, mais adiante, sugestões que partem exatamente do princípio de que estruturas linguísticas competem entre si sem, entretanto, ocorrerem por acaso.

Indeterminação do sujeito e os condicionamentos linguísticos e extralinguísticos: sugestões de propostas didáticas

As variantes podem ser influenciadas por fatores linguísticos e extralinguísticos. Aos primeiros estão relacionadas as características lexicais, semânticas, discursivas e fono-morfo-sintáticas de uma língua. Os extralinguísticos englobam, entre outros fatores, sexo, idade, escolarização e classe social do indivíduo. O tipo de organização discursiva também pode ser considerado um fator extralinguístico, como foi tratado por Bravin dos

Santos (2000); mas o reconhecimento da coexistência de determinadas variantes ou de uma mudança em progresso na língua não se dá tão facilmente. Há uma série de procedimentos metodológicos necessários para comprovar esse fenômeno, dentre os quais se encontra o tratamento quantitativo e estatístico dos dados para a análise dos possíveis fatores capazes de influenciar o uso de uma variante. Esses pressupostos são da Sociolinguística Variacionista e podem direcionar a elaboração de propostas didáticas para o ensino da indeterminação do sujeito. As sugestões, a seguir, focalizam a influência dos fatores semânticos.

Em relação a tais fatores, o professor pode examinar com os alunos as características dos verbos que participam das estruturas com indeterminação. A análise de Palomanes, citada anteriormente, mostrou que construções do tipo *compra-se livros* selecionam um sujeito com traço [+ animado] e [+ humano]. Levando em conta essa constatação, sugerem-se propostas didáticas que levem o aluno a perceber que não é qualquer verbo que faz parte das estratégias de indeterminação, mas aqueles que, geralmente, apresentam tais traços.

Outra sugestão diz respeito à observação, no próprio texto do aluno, do comportamento da estratégia com a forma *você*, cujos traços semânticos, em contexto de indeterminação, não são os mesmos dos que se manifestam nesse pronome em situação de diálogo. Veja, por exemplo, que em (15), redação dissertativa produzida por um aluno do ensino médio, *você* recebe o traço [+ referência indefinida]:

(15) Na década de sessenta, na sociedade brasileira, o nosso sonho era de ser esposa de marido rico. Hoje *você* não *tem* mais esse sonho, porque *você necessita* de motivações que não estão relacionadas ao homem provedor da casa, mas a situações que satisfazem exigências da sociedade.

Diferentemente do que ocorre em (16), trecho de uma peça do mesmo autor de (15), em que *você* se caracteriza pelo traço morfológico [+ pessoa gramatical]:

(16) — Como *você* pôde fazer isso comigo?
— Calma! *você* não precisa ficar nervosa!

Sugere-se, assim, a comparação desses traços em organizações discursivas distintas. Desse modo, além de se verificar a atuação de fatores semânticos na realização do sujeito indeterminado, observa-se também o condicionamento das características dessas organizações no comportamento das variantes. É claro que não se espera de um aluno do ensino médio a opção por *você* para expressar o traço [+ referência definida], porque não se considera uma estratégia de acordo com as exigências do registro padrão da língua portuguesa, mas, diante de estruturas desse tipo, podem ser desenvolvidas práticas de produção textual que tomem por base o processo de escritura e reescritura de textos, considerando o primeiro momento uma manifestação linguística espontânea; o segundo, um evento linguístico monitorado, em que se apresentam possibilidades de realizações do sujeito indeterminado condizentes com as exigidas pelo registro culto da língua.

Essa proposta foi desenvolvida a partir do texto em (15), primeiro momento de elaboração de um texto dissertativo. Veja, em (17), como a redação ficou depois de monitorada pelo professor:

(17) Na década de sessenta, na sociedade brasileira, o sonho de ser esposa de marido rico era a motivação para muitas mulheres. Hoje *levaram* esse sonho para longe, porque *se necessita* de outras motivações que não estão relacionadas ao homem provedor da casa, mas a situações que satisfazem as exigências consumistas do mercado.

Essa reescritura pode servir de base para uma comparação entre o que foi desenvolvido no primeiro e no segundo momento da produção textual, no que se refere não só ao emprego das formas de indeterminação, mas também ao próprio objetivo do texto, levando o aluno a pensar se as variantes selecionadas refletem, por exemplo, se ele tem o intuito de se aproximar do leitor ou se distanciar dele. Nesse caso, pode-se discutir o efeito de sentido produzido pela seleção das variantes, comparando os traços semânticos de *você* aos das formas de indeterminação prescritas pela gramática tradicional.

As alterações permitem refletir, inclusive, sobre a diferença entre forma e conteúdo das estratégias, além de possibilitarem questionamentos acerca da competição entre elas. Há a possibilidade ainda de uma discussão sobre o grau de informalidade do texto antes e depois da reescritura. Outro ponto que também poderia ser discutido diz respeito à transitividade dos verbos que participam das estruturas de indeterminação. Para tanto, caberia um contraponto entre o que dizem as gramáticas tradicionais e o que de fato se realiza nas redações.

Reflexões para além da escola

Para uma reflexão sobre questões de variação e mudança linguística, sugere-se a leitura do livro *Introdução à Sociolinguística*: o tratamento da variação (Mollica e Braga (orgs.): 2004). De maneira bem didática, os autores esclarecem conceitos de homogeneidade e heterogeneidade das línguas, variação, variável e variante, além de mostrarem os passos da pesquisa sociolinguística.

É importante entender como as variantes entram em um determinado sistema linguístico e vão se encaixando lentamente até que se instalam de vez, sem que o falante se dê conta; mas, em se tratando de língua, nada ocorre por acaso. Não é, pois, aleatoriamente que os alunos realizam as estratégias de indeterminação aqui analisadas. Nesse sentido, é fundamental a leitura sobre as principais mudanças presentes na sintaxe pronominal do português brasileiro e que influenciam o uso do sujeito indeterminado. Os trabalhos de Duarte e Cavalcante citados anteriormente podem servir de introdução a esse estudo.

Palavras finais

Se, por um lado, o uso do sujeito indeterminado na escrita dos alunos do ensino médio não reflete as estratégias descritas pela gramática normativa, por outro, não é considerado estigmatizado, o que, provavelmente, não o torna exemplo de variação linguística nos livros didáticos de língua portuguesa. Essa distância entre a prescrição gramatical e o uso efetivo das variantes é que causa um dos problemas enfrentados pelo professor: como explicar a diferença entre forma e conteúdo no tocante ao conceito de indeterminação do sujeito.

No ensino, portanto, desse ponto, ele deve estar ciente de que a mistura dos critérios não consiste numa boa saída para a explicação. Para alcançar o objetivo desejado, que é fazer o aluno entender, de fato, o conceito de indeterminação, sugere-se que a reflexão parta do princípio de que fatores distintos estejam atuando na realização das variantes do sujeito indeterminado no português brasileiro. Para que o estudante perceba isso, considera-se um procedimento didático partir do texto desenvolvido por ele. Dessa forma, espera-se que tanto professor quanto aluno reconheçam que a variação linguística no uso desse tipo de sujeito faz parte da competência linguística e discursiva de qualquer falante da língua portuguesa.

Nota

1 Foram consideradas quatro tipos de organizações discursivas estudadas em sala de aula: narrativa, descritiva, dissertativa e epistolar. Levou-se em conta o fato de cada tipo identificar-se por algumas características específicas, ou melhor, por certas regularidades que o especificam e que poderiam influenciar o aparecimento ou não de determinado fenômeno linguístico. Isso não quer dizer que um trecho descritivo não possa aparecer em uma carta ou em uma narração. É evidente que aspectos caracterizadores de determinado gênero penetrem na composição de outro sem, contudo, desfazer sua especificidade.

Referências bibliográficas

Amaral, e.; Ferreira, m.; Leite, r.; Severino, a. *Novas palavras*. São Paulo: ftd, 2003, p. 334.

Bortoni-ricardo, s. m. *Educação em língua materna*: a sociolinguística na sala de aula. São Paulo: Parábola, 2004.

Câmara júnior, j. m. *Princípios de linguística geral*. Rio de Janeiro: Livraria Acadêmica, 1974.

Cavalcante, s. r. A *indeterminação do sujeito na escrita padrão:* a imprensa carioca dos séculos xix e xx. Rio de Janeiro, 1999. Dissertação (Mestrado em Letras Vernáculas) – ufrj, Faculdade de Letras.

Cunha, Celso e Cintra, Lindley. *Nova gramática do português contemporâneo*. Rio de Janeiro: Lexikon, 2008.

Duarte, m. e. l. *A perda do princípio "evite pronome" no português brasileiro*. Campinas, 1995. (Tese de Doutorado em Linguística) Unicamp.

_______. Construções com se apassivador e indeterminador em anúncios do século xix. In: alkmim, Tânia (Org.) *Para a História do Português Brasileiro*, v. iii, *Novos Estudos*, São Paulo: Humanitas, 2002.

_______. Termos da oração In: Vieira, s. r; Brandão, s. (orgs.) *Ensino de gramática:* descrição e uso. São Paulo: Contexto, 2007.

Mollica, m. c. e Braga m. l. (orgs.) Fundamentação teórica: conceituação e delimitação. In: *Introdução à sociolinguística*: o tratamento da variação. São Paulo: Contexto, 2004.

Parâmetros curriculares nacionais: terceiro e quarto ciclos do ensino fundamental – língua portuguesa. Brasília: mec/sef, 1998.

Clíticos acusativo e dativo no ensino de língua padrão

Gilson Costa Freire

Palavras iniciais

Chama-se *clítico* qualquer item lexical que seja acentualmente dependente, isto é, que dependa de outros itens lexicais com acentuação própria, denominados seus hospedeiros. Por conseguinte, os pronomes pessoais oblíquos átonos são entendidos como clíticos, visto que não possuem acentuação própria e se apresentam ligados ao verbo, que é seu hospedeiro.

De acordo com a tradição gramatical greco-latina, o *acusativo* é o complemento que representa o ser para o qual se dirige a ação indicada pelo verbo, enquanto o *dativo* é o complemento que representa o ser a que se destina a ação verbal ou em cujo proveito ou prejuízo é realizada. Seguindo essa tradição, a NGB (Nomenclatura Gramatical Brasileira) propõe os termos *objeto direto* e *objeto indireto* para tratar dos complementos acusativo e dativo, respectivamente. No entanto, o segundo termo foi estendido a qualquer complemento verbal iniciado por preposição, de modo que as gramáticas que servem de base ao ensino de português apresentam o objeto direto como "o complemento não encabeçado por preposição necessária", enquanto o indireto é "encabeçado por preposição necessária" (Bechara, 1992: 205-6). Consoante essa descrição, os termos em destaque nas orações abaixo são assim classificados:

(1) A faxineira limpou *a cozinha* com muito esmero. (objeto direto)

(2) Não falei *a meus amigos* durante o jantar. (objeto indireto)

(3) Os funcionários sempre concordam *com o chefe*. (objeto indireto)

A partir dos exemplos anteriores, percebe-se que tal simplificação descritiva trouxe confusões quanto ao conceito de objeto indireto, uma vez que acabam sendo reunidos sob esse mesmo rótulo complementos verbais de valores semânticos distintos, beneficiário em (2) e relativo em (3), e de comportamento morfossintático diferente: possibilidade ou não de substituição pelo clítico <*lhe*>. Vejam-se os exemplos modificados:

(2') Não *lhes* falei durante o jantar.

(3') *Os funcionários sempre *lhe* concordam.

Por essa razão, Mattoso Câmara (1997: 180) propõe uma distinção entre o objeto indireto *stricto sensu* e o *lato sensu*, sendo o primeiro aquele que, na terceira pessoa, admite ser convertido no clítico <*lhe*>, representando de fato a função dativa nos termos da gramática greco-latina. Tal distinção se aproxima da descrição de Rocha Lima (1998), que propõe o termo *complemento relativo* para designar o complemento verbal encabeçado por preposição necessária que não pode ser substituído, na terceira pessoa, pelo pronome oblíquo <*lhe*>, reservando o termo *objeto indireto* para o complemento que apresentar essa possibilidade de substituição.

No que diz respeito aos clíticos pronominais, estabeleceu-se no português padrão um comportamento distinto da terceira pessoa em relação às demais. Na primeira e na segunda pessoas, os clíticos <*me*>, <*te*>, <*nos*> e <*vos*> podem desempenhar as funções acusativa e dativa; já na terceira pessoa há uma especialização: <*o*> e flexões para a função acusativa; <*lhe*> e flexão para a função dativa. Observem-se os exemplos:

(4) A moça não *me* cumprimentou. (função acusativa)
A moça não *o* cumprimentou. (função acusativa)

(5) Ninguém *me* emprestou o livro. (função dativa)
Ninguém *lhe* emprestou o livro. (função dativa)

Em razão de suas especificidades, as formas pronominais <*o*> e <*lhe*> são denominadas *clíticos acusativo* e *dativo*, respectivamente.

Por conseguinte, a tradição escolar prescreve que cabe ao clítico acusativo representar o objeto direto anafórico de terceira pessoa ou o sujeito anafórico de orações infinitas reduzidas de infinitivo ou de gerúndio que completam os verbos denominados causativos e perceptivos:

(6) Glória Pires? Eu *a* considero uma excelente atriz.

(7) Como o aluno se comportou mal, mandei-*o* sair da sala.

(8) Sempre converso com minha avó, porque gosto de ouvi-*la* contando casos.

Já ao clítico dativo, segundo essa mesma tradição, compete representar o objeto indireto *stricto sensu* anafórico de terceira pessoa, podendo ser substituído pelo pronome pessoal reto precedido pela preposição <*a*> ou <*para*>:

(9a) Não fui à festa de André, mas *lhe* enviei um cartão.

(9b) Não fui à festa de André, mas enviei um cartão *a ele*.

(10a) Quando encontrei minha prima, disse-*lhe* umas verdades.

(10b) Quando encontrei minha prima, disse *p(a)ra ela* umas verdades.

Por outro lado, nas últimas décadas, estudos sociolinguísticos sobre o português brasileiro oral têm apontado processos de mudança em progresso que vêm aumentando o distanciamento entre a descrição presente nas gramáticas de base normativa e o uso efetivo da língua falada no Brasil. Dentre os fenômenos que ilustram tal distanciamento, destaca-se justamente a perda dos clíticos acusativo e dativo. Diante disso, propõe-se uma discussão acerca do ensino dessas formas linguísticas a partir das estratégias comumente usadas pelos livros didáticos para esse fim. Pelas mais diversas razões, tais estratégias acabam sendo adotadas por muitos professores na escola, de modo que se faz necessário verificar até que ponto elas são eficazes no processo de aprendizagem da língua padrão. Para isso, serão apresentados exemplos de uso irregular dos clíticos acusativo e dativo extraídos de redações de vestibular, portanto, de indivíduos que já passaram por todo o processo da educação básica, o que põe em xeque a eficácia das referidas estratégias quanto ao efeito desejado e suscita uma reflexão sobre as práticas adotadas pela escola no ensino de língua portuguesa.

Clíticos acusativo e dativo na fala e na escrita brasileiras

Diferentes estudos realizados sobre o português falado no Brasil apontam uma redução no emprego do clítico acusativo. Os trabalhos acadêmicos registram a ocorrência de três outras estratégias de realização do objeto direto correferente com um SN mencionado no discurso (*acusativo anafórico de terceira pessoa*) em progressiva substituição à variante padrão: o pronome lexical (<*ele*> em função acusativa), os SNs anafóricos e o objeto nulo (cf. Duarte, 1986; Freire, 2000). A partir dos exemplos extraídos de Freire (2000), com base na amostra NURC-RJ/1992, que reúne entrevistas de indivíduos com nível superior completo, podem-se observar as referidas estratégias de realização da variável:

a) clítico acusativo

(11) Você conversa, você tem um contato diário com o professor, não é, você sabe onde o professor tá, entendeu, você pode procurá-*lo*, tirar dúvida.

b) pronome nominativo

(12) Mas isso em vez de socializar mais as pessoas, pelo contrário, tão deixando *elas* mais agressivas.

c) SN anafórico

(13) Eu quis fazer o estágio, porque eu precisava fazer *o estágio* para ter diploma de técnico.

d) objeto nulo

(14) Agora, de qualquer jeito eu fiz o pré-vestibular, até não levei $[-]_i$ a sério, mas mesmo porque eu confiava muito né.

A tabela a seguir apresenta os resultados gerais de Freire (2000):

Clítico		Pronome lexical		SN anafórico		Objeto nulo	
4/117	3%	5/117	4%	40/117	34%	68/117	59%

Tabela 1 – Função acusativa na língua oral: distribuição dos dados segundo a variante usada

A partir da tabela, percebe-se que o clítico mostra reduzido índice de ocorrência, ficando bem abaixo dos SNs anafóricos e do objeto nulo, o que está em consonância com outros estudos sobre a realização do acusativo anafórico de terceira pessoa no português brasileiro (cf. Duarte, 1986). Do mesmo modo, verifica-se uma baixa frequência do pronome lexical em função acusativa, o que poderia ser explicado como um efeito da escolarização, visto que os informantes possuíam curso superior completo. Por outro lado, a considerável ocorrência de objetos nulos e de SNs anafóricos na fala de pessoas com alto grau de escolaridade indica que a perda do clítico de terceira pessoa no português brasileiro está se resolvendo em direção à crescente implementação dessas duas formas, por não serem estigmatizadas.

Sobre a escrita brasileira, em Freire (2005), a partir de amostra constituída de textos de jornais do Rio de Janeiro e de histórias em quadrinhos de gibis que circulam nas bancas dessa cidade, fez-se o levantamento das variantes candidatas à representação do acusativo anafórico de terceira pessoa, que são exemplificadas a seguir:

a) clítico acusativo

(15) O presidente recebia ovações matinais e no fim do dia as pesquisas *o* louvavam. (*Jornal do Brasil*, 25-04-2004 – Artigo de opinião)

b) pronome nominativo

(16) Enfim, como toda heroína de novela, Maria Clara é ingênua. Deixa *ela* pensar que vai se dar bem com essa bobagem. (Segundo Caderno de *O Globo*, 16-06-2004 – Crônica)

c) SN anafórico

(17) Foi dele a iniciativa de reunir os partidos políticos e fazer um acordo inédito que livrou a cidade dos galhardetes e de outras formas de propaganda que sujaram *a cidade* em campanhas passadas. (*O Globo*, 12-09-2004 – Reportagem)

d) objeto nulo

(18) Meses atrás, viu um cavalete$_i$ na vitrine, quase entrou e comprou [-]. (Caderno H do *Jornal do Brasil*, 25-04-2004 – Reportagem)

Os resultados de Freire (2005) são exibidos na tabela seguinte:

Clítico		Pronome lexical		SN anafórico		Objeto nulo	
189/406	47%	32/406	8%	58/406	14%	127/406	31%

Tabela 2 – Função acusativa na língua escrita: distribuição dos dados segundo a variante usada

Os resultados apontam para um fato contundente e inegável: já se encontram plenamente infiltradas na escrita as estratégias alternativas ao clítico acusativo comuns na fala, destacando-se dentre elas o objeto nulo. Esses resultados demonstram também que a influência do ensino sobre a escrita se faz perceber com mais força na considerável redução do pronome lexical em função de objeto direto, tão combatido pela tradição escolar, todavia, esse mesmo ensino não consegue minimizar a frequência das demais variantes: o SN anafórico e o objeto nulo somados estão em equilíbrio com a variante prescrita pela tradição, de modo que podem ser considerados estratégias legítimas de realização do acusativo anafórico de terceira pessoa não só na fala, mas também na escrita.

Sobre a recuperação do clítico acusativo na escrita, deve-se registrar que este aparece preferencialmente em contexto de ênclise ao infinitivo, que concentrou 55% do total de suas ocorrências contra 42% em tempos simples e 3% em locuções verbais sem infinitivo. Com as formas verbais simples flexionadas, a variante padrão aparece apenas no presente, no pretérito perfeito e no pretérito imperfeito do indicativo, como em (15), e ainda assim em desvantagem em relação às demais variantes, que juntas representam 64% dos dados desse contexto. Já com as locuções verbais sem infinitivo, o uso do clítico é bastante marginal, cedendo espaço ao objeto nulo, que se apresenta bastante expressivo:

(19) E a sua diferença para os outros é que ela dá as ideias$_i$ e dois minutos depois já está colocando [-]$_i$ em prática. (*O Globo*, 12-09-2004 – Reportagem)

Por sua vez, o alto índice de ocorrência do clítico acusativo em ênclise ao infinitivo na escrita indica que no português brasileiro há uma nítida preferência pela realização desse clítico como *lo*, de volume fonético mais expressivo que *o*:

(20) Luiz Paulo Conde (PMDB), que disputa com Cesar a paternidade do projeto, diz que vai ampliá-*lo*. (*O Globo*, 12-09-2004 – Reportagem)

(21) Mas há muita coisa datada. Não pelo fato em si, mas pela forma de encará-*lo*. (Revista *Domingo* do *Jornal do Brasil*, 15-08-1999 – Entrevista)

(22) O primeiro salão do high society em Ipanema foi o de Jambert. Freqüentá-*lo* dava status, e o tempo de espera para o atendimento era o termômetro do prestígio da cliente. (Caderno H do *Jornal do Brasil*, 25-04-2004 – Reportagem)

Essa mesma tendência foi também constatada na língua oral (cf. Freire, 2000), visto que as poucas ocorrências encontradas do clítico acusativo apareceram todas em ênclise às formas de infinitivo. A propósito, veja-se o seguinte exemplo de ênclise a uma forma do futuro do subjuntivo, extraído da amostra de Freire (2005):

(23) "Olha, papai! A Zilá consegue sentar sozinha!" "Mesmo se soltá-*la*?" (*Zoé & Zezé* em *O Globo*, 27-07-2004 – Tira em quadrinhos)

A forma desse tempo verbal, considerando os verbos regulares, assemelha-se muito ao infinitivo, o que explicaria o equívoco da ênclise. Em todo caso, tal equívoco constitui mais uma prova de que é o infinitivo o contexto mais propício ao uso do clítico acusativo na variedade brasileira.

Quanto ao clítico dativo, os trabalhos acadêmicos sobre a fala brasileira registram a substituição dessa variante por uma categoria vazia ou por um SP anafórico, sendo este com a forma tônica do pronome ou com SN pleno (cf. Gomes, 1999; Silveira, 2000; Freire, 2000). Observem-se os exemplos extraídos de Freire (2000):

a) SP anafórico

(24) Meu filho é uma pessoa que curte roupas [...], às vezes eu peço *a ele* para ir comprar o jornal pra mim no jornaleiro.

b) objeto nulo

(25) O menino$_i$ deve ser louco pra comer açúcar. O dia que ele$_i$ pegar um saco de bala né, mas não sou eu que vou dar [-]$_i$ né.

A tabela a seguir apresenta os resultados gerais de Freire (2000) para a função dativa:

Clítico		SP anafórico		Objeto nulo	
—	—	9/14	64%	5/14	36%

Tabela 3 – Função dativa na língua oral: distribuição dos dados segundo a variante usada

Nas doze entrevistas com informantes de nível superior completo analisadas, não houve um só uso da variante padrão, de modo que as estratégias alternativas a ela se mostram muito produtivas no português brasileiro, o que o diferencia fortemente do português europeu, que faz largo uso do clítico dativo em referência à terceira pessoa (cf. Freire, 2000).

No que diz respeito à escrita brasileira, em Freire (2005) também se procedeu ao levantamento das variantes candidatas à representação do dativo anafórico de terceira pessoa, que são exemplificadas a seguir:

a) clítico

(26) Cabe a tarefa ao capital privado, que não se aplicaria nessas áreas, se a legislação não *lhe* desse segurança atual e futura. (*Jornal do Brasil*, 02-05-2004 – Artigo de opinião)

b) SP anafórico

(27) A nova lei permite que os pequenos partidos formem uma "federação". Esse ponto garante que cada um mantenha sua própria organização, ao mesmo tempo que permite *a eles* disputar as eleições sob uma mesma sigla partidária. (*O Globo*, 12-09-2004 – Reportagem)

c) objeto nulo

(28) Em seus ensinamentos ao Príncipe$_i$, Maquiavel recomendou [-]$_i$ que más notícias e decisões amargas sejam anunciadas de uma vez só. (*Jornal do Brasil*, 25-04-2004 – Editorial)

A próxima tabela exibe o quantitativo e o percentual de ocorrência de cada variante:

Clítico		SP anafórico		Objeto nulo	
41/155	26%	65/155	42%	49/155	32%

Tabela 4 – Função dativa na língua escrita: distribuição dos dados segundo a variante usada.

Os resultados sobre a função dativa na escrita apontam que, do ponto de vista quantitativo, a diferença de ocorrência do clítico em relação às demais variantes é bem mais profunda do que a encontrada na função acusativa: a variante prestigiada pela tradição constitui pouco mais de um quarto do total de dados, enquanto as demais variantes ostentam, somadas, o expressivo índice de 74%, destacando-se dentre elas o SP anafórico. Tal constatação sinaliza um fato contundente na escrita brasileira: as estratégias alternativas ao clítico se encontram infiltradas de maneira avassaladora na expressão do dativo anafórico de terceira pessoa, o que evidencia uma influência limitada do ensino escolar na recuperação da variante padrão no registro escrito.

No que diz respeito a essa tímida recuperação do clítico dativo na escrita brasileira em oposição à ausência absoluta desse item na fala com referência à terceira pessoa, deve-se mencionar que ele aparece preferencialmente em contexto de verbo *dandi* (representado por *dar* com seus correlatos e reversos), que concentrou 90% do total de suas ocorrências. As demais se deram com verbos *rogandi* (*pedir* e correlatos) e *dicendi* (*dizer* e correlatos). Já com os verbos transitivos indiretos (p. ex. *obedecer*, *agradar*) o clítico dativo foi preterido pelo SP anafórico:

(29) Acostumados a trabalhar com música, os irmãos Fernando e Marcelo Viana, netos de Pixinguinha, não suportavam o som de buzinas e motores do Centro. [...] "Não preciso estar aqui todos os dias" – explica Marcelo Viana. O dia-a-dia nas salas virtuais também agrada *ao herdeiro*, que considera boa a convivência com pessoas de ramos variados. (PB: Revista *Domingo* do *Jornal do Brasil*, 02-05-2004 – Reportagem)

Do mesmo modo, cite-se que construções com o dativo de posse (p. ex. *Rasgaram-lhe a camisa*) não apareceram na amostra brasileira de língua escrita, tendo sido encontradas somente no português europeu (cf. Freire, 2005). Por conseguinte, a presença do clítico dativo no português brasileiro escrito com referência à terceira pessoa está de fato muito restrita, ou seja, ocorre somente em contexto de verbos bitransitivos, que projetam em sua grade temática dois complementos: um argumento interno acusativo e outro argumento interno dativo, o beneficiário descrito pela tradição greco-latina.

O ensino dos clíticos acusativo e dativo

Conforme foi demonstrado, há diferenças marcantes entre as modalidades oral e escrita do português brasileiro no que diz respeito ao emprego dos clíticos acusativo e dativo: enquanto esses elementos são escassos ou ausentes na fala, mostram-se presentes na escrita de modo até certo ponto expressivo, ainda que em competição com outras variantes. Essa grande discrepância entre o que se fala e o que se escreve remete à constituição da norma culta oficial brasileira.

Na verdade, os fenômenos variáveis, como a realização do acusativo e do dativo anafóricos de terceira pessoa, sempre existiram no sistema, porém tomaram grandes dimensões durante o processo de nativização da língua portuguesa no Brasil, acabando por tornar o português brasileiro uma variedade bem distinta do português europeu, o que também foi favorecido, segundo Naro e Scherre (2003: 295), pela "falta quase total de uma norma estável e geralmente aceita durante o período de aquisição do português como primeira língua no Brasil". No entanto, a partir da segunda metade do século XIX, esse cenário de ausência normativa muda completamente com o surgimento da chamada norma culta oficial.

De acordo com Pagotto (1998), essa norma se estabeleceu no Brasil à imagem e semelhança da norma então vigente em Portugal, como parte de um projeto de nação elaborado pela elite, que assim pretendia distanciar-se dos demais segmentos da população. Em decorrência disso, criou-se um paradoxo: à medida que o Brasil consolidava sua independência política da ex-metrópole, reforçava os laços de dependência cultural a partir da adoção de padrões linguísticos lusitanos divergentes do português brasileiro, que já havia ampliado consideravelmente a frequência de estruturas variantes com ocorrência marginal no português europeu e, por isso, com pouco prestígio social. Por essa razão, a norma oficial brasileira diverge tão profundamente da língua oral usada pelos brasileiros no cotidiano, sendo apenas adotada em situações específicas, como na escrita formal. Consequentemente, tem-se no Brasil um distanciamento ainda maior entre o que se fala e o que se escreve.

Em meio a essa diferença entre fala e escrita no Brasil, à escola caberia ensinar a norma culta oficial aos alunos, sendo socialmente cobrada no desempenho dessa função. Por conseguinte, ela teria a tarefa de recuperar formas prescritas pela tradição gramatical que já não fazem parte do sistema linguístico dos alunos. Sem dúvida, ensinar a norma oficial significa ensinar uma segunda língua, visto que os alunos, ao entrarem na escola, já possuem uma gramática completa, adquirida num processo natural, desde os primeiros meses de idade, a partir de dados fornecidos pelos que os cercam.

No intuito de proporcionar as condições para a aprendizagem de estruturas prescritas pela norma oficial que não fazem parte da gramática do aluno, a escola lança mão de algumas estratégias. Dessa forma, serão aduzidos os meios pelos quais a escola tenta recuperar os clíticos de terceira pessoa na representação do acusativo e do dativo anafóricos. Para isso, foram examinados alguns livros didáticos aprovados pelo MEC na última década, tanto do ensino fundamental como do ensino médio, uma vez que permitem vislumbrar, pelo menos em parte, a prática escolar nos últimos anos. Torna-se imperioso dizer, entretanto, que não se pretende traçar aqui uma análise crítica completa a respeito do conteúdo gramatical veiculado nessas obras, tarefa que excede os limites deste capítulo, mas sim levantar alguns aspectos relativos ao tratamento dispensado aos clíticos de terceira pessoa, que suscitarão algumas reflexões sobre o ensino de língua portuguesa na escola. Nos exemplos relativos aos livros didáticos, os grifos em itálico ou em negrito já fazem parte do original, ao contrário do recurso de escrever em caixa alta, que será utilizado aqui para pôr em evidência a estratégia em questão. Assim, as estratégias presentes nas obras consultadas foram as seguintes:

a) as "correções" baseadas na chamada norma culta

> Conforme a norma padrão da língua, aquela que é mais prestigiada na nossa sociedade, NÃO PODEMOS ESCREVER: pegou *ela*, mas pegou-*a*. (Oliveira et al., 2002: 129) (Ensino fundamental)

> Observe a fala do guarda: "... eu conheço ***ele***." Do ponto de vista da gramática normativa, essa frase está correta? Por quê? CORRIJA-A, se for o caso. *Não, pois HÁ ERRO no emprego do pronome. Pela gramática normativa, a forma CORRETA seria: eu o conheço.* (Faraco; Moura, 2004: 102) (Ensino fundamental – livro do professor)

> Observe a frase do texto 2: 'Eu ainda não *lhe* conhecia pessoalmente... " O pronome *lhe* equivale a "a você, a ele, a ela, ao senhor, à senhora...". Exerce, em geral, a função de objeto indireto. O verbo *conhecer* é um verbo transitivo direto; pede objeto direto. O texto está escrito em linguagem coloquial, por isso tem a construção "*lhe* conhecia". REESCREVA A FRASE, ADEQUANDO-A À NORMA CULTA. *Eu ainda não o conhecia.* (Faraco; Moura, 2004: 144) (Ensino fundamental – livro do professor)

> Assim sendo, frases como "Visitei 'ele' no domingo" são incorretas na norma culta. CORRIGINDO-A, temos: Visitei-o no domingo. (Ferreira *et al.*, 2003: 393) (Ensino médio)

> Na função de complemento verbal, USAM-SE OS PRONOMES OBLÍQUOS, e NÃO OS PRONOMES RETOS. Convidei ele. (construção não aceita pela norma culta) à Convidei-o. (construção aceita) [...] NÃO SÃO ACEITAS PELA NORMA CULTA construções em que o pronome *o* (e flexões) aparece como complemento de verbos transitivos indiretos, assim como as construções em que o pronome *lhe (lhes)* aparece como complemento de verbos transitivos diretos: Eu *lhe* vi ontem.

(não aceito) / Eu *o* vi ontem. (aceito); Nunca *o* obedeci. (não aceito) / Nunca *lhe* obedeci. (aceito) (Terra; Nicola, 2004: 241) (Ensino médio)

Quando os verbos têm como complemento os pronomes retos *ele*(s) ou *ela(s)*, sua substituição pelo pronome oblíquo é *obrigatória*. Construções semelhantes a "Eu vi ele", comuns na conversação informal, NÃO são admitidas na escrita. (Costa et al., 2009: 233) (Ensino fundamental)

b) os exercícios de substituição

Evite repetir palavras, SUBSTITUINDO as palavras ou expressões grifadas por um pronome: a) O pagamento das mensalidades estava atrasado. Papai não tinha como pagar <u>as mensalidades da escola</u>. b) Ela admirava os peixinhos. Seguia <u>os peixinhos</u> até perder <u>os peixinhos</u> de vista. (Oliveira et al., 2002: 129) (Ensino fundamental)

Nas orações a seguir, indique se o termo sublinhado funciona como *objeto direto* ou *objeto indireto*. Depois, SUBSTITUA-O adequadamente por um dos seguintes pronomes: *o, a, os, as, lhe* ou *lhes*. a) Foi à cidade e resolveu rapidamente <u>todos os problemas relativos à administração da fazenda</u>. b) Junto com outros envelopes, o carteiro entregou <u>a Mariana</u> uma carta sem o nome do remetente. (Ferreira et al., 2003: 393) (Ensino médio)

Reescreva as orações, SUBSTITUINDO o termo destacado por o(s), a(s) ou lhe(s):

a) Ele reconheceu *o amigo*.

b) Ofereceu *aos amigos* um jantar. (Maia, 2005: 368) (Ensino médio)

Reescreva o trecho abaixo em seu caderno, SUBSTITUINDO o símbolo # pelos pronomes oblíquos adequados.

"Durante muito tempo, Quintana trabalhou numa editora, como tradutor. Como era poeta em tempo integral, desistiram de # dar serviço, e acho que foi a primeira vez que alguém teve um emprego e um salário para escrever poesia. Mais tarde,

> ele se aposentou e, nas sextas-feiras, eu # levava a passear de automóvel. Uma vez # levei à sede de um clube náutico. Havia muita gente, logo ele foi reconhecido e vieram muitas crianças para vê #. Uma vovó beijou # a mão." (Costa et al., 2009: 233) (Ensino fundamental)

De um modo geral, os livros consultados também descreveram os contextos em que ocorrem as alterações morfofonológicas do pronome acusativo, conforme se ilustra a seguir:

> Os pronomes pessoais oblíquos *o, a, os, as* são substituídos pelas formas pronominais *lo, la, los, las,* respectivamente, quando vêm depois de formas verbais terminadas em *-r, -s* e *-z,* que perdem essas terminações: Necessitava *vê-lo,* antes de sua partida. (ver +o) *Afastamo-los* das más companhias. (afastamos + os) O vício do cigarro *fê-los* inapetentes. (fez + os) As formas pronominais *no, na, nos, nas* são empregadas após as formas verbais terminadas em *-m, -ão, -õe,* que *não* perdem essas terminações: Os jurados considera*m-no* culpado. Recebera*m-nas* com alegria. A herança, *dão-na* como perdida. O vendedor supõ*e-nos* estrangeiros. (Sarmento; Tufano, 2004: 219) (Ensino médio)

> Veja os exemplos a seguir: Eu vendi *meu carro.* / Eu *o* vendi. Quero encontrar *ele.* / Quero encontrá-*lo.* As mães buscaram *elas* na escola. / As mães buscaram-*nas* na escola. Perceba que quando o complemento *ele* ou *ela* segue o verbo no infinitivo, o *r* final do verbo é suprimido e o pronome oblíquo *o* ou *a* é acrescido de um *l* (encontrar *ela*/ encontrá-*la*). Já quando o complemento *ele* ou *ela* segue um verbo terminado em *m,* o pronome oblíquo é acrescido de um *n* (buscaram *elas* / buscaram-*nas*). (Costa et al., 2009: 233) (Ensino fundamental)

No entanto, segundo indicam os trabalhos sobre o português brasileiro oral, parece que as estratégias comumente usadas pela escola na tentativa de recuperar os clíticos de terceira pessoa não têm produzido os resultados esperados. Em Freire (2000), que analisou a fala de informantes com nível universitário, constatou-se que na função acusativa a influência do fator escolar só é marcante na redução do emprego de formas estigmatizadas pela escola, como o uso do pronome lexical (4%), mas é praticamente nula na reabilitação do clítico (3%). Quanto à função dativa, o fracasso parece ser ainda maior, visto que a ausência do clítico <*lhe*> na referência à terceira pessoa foi total na amostra de língua falada.

Por conseguinte, pode-se inferir que o efeito do trabalho da escola não se deixa mostrar na língua oral. E o que dizer da modalidade escrita? Averbug (2000) revelou que é particularmente na escrita que se percebe algum resultado mais visível sobre a atuação da escola na recuperação das variantes prescritas pela tradição escolar, visto que em sua amostra apareceu um índice de 40% de ocorrência do clítico acusativo em textos de informantes com nível superior. Do mesmo modo, em Freire (2005), constatou-se uma presença significativa dos clíticos acusativo e dativo na amostra brasileira de língua escrita, contudo concentrada em textos de caráter mais formal, como editoriais e resenhas, o que indica que o uso dos clíticos acusativo e dativo na escrita brasileira parece ser mais um fenômeno de morfologia estilística que gramatical, segundo a observação de Kato (1996), ou seja, no português brasileiro esse uso não é comum em qualquer evento de comunicação, como no português europeu, mas somente em eventos com marca de formalidade.

Por outro lado, têm-se evidências de que a aprendizagem desses clíticos pelo estudante brasileiro não se dá sem problemas: em redações de alunos já no último ano do ensino médio, são comuns os chamados usos irregulares dos clíticos de terceira pessoa, conforme evidenciam os seguintes exemplos, extraídos de redações de vestibular da UFRJ:

(30) Felizmente, os frutos brotaram, mas *os* foram colhidos para uma minoria [...]

(31) O povo que cada vez mais ignorante, deixa-se levar por uma mídia, que traz notícias manipuladas para *o* confortá-*lo*.

(32) O futuro que o Brasil espera e sempre esperou não parece chegar, pois fez pouco para merecer-*o*.

(33) [...] gerando assim uma outra ideia de academia, onde antes tinham a finalidade de proporcionar uma boa saúde, agora muitos buscam-*a* para realizar uma tarefa: obter músculos.

(34) Com todos esses problemas o Brasil ainda pensa em ser um país do futuro, mas um país que quer servir com a educação de pessoas que ~~o~~ vão *o* construir, não pode ter uma população que tenha diferença social.

(35) Agindo de maneira ideológica ela exerce grande influência no estilo de vida adotado pela sociedade. Muitas vezes ela procura convencer as pessoas da necessidade de adquirir um determinado produto, alegando que o mesmo *as* trará beleza e alegria.

(36) Muitos acabam deixando de lado o seu valor de corpo perfeito e saudável para satisfazer uma regra que a sociedade *o* impôs, fazendo com que percam sua identidade.

(37) Muitas delas ficam nas nuvens, eufóricas querendo andar pelas ruas (por toda parte), para mostrar para todos, para ficarem olhando-*lhes*.

Pelos exemplos anteriores, constata-se que muitos alunos, mesmo concluindo o ensino médio, apresentam uma aprendizagem imperfeita dos clíticos de terceira pessoa: em (30) se observa um emprego totalmente equivocado do clítico, visto que se trata de uma construção em voz passiva; em (31) ocorre um caso de hipercorreção; em (32) e (33) verifica-se a não aplicação da regra de alteração morfofonológica do pronome acusativo em contextos prescritos pelos livros didáticos; em (34) percebe-se um problema quanto à posição do clítico com uma evidente hesitação; em (35) e (36) constata-se o emprego equivocado do clítico acusativo em função dativa, inclusive quanto à flexão de número em (36); por fim, em (37) ocorre o uso do pronome dativo em lugar do acusativo.

De um modo geral, tais ocorrências irregulares do clítico evidenciam a artificialidade das variantes prestigiadas pela tradição gramatical no dialeto dos alunos e sinalizam a insuficiência das estratégias empregadas pela escola na tentativa de ensiná-las aos aprendizes, além da ineficiência das "regras" sobre as alterações morfofonológicas do pronome acusativo.

Uma proposta de ensino

Diante desse quadro, surge a questão de como se poderia ensinar com mais eficácia o emprego dos clíticos de terceira pessoa. Antes de tudo, deve o professor de Língua Portuguesa ter consciência do atual processo de mudança por que passa o sistema linguístico brasileiro. Em outras palavras, as variantes não estigmatizadas que substituem o uso dos clíticos de terceira pessoa na fala já se encontram plenamente infiltradas na escrita: na função acusativa, o SN *anafórico* e o *objeto nulo*; na função dativa, o SP *anafórico* e o *objeto nulo*.

Do mesmo modo, o professor deve ter claro que a norma padrão escrita do português brasileiro não coincide necessariamente com a descrição da gramática tradicional, cujos exemplos de uso linguístico são geralmente literários e retratam uma época pretérita. É necessário, pois, verificar o que realmente representa a escrita padrão do português brasileiro: a norma culta veiculada pela imprensa. Conforme observa Menon (1996: 502), parte-se "do pressuposto de que ali está tudo aquilo que a tradição gramatical vem mostrando ao longo dos anos", porém não se tem percebido que "uma nova geração de jornalistas (e linguistas) começa a revelar em seus textos a 'infiltração' de variantes já implementadas na língua oral".

Dessa forma, por ser a imprensa, segundo Bortoni-Ricardo (2004: 52), uma das "agências padronizadoras da língua", o ensino dos clíticos de terceira pessoa deve efetuar-se a partir do contato direto dos alunos com textos produzidos pela imprensa, que revelam a sensibilidade das novas gerações de letrados a respeito do que efetivamente vem a ser a norma culta brasileira usada em eventos de letramento, conforme ilustram os exemplos a seguir:

(38) Enquanto ele levava as namoradas para passear pelos jardins e contar histórias da infância para impressioná-*las*, Marina começava a dar os primeiros passos na profissão. (*Jornal do Brasil*, 25-04-2004 – Reportagem)

(39) A situação de Maria Madalena Rastoldo não é muito diferente. [...] A necessidade de um corte de custo na empresa *a* fez perder o emprego. (*O Globo*, 12-09-2004 – Reportagem)

(40) Maria não ia dar a entrevista, a princípio ficou de longe. Os quatro filhos *a* respeitam, assim como as colegas. (Caderno H do *Jornal do Brasil*, 02-05-2004 – Reportagem)

(41) Não é bem assim, esta será uma votação ditada por muitos fatores, sobretudo o eleitoral. Mas esta percepção torna *a votação* crucial. (O Globo, 16-05-2004 – Artigo de opinião)

(42) Talvez tenha demorado tempo demais para fazer o projeto dedicado à representação das grandes canções brasileiras. Deveria ter feito $[-]_i$ no princípio da carreira. (Revista *Domingo* do *Jornal do Brasil*, 03-10-1999 – Artigo de opinião)

(43) Além disso, o país já está negociando acordos similares com a China e a Índia, e esta semana a Indonésia *lhe* ofereceu gás, em substituição ao argentino. (*Jornal do Brasil*, 02-05-2004 – Reportagem)

(44) O propósito maior da educação sexual para adolescentes é dar *a eles* informações necessárias para que compreendam melhor o assunto e, com isso, possam ter uma vida sexual melhor. (*O Globo*, 19-09-2004 – Reportagem)

(45) No fim, quando o cliente escolhe o que vai levar, Francisco oferece $[-]_i$ o banheiro para que o comprador possa lavar as mãos depois de mexer em tanta poeira. (Revista *Domingo* do *Jornal do Brasil*, 02-05-2004 – Reportagem)

Em (38), o redator brasileiro optou pela ênclise ao infinitivo em vez do uso lusitano que apresenta próclise nesse contexto devido à preposição <para>, que lá constitui uma "palavra atrativa" do pronome. Note-se, portanto, que a ênclise do clítico acusativo em contexto de infinitivo é categórica no português brasileiro, o que constitui uma característica de sua norma culta. Já em (39), mesmo não havendo "palavra atrativa", fez-se a opção pela próclise, a fim de evitar a forma "fê-la", que é estranha ao uso brasileiro, o que sinaliza a artificialidade das regras morfofonológicas do clítico acusativo em contextos de verbos terminados em *-s* e *-z* para a descrição da norma brasileira. Ainda é possível encontrar ênclise do pronome acusativo em contexto de verbo terminado em som nasal na escrita brasileira, mas esse uso é muito periférico e por vezes soa artificial, de modo que em (40) se fez também a opção pela próclise, embora não aparecesse "palavra atrativa", a fim de evitar a forma "respeitam-na". Esta é sentida como estilística, portanto, de caráter mais subjetivo. Por sua vez, os exemplos em (41) e (42) apresentam o SN anafórico e o objeto nulo, respectivamente, como estratégias legítimas de representação do acusativo anafórico de terceira pessoa na norma culta brasileira, a fim de evitar formas que soariam estranhas: "a torna" ou "torna-a" em (41); "devê-lo-ia" em (42). Por fim, em (43), (44) e (45), verifica-se a variação na expressão do dativo anafórico de terceira pessoa no único contexto em que o clítico ainda costuma aparecer na escrita: os verbos bitransitivos.

Por conseguinte, os clíticos acusativo e dativo devem ser apresentados aos alunos como variantes estilísticas, isto é, próprias de eventos de comunicação marcados com o traço de formalidade. Além disso, devem ser mostrados ao lado das demais variantes e certamente com a feição atual que os letrados brasileiros lhes têm dado, isto é, sem usos artificiais como ênclises do pronome acusativo a formas verbais terminadas em *-s* e *-z*, mesóclises, entre outros, o que é bem diferente da descrição comumente apresentada em gramáticas normativas, em livros didáticos e em manuais de redação. Seguindo essas pistas, certamente o professor alcançará o objetivo de ensinar com mais eficácia os clíticos acusativo e dativo típicos da língua padrão.

Palavras finais

Estudos sociolinguísticos acerca do português brasileiro oral têm registrado a praticamente consumada perda dos clíticos acusativo e dativo na referência à terceira pessoa. Quanto à língua escrita, verifica-se que esses itens linguísticos aparecem preferencialmente em contextos de maior formalidade e, ainda assim, sob certas condições estruturais: o acusativo em contexto de ênclise ao infinitivo; o dativo em contexto de verbo bitransitivo.

Sabe-se que, por razões de ordem sociocultural, a escola não poderia se eximir de ensinar a norma oficial, haja vista as diversas situações em que esta é exigida. No entanto, na execução dessa tarefa, o professor de Língua Portuguesa deve ter consciência de que o português brasileiro está passando por processos de mudança e de que existe uma profunda diferença entre norma oficial prescrita pelas gramáticas e a norma usada pela classe letrada brasileira. Portanto, se o propósito é levar ao conhecimento do aluno a língua culta, o ensino de clíticos de terceira pessoa deveria basear-se não em meras recomendações proibitivas ou em exercícios artificiais de substituição, mas na percepção dos escritores brasileiros de hoje sobre esse fato gramatical, obtida a partir da leitura de textos produzidos pela imprensa, que remetem a situações reais e representam o que efetivamente constitui a norma culta brasileira.

Referências bibliográficas

Averbug, Mayra C. Guimarães. *Objeto direto anafórico e sujeito pronominal na escrita de estudantes*. Rio de Janeiro, 2000. Dissertação (Mestrado) – Programa de Pós-graduação em Letras Vernáculas, Faculdade de Letras, Universidade Federal do Rio de Janeiro.

Bechara, Evanildo. *Moderna gramática da língua portuguesa*. 34. ed. São Paulo: Companhia Editora Nacional, 1992.

Bortoni-ricardo, Stella Maris. *Educação em língua materna:* a sociolinguística na sala de aula. São Paulo: Parábola, 2004.

Câmara jr., Joaquim Mattoso. *Dicionário de linguística e gramática*. 18. ed. Petrópolis: Vozes, 1997.

Costa, Cibele Lopresti et al. *Para viver juntos:* Português. 7º ano. São Paulo: Edições sm, 2009.

Duarte, Maria Eugênia Lamoglia. Clítico acusativo, pronome lexical e categoria vazia no português do Brasil. In: Tarallo, F. (org.) *Fotografias sociolinguísticas*. Campinas: Pontes, 1989, pp. 19-34.

Faraco, Carlos; Moura, Francisco. *Linguagem nova*. 6ª série. 2. ed. São Paulo: Ática, 2004.

______. *Linguagem nova.* 7ª série. 2. ed. São Paulo: Ática, 2004.

Ferreira, Mauro et al. *Novas Palavras*: Português. Volume único. 2. ed. São Paulo: FTD, 2003.

Freire, Gilson Costa. *Os clíticos de terceira pessoa e as estratégias para sua substituição na fala culta brasileira e lusitana.* Rio de Janeiro: 2000. Dissertação (Mestrado) – Programa de Pós-graduação em Letras Vernáculas, Faculdade de Letras, Universidade Federal do Rio de Janeiro.

______. *A realização do acusativo e do dativo anafóricos de terceira pessoa na escrita brasileira e lusitana.* Rio de Janeiro: 2005. Tese (Doutorado) – Programa de Pós-graduação em Letras Vernáculas, Faculdade de Letras, Universidade Federal do Rio de Janeiro.

Gomes, Christina Abreu. *Embedded processes in dative alternation*: a comparative study about three contemporary varieties of Portuguese. NWAV(E) 28. Toronto, 1999. Mimeo.

Kato, Mary A. Português brasileiro falado: aquisição em contexto de mudança linguística. In: *Actas do Congresso Internacional sobre o Português.* Lisboa: APL e Colibri, 1996, pp. 209-34.

Maia, João Domingues. *Português*: série novo ensino médio. Volume único. 11. ed. São Paulo: Ática, 2005.

Menon, Odete P. S. Aspectos do sistema pronominal relevantes para o ensino básico. In: *Letras & Linguística*: Anais do XI Encontro Nacional da ANPOLL, 1996, pp. 501-3.

Naro, Anthony Julius; Scherre, Maria Marta Pereira. (2003) O conceito de transmissão linguística irregular e as origens estruturais do português brasileiro: um tema em debate. In: Abraçado, Jussara; Roncarati, Cláudia. (orgs.) *Português Brasileiro*: contato linguístico, heterogeneidade e história. Rio de Janeiro: 7 Letras, 2003, pp. 285-96.

Oliveira, Tania A. et al. *Tecendo Textos*: ensino de Língua Portuguesa através de projetos. 6ª série. 2. ed. São Paulo: IBEP, 2002.

Pagotto, Emílio Gozze. Norma e condescendência; ciência e pureza. In: *Línguas e instrumentos linguísticos.* Campinas: Pontes, jul.-dez. 1998, pp. 49-68.

Rocha Lima, Carlos Henrique da. *Gramática normativa da língua portuguesa.* 36. ed. Rio de Janeiro: José Olympio, 1998.

Sarmento, Leila Lauar; Tufano, Douglas. *Português: literatura, gramática e produção de texto.* São Paulo: Moderna, 2004.

Silveira, Gessilene. A realização variável do objeto indireto (dativo) na fala de Florianópolis. *Letras de Hoje*, Porto Alegre, v. 35, n. 1, 2000, pp. 189-207.

Terra, Ernani; Nicola, José de. *Português*: de olho no mundo do trabalho. Volume único. São Paulo: Scipione, 2004.

Integração de sentido e forma na morfossintaxe do português

Mariangela Rios de Oliveira

Palavras iniciais

Neste capítulo, propomos a abordagem e o tratamento integradores de duas instâncias gramaticais das mais "caras" às tradicionais "aulas de português" – a sintaxe e a morfologia. Partindo do que preconizam os atuais Parâmetros Curriculares Nacionais (2000), doravante nomeados como PCN, nosso objetivo é defender que os chamados "pontos gramaticais", no âmbito das funções sintáticas e das classes de palavras, podem e devem ser tratados de modo mais global, contemplando unidades superiores de sentido e de forma.

Assim, esses pontos gramaticais referidos, considerados atualmente suporte ou subsídio à abordagem das atividades de análise, de reflexão e de (re)produção textual, estão hoje a merecer maior cuidado, uma vez que deixaram de ser o foco das aulas de língua materna, passando a ser vistos agora como suporte para que se cumpram as atividades de análise e reflexão textuais. Dito dessa forma, tudo parece simples e óbvio, mas o problema é: como atingir esse objetivo? De que maneira uma visão integradora de constituintes linguísticos, em termos semântico-sintáticos, pode contribuir para se atingir a maior proficiência na análise e na produção de textos? Embora os PCN proponham o conhecimento gramatical como ferramenta a serviço da reflexão linguística e da eficiência comunicativa, não encontramos aí informes metodológicos para esse tratamento. Portanto, nosso propósito aqui, para além da defesa da proposta integradora apresentada, é o de fornecer subsídios à abordagem da dimensão morfossintática da gramática, ampliando o foco deste tratamento.

Nessa visão mais integradora, palavras ou itens isolados são entendidos como constituintes integrantes de blocos maiores, formadores das verdadeiras unidades de que nos servimos para nos comunicarmos, seja em termos da produção, seja em termos da recepção de textos. Nomeamos esses blocos de *unidades pré-fabricadas* (doravante UPF), nos termos de Erman e Warren (2000), e é com base nessas unidades que nosso capítulo se desenvolve.

Iniciamos com uma seção dedicada à definição e à caracterização das UPF, a seguir, levantamos em compêndios do português algumas descrições que estão relacionadas à concepção de UPF. Na terceira seção, tratamos da classificação dos quatro tipos dessas unidades, finalizando com uma proposta de abordagem das UFP no âmbito das atividades de análise e reflexão textuais. Encerramos o capítulo com a proposição de exercícios sobre o tema.

Todos os textos usados como ilustração nas distintas seções deste capítulo fazem parte do *Corpus* Discurso & Gramática – a língua falada e escrita em Niterói, que pode ser acessado pelo site *www.discursoegramatica.letras.ufrj.br*.[1] Em relação aos textos falados, trabalhamos com os seguintes critérios específicos de transcrição:

Reticências (...) – qualquer pausa
Dois pontos duplos (::) – qualquer alongamento
Barra inclinada (/) – ruptura
Parênteses ( ) – impressão de audição
Parênteses duplos (( )) – interferência externa

UNIDADES PRÉ-FABRICADAS E USO LINGUÍSTICO

De acordo com autores funcionalistas, que são aqueles que investigam a língua em situação efetiva de uso, como Erman e Warren (2000) e Bybee (2010), entre outros, quando falamos ou escrevemos, lidamos basicamente com dois princípios: *o princípio da livre escolha* e o *princípio idiomático*. Trata-se de dois pressupostos distintos e complementares que concorrem para que possamos compreender e elaborar textos. De acordo com o primeiro (livre escolha), temos o arbítrio para selecionarmos e combinarmos palavras ou itens, de modo criativo e particular, em nossa expressão linguística. Conforme o segundo (idiomático), de outra parte, somos orientados por uma série de convenções, de expressões mais ou menos fixas, de que devemos necessariamente lançar mão, se quisermos ser compreendidos e eficientes nas interações.

Assim, por exemplo, se tomarmos o ditado popular *De grão em grão, a galinha enche o papo*, podemos justificar, pelo princípio da livre escolha, a posição inicial do adjunto adverbial *de grão em grão*, colocado em posição de destaque, enfatizando o modo pelo qual se deve agir. Por outro lado, a constituição interna das expressões *de grão em grão*, *a galinha* e *enche o papo* é altamente integrada, como se constituíssem estruturas mais rígidas, nas quais não é possível a troca de ordem de seus constituintes (como em *grão de em grão, galinha a, papo o enche*, por exemplo). Em muitos casos, a intercalação de outros elementos nessas sequências também está cancelada.

Desses dois princípios, o que aqui nos interessa é justamente o segundo, o idiomático. De acordo com tal pressuposto, nossa comunicação é organizada basicamente por UPF, definidas como a combinação de, pelo menos, dois constituintes, fixados a partir da frequência e da regularidade com que são usados e processados na comunidade linguística. A feição idiomática das UPF está justamente no fato de que se trata de um todo de sentido e de forma, de modo que trocas de elementos ou de posição no interior da UPF, bem como intercalações de outros constituintes, podem provocar mudança de sentido ou até de estatuto gramatical nessas unidades. Estão nesse caso justamente as unidades exemplificadas nesta seção *de grão em grão, a galinha* e *enche o papo*.

Em síntese, UPF é a convencionalização de sequências de palavras, seja em nível lexical ou gramatical. Conforme Erman e Warren (2000), a consideração do princípio idiomático, fundado no conceito das UPF, apoia-se em pressupostos como os seguintes:

1) Todo uso linguístico é forjado com base em determinado número de unidades mais ou menos pré-fabricadas;
2) A produção textual envolve alternância entre o princípio da livre escolha e o idiomático;

3) Tanto na modalidade falada quanto na escrita, usa-se considerável número de UPF;
4) A presença de UPF tem grande influência na produção e estruturação de textos, nas duas modalidades referidas;
5) É possível relacionar certos tipos de UPF a certos tipos de texto;
6) Dada a frequência e relevância das UPF no uso linguístico, não podem ser consideradas estruturas marginais ou subsidiárias.

Vamos agora passar da teoria à prática, na identificação das UPF dos textos que se seguem, correspondentes ao relato de opinião de uma estudante do último ano do ensino fundamental da cidade de Niterói. Ressaltamos que esses textos são apresentados aqui tal como produzidos pela aluna, sem qualquer tipo de correção ortográfica ou de pontuação na versão escrita. A aluna Josilene, em versão falada e depois na correspondente versão escrita, descreve seu colégio; as UPF dos textos estão destacadas por colchetes:

FALA

(1) ... [o meu colégio] tem [um bom ensino]... [bons professores]... ami::gos... entendeu? [qualquer dúvida] você [pode chegar] [e perguntar]... [fora de aula]... [se eles souberem]... [eles respondem]... agora [o estado do prédio] [não é] [muito bom]... tem [tudo picha::do]... [paredes caindo pedaço]... quadro... entendeu? carteiras... [portas quebradas]...

ESCRITA

(2) [O meu colégio] têm [um bom ensino].
[Os professores], [são amigos], atenciosos, enfim [são ótimos professores].
[A condição do colégio] [não e] [muito boa].

Como podemos observar pelas marcações feitas em (1) e (2), a identificação das UPF é meio fluida, constituindo-se, por conseguinte, em tarefa complexa e dificultosa. Esse problema na detecção de UPF reside em três aspectos básicos. O primeiro deles é no caráter gradual dessa categoria, nos distintos níveis de que é composta, assim, por exemplo, na UPF *o estado do prédio*, em (1), poderíamos, numa análise mais refinada, dividi-la em duas UPF – *o estado* e *do prédio*, portanto, a definição entre uma ou duas UPF está no critério a ser usado, baseado no grau de integração de seus constituintes. O segundo aspecto motivador de dúvida e complexidade é a variada frequência e função com que as UPF são articuladas; desse modo, torna-se mais identificável a estrutura *um bom ensino*, em (1) e (2), como um todo de sentido e forma do que, de outra parte, *a condição do colégio*, em (2), uma vez que *um bom ensino* é muito mais recorrente na comunidade linguística do que *a condição do colégio*; falamos, ouvimos, lemos e escrevemos mais *um bom ensino* do que *a condição do colégio*, daí a identificação dessas UPF ter relevância e *status* diferenciado para os usuários. Por fim, podemos ainda identificar a dificuldade de detecção e segmentação das UPF pelo fato de que sua grande maioria passa meio "despercebida" nas produções textuais; usamos tão sistematicamente essas estruturas que quase não nos damos conta do que fazemos, uma vez que são apropriadas por nós como elementos constitutivos dos textos, arranjos naturalizados de nossa expressão. Por essas três razões, a identificação de todas as UPF em um texto, seus limites ou dimensões, torna-se tarefa praticamente impossível. Por outro lado, essa impossibilidade de dar conta de modo global e cabal das UPF não nos impede de trabalhá-las em prol da eficiência comunicativa, nas tarefas de análise, de reflexão e de (re)produção textuais.

Vamos agora retomar os textos falado (1) e escrito (2) por Josilene para fundamentar os seis pressupostos defendidos por Erman e Warren (2000). Como podemos observar, o primeiro princípio preconiza que "todo uso linguístico é forjado com base em determinado número de unidades mais ou menos pré-fabricadas". Ao verificarmos as marcações nos textos de Josilene, destaca-se, justamente, a grande ocorrência de UPF que concorre para a organização dessas produções. Podemos dizer, portanto, que todo texto é formado por considerável número de UPF. Essa declaração está também ratificada na pesquisa de Erman e Warren (2000) para o inglês contemporâneo falado e escrito em Londres; nessa pesquisa as autoras identificaram taxa maior do que 55% de ocorrência de UPF em cada uma das modalidades pesquisadas.

Assim, chegamos ao segundo pressuposto anteriormente apresentado, segundo o qual "a produção textual envolve alternância entre o princípio da livre escolha e o idiomático". Os textos de Josilene evidenciam que, se, em termos mais gerais, temos liberdade para selecionar e organizar o que falamos e escrevemos, em termos mais restritos, no nível morfossintático, nos valemos de UPF já disponíveis no uso linguístico, de modos de expressão sistemáticos já "prontos" de que nos apropriamos regularmente. Se tomarmos o texto (2), por exemplo, que é a versão escrita da opinião sobre o colégio de Josilene, consideramos que a ordenação dos três períodos que o compõem está baseada no princípio da livre escolha, deste modo, consideramos que a aluna decidiu começar por fazer uma declaração genérica acerca de sua escola, *O meu colégio têm um bom ensino*, passando, a seguir, a comentar sobre os professores, *Os professores, são amigos, atenciosos, enfim são ótimos professores*, finalizando com uma declaração acerca das condições físicas do local, *A condição do colégio não e muito boa*. Como vimos na apresentação inicial desse texto, cada um dos períodos, organizados segundo a opção da aluna, é internamente organizado por UPF, o que ratifica a declaração de que toda produção textual é um jogo que alterna e combina liberdade de escolha e uso de UPF.

O mesmo tipo de complementação entre escolha individual e uso de expressões mais ou menos fixas e gerais verificamos no texto (1), representativo da fala de Josilene. Tal verificação nos permite ratificar o terceiro pressuposto de Erman e Warren (2000), segundo o qual "tanto na modalidade falada quanto na escrita, usa-se considerável número de UPF". Observamos que o texto falado segue a mesma ordem de assuntos tratados no texto escrito: primeiramente a aluna faz comentários gerais sobre o colégio, depois fala sobre os professores e por fim se volta para as precárias condições físicas do espaço. Em ambas as modalidades, embora resguardadas suas distinções, observamos que, para que se produzam textos, é necessário que se combinem recursos de livre escolha e de utilização de UPF. Para que escolhas sejam feitas, é preciso que se recorra a expressões mais ou menos fixas, as UPF.

Nesse sentido, fala e escrita têm características semelhantes, o que nos remete ao quarto pressuposto referido anteriormente, baseado na declaração de que "a presença de UPF tem grande influência na produção e estruturação de textos, nas duas modalidades referidas". Mais do que influência, afirmamos que as UPF são fundamentais e essenciais para a produção de textos falados e escritos, como condição indispensável neste processo. Assim, a organização de orações, períodos, parágrafos e do texto como um todo depende fundamentalmente da combinação e da organização hierárquica de elementos em nível mais elementar, em termos de UPF. Ora, se hoje se propõe que as práticas em sala de aula de língua portuguesa, nos níveis fundamental e médio, sejam orientadas pelas tarefas de análise e de produção textual, então é necessário considerar as unidades constitutivas dos textos, seus tipos e configuração semântico-sintática, no sentido de que tal conhecimento concorra efetivamente para que seja aprimorada a competência comunicativa dos estudantes.

Um dos argumentos para a defesa de que a consideração das UPF tem a ver com o aprimoramento da análise e da produção de textos reside no quinto pressuposto mencionado e retomado aqui: "É possível relacionar certos tipos de UPF a certos tipos de texto". Se considerarmos que os textos (1) e (2) são relatos da opinião de Josilene sobre seu colégio, podemos relacionar as marcas do texto opinativo, que expressa ponto de vista e avaliação do autor, à grande presença de UPF de valor atributivo, integradas por adjetivo, como *um bom ensino, bons professores, portas quebradas, muito boa* e *são ótimos professores*. Portanto, a frequência de unidades desse tipo, no nível morfossintático, é motivada justamente pelo tipo de texto que é produzido. Estabelecemos essa mesma relação quando relacionamos certas UPF que atuam como sujeito, como *os professores, a condição do colégio, o estado do prédio*, entre outras, às características do texto de opinião, em que prevalecem referentes mais genéricos ou abstratos, como os ilustrados. Nesse sentido, defendemos aqui que a abordagem da gramática, em termos de UPF, pode ser uma grande aliada nas tarefas de análise e de reflexão sobre a língua, bem como na produção de textos, com base na forte vinculação entre determinados tipos de UPF e motivações textuais. Tal enfoque retira do tratamento dos pontos gramaticais certa "gratuidade" ou mesmo "inutilidade" com que, em geral, essa questão é vista tradicionalmente, redimensionando esse tratamento em prol de atividades com vistas à maior eficiência comunicativa. Consideramos que, tal como preconizado nos PCN (2000: 91), que os aspectos gramaticais, organizados em torno de UPF, "devem remeter-se diretamente às atividades de uso da linguagem. Mais do que isso, devem estar a seu serviço".

Todas as considerações feitas anteriormente em relação aos cinco pressupostos destacados por Erman e Warren (2000) nos remetem ao sexto e último: "dada a frequência e relevância das UPF no uso linguístico, não podem ser consideradas estruturas marginais ou subsidiárias". Como podemos observar, a partir da apresentação e discussão dos textos (1) e (2), as UPF são partes constitutivas e fundamentais das produções falada e escrita. É por intermédio das UPF que se organizam trechos maiores, como as orações, períodos, parágrafos e mesmo o texto como um todo. Portanto, é preciso que o estudo das UPF seja incorporado à tarefa de análise e de produção textual, como mais uma ferramenta a serviço do aprimoramento dos usos linguísticos.

Para finalizar esta seção, apresentamos a tabela a seguir, que sintetiza o que até agora vimos sobre as UPF:

Unidade Pré-Fabricada – UPF
Conceito: convencionalização de sequência de palavras, em nível lexical ou gramatical, com base no princípio idiomático
Usada segundo os seguintes pressupostos:
1. Todo uso linguístico é articulado por UPF;
2. Há alternância entre livre escolha e uso de UPF;
3. Fala e escrita se articulam por UPF;
4. Há relacionamento entre tipo de UPF e tipo de texto;
5. UPF: constituintes fundamentais do uso linguístico, por sua frequência e relevância.

UPF na descrição do português

Nesta seção, trazemos evidências de que a proposta de abordagem integradora da morfossintaxe do português não é uma reivindicação tão recente, específica dos estudos linguísticos. Em obras prestigiadas que se voltam para a descrição da língua, sejam gramáticas ou outro tipo de compêndio, é possível encontrar a defesa da existência e funcionalidade das UPF, embora não nomeadas com esse rótulo.

Os autores de que tratamos aqui são estudiosos renomados, cuja produção repercute tanto entre os linguistas brasileiros, os que investigam a língua, como entre os professores dos distintos níveis de ensino. O ponto comum entre a descrição gramatical e as UPF reside, em geral, na proposição do *sintagma* como unidade de sentido e dotada de função sintática.

Em 1999, na primeira edição de *Iniciação à sintaxe do português*, Azeredo (1990: 31) preconiza que os sintagmas "são os verdadeiros constituintes da oração", considerando estes constituintes "unidades gramaticais" (Azeredo, 1990: 32). Segundo o autor, três critérios podem ser usados para a identificação de sintagmas da língua: *deslocamento*, *substituição* e *coordenação interna*[2]. De acordo com o primeiro critério, as alterações de ordenação das unidades oracionais são processadas por sintagmas, e não por termos isolados, trata-se de sequências semântico-sintáticas que podem ser movidas em bloco apenas. Assim, por exemplo, retomando o último período do texto (2), escrito por Josilene, podemos chegar às seguintes ordenações:

a) [A condição do colégio] [não é] [muito boa] – sintaxe usada pela aluna
b) [Não é] [muito boa] [a condição do colégio]
c) [Muito boa] [não é] [a condição do colégio]
d) [A condição do colégio] [muito boa] [não é]
e) [Não é] [a condição do colégio] [muito boa]

Em todas as possibilidades elencadas, o que ressalta é a forte integração de sentido e de forma que vincula os sintagmas (em nosso caso, as UPF) *a condição do colégio, não é* e *muito boa*, de tal modo que as possibilidades de deslocamento somente podem ser admitidas entre essas unidades, e não entre seus constituintes internos.

O segundo critério apontado por Azeredo (1990) diz respeito ao fato de que, devido ao alto nível de vinculação dessas estruturas, ao serem substituídas, é usado um só constituinte, representativo da forte unidade referida. Assim, novamente retomando o último período do texto (2), ilustramos a atuação do princípio de substituição:

a) [A condição do colégio] [não é] [muito boa] – sintaxe usada pela aluna
b) [Ela] [não é] [muito boa]
c) [A condição do colégio] [não é] [adequada]

A possibilidade de substituição de *a condição do colégio* pelo pronome *ela* e a troca de *muito boa* pelo atributo *adequada*, ilustrada aqui, demonstram que estamos realmente tratando de blocos unitários de sentido e de forma. Essa é mais uma evidência a favor de serem tomadas tais unidades como os efetivos constituintes oracionais.

Por fim, Azeredo (1990) nos apresenta o terceiro parâmetro para detecção de sintagmas, baseado na possibilidade de se estabelecer a expansão da estrutura sintagmática por intermédio da coordenação de seus constituintes internos. De acordo com o autor, tal possibilidade é mais uma evidência do alto nível de integração que se verifica entre os elementos constitutivos do sintagma. Voltemos ao último período do texto (2):

a) [A condição do colégio] [não é] [muito boa] – sintaxe usada pela aluna
b) [A condição e a estrutura do colégio] [não são] [muito boas]
c) [A condição do colégio] [não é] [muito boa e suficiente]
d) [A condição do colégio] [não é e não pode ser] [muito boa]

Segundo Azeredo (1990), expansões por coordenação no nível interno das funções sintáticas oracionais confirmam que tais funções atuam em bloco, como uma só unidade funcional. A expansão interna ilustrada não implica alteração funcional dessas estruturas, assim, a função sujeito é cumprida tanto por *a condição do colégio* como por sua versão expandida *a condição e a estrutura do colégio* (neste segundo caso, ocorre apenas a necessária flexão do verbo de ligação *são* e do predicativo *muito boas*). O mesmo se verifica nos casos de coordenação em *muito boa e suficiente* ou em *não é e não pode ser*, que somente ampliam os sintagmas iniciais, sem alternar-lhes a função sintática original.

Em obra mais recente, na *Gramática Houaiss da Língua Portuguesa* (Azeredo, 2008), o autor volta a destacar a organização hierárquica da gramática e a forte integração de constituintes. Ao comentar acerca da aparente linearidade das produções tanto faladas quanto escritas, o autor (2008: 139) defende que ocorre "por detrás dessa sucessão uma lógica distributiva que agrupa unidades menores (os morfemas) no interior de unidades maiores (as palavras), que agrupa palavras no interior de sintagmas, sintagmas no interior de orações". Mais adiante (2008: 141), o autor enfatiza a dificuldade, muitas vezes observada e já comentada por nós na seção anterior, na detecção dos limites sintagmáticos, uma vez que tais unidades "nem sempre podemos delimitar com precisão, porque pode haver 'palavras dentro de palavras' – como no caso das palavras compostas (*beija-flor, cartão-postal*) – e sintagmas dentro de sintagmas". Azeredo (2008) vai mais além em sua reflexão, chegando a admitir, com base no traço da forte integração de sentido e forma que marca os sintagmas, que expressões cristalizadas e frases feitas, como o provérbio anteriormente citado *De grão em grão, a galinha enche o papo*, devem ser tratadas na consideração da unidade maior de que fazem parte. Portanto, levando essa declaração em temos mais gerais, admitimos que a gramática do português é uma grande rede de estruturas altamente integradas (ou UPF), cuja seleção, distribuição e articulação vão configurar os textos em geral.

Não só Azeredo, mas outros autores também fazem referência à forte integração de constituintes gramaticais. Em Neves (2000), por exemplo, na *Gramática de usos do português*, ao abordar o chamado "verbo suporte", encontramos respaldo para o tratamento das UPF. Ao definir esse tipo verbal como "verbos bastante esvaziados que formam, com seu complemento (objeto direto), um significado global, geralmente correspondente ao que tem um outro verbo da língua" (Neves, 2000: 53), a autora destaca o alto nível de integração de forma e de sentido de que se revestem os predicados integrados por tais verbos. Para ilustrar usos de verbo suporte no português do Brasil, a autora apresenta estruturas como:

a) Vem cá, [dá um beijinho].
b) A Cleg [tem conhecimento] do problema.
c) O suco da fruta, porém, [faz sucesso] no exterior.

Verbos como *dar*, *ter* e *fazer*, muito usados pelos falantes do português, tornam-se mais "desgastados" em seu sentido, acabando por formar, junto a seu complemento, um só bloco, indecomponível, ou, em outros termos, uma UPF. Em formações como essa, o verbo suporte atua como um tipo de operador morfossintático, enquanto o segundo constituinte, o nome complementar, funciona na configuração do sentido maior.

Em termos de ensino da língua, podemos nos perguntar se, em casos como esse, é possível, de fato, considerarmos uma formação de predicado do tipo *verbo + objeto direto*, uma vez que o alto nível de integração não mais permite a identificação plena desses constituintes. Nessa linha, predicados em torno do mesmo verbo podem admitir níveis de integração distintos, como *tomar café* e *tomar conhecimento*, duas UPF cuja vinculação apresenta variabilidade. Na primeira, a ligação é menor, são termos mais plenos do ponto de vista semântico e também sintático, enquanto na segunda o vínculo é bem maior, com o esvaziamento do sentido de *tomar*, que se integra fortemente a *conhecimento*, na formação de um bloco único e muito vinculado. Em termos da relação entre tipo textual e UPF, uma estrutura como *tomar café* seria encontrada mais facilmente em textos de base narrativa ou descritiva, enquanto *tomar conhecimento*, mais abstrata e integrada, tenderia a ser detectada em textos de base opinativa ou expositiva.

Outro ponto mencionado por Neves (2000: 61) que vai ao encontro da debilidade das unidades em si mesmas e da defesa de um tratamento mais integrador está na apresentação dos "verbos que não constituem predicados". Trata-se de verbos também mais esvaziados, que passam a compor, com a outra forma verbal seguinte, uma unidade semântico-sintática de nível superior, ou uma UPF, nos termos que aqui defendemos. Incluem-se nessa categoria elementos verbais que indicam, conforme exemplificação da autora:

a) Modalidade: O bonde [pode andar] até a velocidade de nove pontos.
b) Aspecto: [Pus-me a caminhar], enquanto a noite baixava.
c) Tempo: [Vamos arranjar] uma tábua para sentar.
d) Voz: O pagamento [será feito] antecipadamente.

Os elementos destacados nos colchetes correspondem, em termos gerais, ao que denominamos *locução verbal*, um tipo de arranjo morfossintático, formado por verbo auxiliar e verbo pleno, que atua como se fosse um só constituinte, uma UPF. Em formações como essa, o auxiliar fica responsável por articular sentidos gramaticais, como os relativos às marcas de tempo, modo, número e pessoa, enquanto o verbo principal atua no preenchimento lexical da locução, em sua referência externa. No texto (1), representativo da fala de Josilene, encontramos duas UPF desse tipo, de função modalizadora: [pode chegar] e [e perguntar] (esta segunda com o verbo *poder* elíptico). A ocorrência de UPF articuladoras de modalidade nesse texto é motivada pelo tipo de material produzido, uma vez que o contexto de opinião favorece o uso de sentidos mais abstratos, como a modalidade, ligada ao conhecimento (modalidade *epistêmica*) ou ao dever (modalidade *deôntica*). No caso das duas UPF do texto de Josilene, classificam-se como deônticas. As UPF [pode chegar] e [e perguntar] concorrem para criar a referência ao ambiente democrático promovido pelos professores da escola de Josilene, que permitem que os alunos se aproximem e fiquem à vontade para fazer perguntas.

Também em Castilho (2010), na *Nova gramática do português brasileiro*, o autor nos apresenta, em sua definição de sintagma, conceito correspondente em muitos aspectos ao que concebemos como UPF. De acordo com Castilho (2010: 55), o sintagma constitui "a quarta unidade gramatical da hierarquia descritivista", precedida por três outras unidades menores no âmbito gramatical: o fonema, a sílaba e a palavra, e se define enquanto "uma associação de palavras articuladas à volta de cinco dentre elas: o verbo, o substantivo, o adjetivo, o advérbio e a preposição". Ainda segundo o autor (2008: 56), "os sintagmas exemplificam a propriedade de 'constituência', isto é, a capacidade linguística de organizar expressões dotadas de uma margem esquerda, um núcleo e uma margem direita". A título de ilustração, o autor apresenta como estruturas sintagmáticas as seguintes expressões:

a) [eu estive em Cumaná]
b) [é uma praia]
c) [é um lugar]
d) [é um litoral muito bonito que aliás é muito parecido com o nosso litoral norte]

Como podemos observar, Castilho procura definir com mais precisão seu conceito de sintagma, por outro lado, ao fazê-lo, deixa de lado, conforme veremos na próxima seção deste capítulo, uma série de expressões altamente integradas do português.

Outro conceito de unidade maior, mais ampla que o sintagma, apresenta-se em Perini (2010), na nomeada *Gramática do português brasileiro*. Assumindo o conceito de *construção* como "um dos instrumentos básicos da gramática" (Perini, 2010: 49), o autor a define como "uma sequência de tipos de sintagmas, por exemplo, SV + V + SN[3]", na expressão de "boa parte da estrutura sintática e semântica da língua, mas não toda ela" (2010: 62). Assim, constatamos que o autor enfatiza os arranjos oracionais na abordagem da unidade gramatical, dedicando-se especialmente aos padrões de organização da oração do português. A relevância da abordagem de Perini é a de considerar a dimensão oracional como um todo de sentido e de forma, com a classificação de distintos modos de organização da frase portuguesa, tais como as construções:

a) Transitiva: [A Carminha beliscou o Pedro]
b) Intransitiva: [A menina sorriu]
c) Ergativa[4]: [Seu namorado engordou]

Nas construções de tipo transitivo, como (a), o primeiro sintagma *a Carminha*, na função de sujeito agentivo, atua (*beliscou*) sobre outro sintagma (*o Pedro*), que é o objeto afetado pela ação do sujeito. Já no tipo intransitivo, em (b), embora o sintagma *a menina* funcione como sujeito, sua atitude não incide sobre qualquer objeto afetado, dizemos, neste caso, que se trata de verbo pleno, que não requer complementação. Com relação ao tipo (c), a construção ergativa, esta se identifica pela ocorrência de um sujeito paciente (*seu namorado*) que é afetado ou modificado por uma ação cujo agente não se declara ou mesmo não existe efetivamente, ao contrário da construção intransitiva ilustrada em (b), em que a agentividade é traço do sintagma nominal, na função de sujeito.

De acordo com a concepção construcional de Perini, as UPF por nós destacadas nos textos de Josilene seriam expandidas, tal como ilustramos a seguir:

a) [o meu colégio] tem [um bom ensino]
a') [o meu colégio tem um bom ensino]
b) [A condição do colégio] [não e] [muito boa].
b') [A condição do colégio não é muito boa].

Ao se apropriar da estrutura oracional, como observamos em (a') e (b'), Perini (2010) acaba também por dar à transitividade um tratamento mais global, para além do verbo, como em geral a questão é abordada pela tradição gramatical. Assim, levando em conta a totalidade da oração, a partir dos seus três componentes básicos – *sujeito* + *verbo* + *complemento* – o autor ressalta a forte integração deste conjunto, tanto em termos formais quanto em termos funcionais. Ele nos chama a atenção para a forte vinculação dos referidos constituintes e a relevância de se levar em conta esta vinculação para a efetiva análise e reflexão sobre os usos do português. Partindo desse pressuposto, a transitividade passa a ser um traço da oração, e não exclusivamente do verbo, o que implica considerar os três componentes básicos referidos na classificação da transitividade, da intransitividade e mesmo da ergatividade verbal.

Na descrição do nível fonológico do português, também verificamos alusão às UPF. Em Câmara Jr. (1998), na obra *Estrutura da língua portuguesa*, a descrição do *vocábulo fonológico* vai ao encontro da proposição das UPF. Conforme o autor (1998: 63), o vocábulo fonológico se define como "uma sequência de vocábulos sem pausa (o que de acordo com Paul Passy se pode chamar um grupo de força)". Essa sequência é dominada por um só acento efetivamente tônico, de grau 3, distribuindo-se as demais tonicidades (graus 2, 1 e 0) entre as outras posições, em ordem decrescente. Em um dos exemplos usados pelo autor, o sintagma *grande amor* corresponde a um só vocábulo fonológico, uma vez que toda a sequência está sob a influência da maior tonicidade da sílaba do último elemento /mor/, que recebe, por isso, grau 3, conforme ilustramos a seguir:

/graNd'amor/ *grande amor*
2 0 1 3

Ora, tanto a proposição do vocábulo fonológico como a do grupo de força destacam a forte vinculação de determinadas expressões do português, que se relaciona, por isso mesmo, às UPF, tal como definidas neste capítulo. Ao considerarmos as UPF destacadas nos textos (1) e (2), também chegamos ao estabelecimento de graus de tonicidade distintos, sob a égide do acento principal, de grau 3. Em outras palavras, cada UPF dos textos de Josilene corresponde a um só vocábulo fonológico ou grupo de força, o que destaca a vinculação de sentido e de forma dessas expressões. Vamos retomar três UPF, em que ressaltamos a marcação da sílaba tônica de grau 3, conforme proposta por Câmara Jr. (1998):

a) [a condição do co**lé**gio]
b) [são a**mi**gos]
c) [o estado do **pré**dio]

Ao chegarmos à determinação das sílabas destacadas *lé*, *mi* e *pré* em (a), (b) e (c), respectivamente, ratificamos a unidade dessas UPF, na ênfase de sua vinculação também em termos fonológicos. Essa evidência, no plano formal, confirma a vinculação semântica, uma vez que (a), (b) e (c) também se configuram como um todo de sentido.

Sabemos que uma investigação mais detalhada dos manuais da língua traria diversas outras evidências sobre a integração de constituintes, mas consideramos que o que levantamos aqui é suficiente para constatar que a descrição gramatical do português leva em conta, em alguns momentos, na abordagem de determinadas categorias, a unidade maior de constituintes. Apresentamos, ao término desta segunda seção, a síntese de como os tópicos da descrição gramatical do português aqui apresentados estão em consonância com a proposição das UPF:

UPF na gramática do português
1. Azeredo (2008; 1990): o sintagma como unidade da sintaxe, a partir da aplicação dos princípios de deslocamento, substituição e coordenação interna.
2. Neves (2000): o verbo suporte e os verbos que não constituem predicados como evidência da integração de expressões maiores e mais vinculadas.
3. Castilho (2010): o sintagma como unidade gramatical da sintaxe, exemplificador da propriedade de *constituência*.
4. Perini (2010): a oração como padrão construcional, como unidade gramatical, um todo de forma e sentido.
5. Câmara Jr. (1998): o vocábulo fonológico como unidade, formado por sequência de vocábulos sem pausa, sob o domínio de um só acento tônico de maior proeminência, de grau 3.

TIPOS DE UPF DO PORTUGUÊS

Nesta seção, com base em Ernam e Warren (2000), a partir da classificação proposta pelas autoras das UPF do inglês contemporâneo falado e escrito, apresentamos os quatro tipos de UPF do português: uma lexical e três funcionais. O fato de termos na língua distintos tipos e modos de organização e de função das UPF reflete motivações, também distintas, para a fixação dessas estruturas e a variabilidade que manifestam. Esse modo variável de configuração das UPF permite ainda que sejam combinadas entre si, de forma a, com base em duas ou três dessas unidades, chegarmos a uma expressão maior, o que torna as tarefas de análise e de produção textual mais complexas.

Para as atividades sobre a língua, tais como as formuladas nos PCN (2000), é importante que o professor conheça esses padrões de uso e de estruturação interna das UPF. Consideramos que esse conhecimento é importante subsídio para a maior proficiência nas atividades de recepção e de produção de textos, principalmente se levarmos em conta a forte relação entre tipo de UPF e tipo de texto, como destacamos na primeira seção deste capítulo.

Outro aspecto que devemos enfatizar na apresentação dos tipos de UPF é o traço de escalaridade que revelam. Assim, a UPF lexical, primeira a ser tratada, é considerada a mais elementar, portadora de referência externa, situando-se, como o nome indica, no plano do léxico; a seguir, encontram-se as UPF gramaticais, cumpridoras, conforme são nomeadas, de papéis no nível da gramática; na sequência, surgem as UPF pragmáticas, cuja função incide fora da estrutura sintática propriamente dita, com foco na própria interação e sua negociação; por fim, as UPF reduzidas, que, pelo alto grau de vinculação e desgaste, tanto em termos de sentido quanto de forma, são resquícios de expressões maiores. Trata-se, assim, da disposição das UPF pela seguinte escala:

Tipos de UPF
lexical > *gramatical* > *pragmática* > *reduzida*

Essa escala registra desde as UPF menos convencionalizadas e integradas, as lexicais, passando pelas mais sistemáticas e regulares, as gramaticais e pragmáticas, chegando ao último ponto, em que há efetiva redução formal e funcional dos constituintes.

Nas subseções a seguir, tratamos de cada um dos quatro tipos de UPF, destacando suas características, em termos de articulação de sentido e de configuração interna. Demonstramos ainda que, em cada uma dessas quatro categorias, é possível encontrar níveis distintos de integração, ou seja, que os tipos de UPF agregam, cada qual, um conjunto variado de expressões, que revelam, de outra parte, alguns traços comuns entre si. Ilustramos nossos comentários com fragmentos dos textos (1) e (2), da aluna Josilene, conforme apresentados na primeira seção, e utilizamos ainda outros materiais falados e escritos produzidos por estudantes da cidade do Rio de Janeiro.

UPF LEXICAL

Esse tipo de sequência se define como uma unidade semântica, ou seja, dotada de sentido mais evidente ou externo, denotando entidades, propriedades, estados, eventos ou situações distintas. A seguir, ilustramos a UPF lexical a partir dos textos (1) e (2) da aluna Josilene:

a) Lugares e posições: [o meu colégio], [aqui na esquina],
b) Propriedades: [um bom ensino], [bons professores], [portas quebradas]
c) Eventos e estados: [eles respondem], [são amigos], [são ótimos professores]

Morfológica e sintaticamente, as UPF lexicais podem ser constituídas por:
a) Sintagma nominal: [os professores], [um bom ensino]
b) Sintagma adverbial: [fora da aula], [aqui na esquina]
c) Sintagma verbal: [se eles souberem], [eles respondem]

Erman e Warren (2000) apontam ainda mais três tipos morfossintáticos de UPF lexical, não encontradas nos textos (1) e (2), mas que podem ser facilmente identificadas no português contemporâneo do Brasil. Estamos nos referindo aos sintagmas adjetivais, como [hábil em], [técnico em] ou [suficiente para], aos sintagmas preposicionais, do tipo [à meia-noite], [de costas] ou [em frente], e também aos sintagmas oracionais, a exemplo de [que é?], [sei não] ou [é agora ou nunca]. Consideramos que essa última classe morfológica é uma UPF que se aproxima muito da proposta de construção preconizada por Perini (2010), no âmbito da oração, vista no final da seção anterior.

Em relação aos demais tipos de UPF, as lexicais se caracterizam por certos traços peculiares. Primeiramente, destaca-se a maior variabilidade de extensão e de composição dessas estruturas face às demais (sintáticas, pragmáticas e reduzidas). Como o léxico é formado pelo conjunto das palavras da língua, notadamente nomes e verbos, que representam as classes morfológicas com maior número de elementos, inclusive constituindo-se como listas abertas, sempre com a possibilidade de ampliação por conta de inovações vocabulares, as UPF lexicais tendem a assumir dimensão estrutural maior. Muitas dessas UPF são formadas por três ou mais elementos, podendo incluir orações inteiras.

Por conta também da natureza lexical, esse tipo de estrutura é o que permite maior variabilidade interna de seus constituintes, que se encontram menos "presos", em termos de sentido e de forma, uns aos outros. Tal condição permite, por exemplo, que as UPF lexicais sofram expansão, como em [o meu *querido* colégio], [aqui *perto* na esquina] ou ainda [se eles *realmente* souberem], bem como admitam mudança de ordenação interna, como em [são professores ótimos], [respondem eles] ou [um ensino bom]. Portanto, processos de expansão ou de troca de ordem interna são evidências do menor vínculo das UPF lexicais em relação aos outros três tipos.

De outra parte, há também certas UPF lexicais que são menos passíveis da variabilidade referida. Estamos aludindo principalmente às que se organizam por intermédio de sintagmas adverbiais, como [fora da aula] e preposicionais, do tipo [à meia-noite]. Nesses casos, verificamos maior rigidez interna dos constituintes, o que evidencia seu maior nível de vinculação.

Essa dupla feição das UPF lexicais, que oscilam entre expressões de vinculação interna parcial até outras que revelam alto nível de integração entre seus constituintes, resulta dos dois princípios complementares que mencionamos na primeira seção deste capítulo. De um lado, o da livre escolha, que conduz o uso linguístico à flexibilidade e à maior liberdade de expressão, no plano mais individual; de outro lado, o idiomático, que tende à regularização e a normatização, no plano mais geral e social.

Outra característica das UPF lexicais está em seu maior índice de ocorrência, nos textos em geral, em relação às UPF gramaticais, pragmáticas e reduzidas. Esse traço, comprovado na pesquisa de Erman e Warren (2000) sobre o inglês, se aplica igualmente ao português. Assim, além da maior variabilidade referida, a maior frequência também constitui marca específica das UPF lexicais. Tais características se justificam por conta do sentido articulado no uso das expressões lexicais; em geral, produzimos textos sobre algum tema, narrando, descrevendo, expondo ou opinando em torno de determinado assunto. Assim, é esperada a utilização de UPF que articulem justamente esses sentidos, que concorram para a construção dos textos e o desenvolvimento de temas específicos.

UPF GRAMATICAL

A UPF de tipo gramatical, situada no segundo ponto da escala apresentada anteriormente, é definida como a integração de constituintes de referência intralinguística. Trata-se, portanto, de expressões que concorrem para a organização sintática dos textos. Por conta dessa característica, a UPF gramatical constitui como uma classe mais fechada em relação à lexical e é composta por membros de pouca extensão estrutural e com maior fixação interna, o que dificulta, por exemplo, expansões ou deslocamentos de seus constituintes internos. O nível de fixação é tal nesse tipo de UPF que, em muitos casos, podemos dizer que há um verdadeiro "congelamento" estrutural, como nos casos das expressões [ao invés de], [bem como] ou [por outro lado], por exemplo.

Enquanto a UPF lexical atua na referência a sentidos externos, ligados ao desenvolvimento de tema ou assunto específico, a UPF gramatical concorre para estruturação dos sentidos lógicos, articulando relações de sequência, consequência, causa, condição, proporção, contraste, finalidade e uma série de outras relações conjuncionais ou mesmo adverbiais, do tipo intensidade e modo. Basicamente, portanto, o papel maior da UPF gramatical é conexional, concorrendo para que partes das orações, dos períodos e dos parágrafos se articulem de modo coeso e coerente na produção de textos na modalidade escrita e também entre porções de texto na modalidade falada.

Por conta dos sentidos mais abstratos articulados pelas UPF gramaticais e pela função de organização textual que lhes cabe, consideramos que se trata de instrumentos linguísticos que devem e precisam ser trabalhados na sala de aula de língua portuguesa de forma mais efetiva. A articulação de sentidos lógicos e o domínio dos instrumentos para sua expressão, no âmbito das UPF gramaticais, requerem exercícios com vistas à sua identificação e reflexão, uma vez que se trata da manifestação de sentido e da manipulação de estratégias que são menos "visíveis" e diretamente acessíveis, que precisam, portanto, de habilidade e competência comunicativa para sua recepção e produção.

De acordo com Erman e Warren (2000: 41), listamos nove funções cumpridas pelas UPF gramaticais, acompanhadas de exemplos do português:

a) Determinação: [o próximo], [o mesmo], [um tipo de]
b) Quantificação: [grande parte], [muito de], [um pouco de]
c) Substituição[5] [cada um], [um e outro], [um desses]
d) Introdução: [eis aí], [assim exposto], [aqui está]
e) Temporalização: [era uma vez], [de tempo em tempo], [para sempre]
f) Aspectualização: [começando a], [acabar de], [terminando de]
g) Modalização: [tem que ser], [deve ser], [pode ter]
h) Conexão: [por outro lado], [assim sendo], [tal como]
i) Intensificação: [mais ou menos], [muito bem], [bem mal]

Como observamos a partir das nove funções apresentadas, as UPF gramaticais, em muitos casos, constituem partes de outras UPF, como em [um tipo de] ou [acabar de], por exemplo. Tal condição destaca o papel de articulação textual dessas expressões e a feição lógica dos sentidos articulados. A título de exemplificação, trazemos a seguir o relato de opinião escrito por Daniel, aluno do ensino universitário da cidade do Rio de Janeiro, com a marcação de algumas UPF gramaticais:

(3) [Neste momento] o Brasil atravessa [a maior de todas] as crises econômicas [pelas quais] já passou. [Apesar da] economia estar demonstrando [uma pequena] melhoria [nos últimos meses], a inflação [assim como] o desemprego continuam [muito altos] mostrando que o país não se recuperou da devastação do governo Collor.

O país perdeu [dez anos] [em relação ao] seu desenvolvimento, existem alguns setores da economia que [na última década] reduziu suas atividades. Isto num país cuja população não para de crescer tem efeitos catastróficos.
[Hoje em dia] eu vejo que uma pessoa entrando no mercado de trabalho tem [muito menos] chances de conseguir um resultado satisfatório do que meus pais tiveram [a trinta anos atrás] [na década de sessenta]. Não é nada agradável saber que a gente vai [ter que] trabalhar muito para ganhar [um mínimo] para [poder viver] razoavelmente.

No texto (3), que aborda a crise da economia brasileira no final dos anos 1990, época em que o relato foi produzido pelo aluno, destacamos uma série de UPF gramaticais que concorrem para a organização linguística. Ressaltamos as expressões de articulação temporal, como [neste momento], [nos últimos meses], [dez anos], [na última década], [hoje em dia], [a trinta anos atrás] e [na década de sessenta]. Tais expressões, distribuídas coesivamente ao longo do texto, atuam como mecanismo de marcação temporal, enfatizando que esse eixo é fundamental para as considerações feitas pelo autor. Afinal, trata-se da avaliação de um período determinado da economia nacional.

Além da função temporalizadora, destacamos ainda outros sentidos articulados pelas UPF gramaticais no texto de Daniel. Um desses sentidos é o de quantificação, referente ao eixo da inflação, como [uma pequena], [muito menos] e [um mínimo]. Em relação ainda ao eixo das condições econômicas, registramos a ocorrência da UPF intensificadora [muito altos], que diz respeito ao nível de desemprego. Com vistas à articulação textual, levantamos também três UPF conectivas: uma articuladora de sentido contrastivo, [apesar de], outra de sentido comparativo, [assim como], e outra especificadora [em relação a]. No texto (3) registramos também a presença de UPF gramaticais que funcionam para substituição [pelas quais] e modalização [poder viver].

Como podemos observar, enquanto as informações externas, referentes ao tema tratado, são veiculadas e elaboradas por UPF lexicais, sua organização é feita, em grande parte, por UPF gramaticais, responsáveis pela articulação e encadeamento lógicos do texto. Portanto, a seleção e a combinação eficientes desses dois tipos de UPF conferem aos textos falados e escritos condições para sua análise e produção de modo mais eficiente e competente.

UPF PRAGMÁTICA

Antes de definirmos esse tipo de UPF, precisamos conceituar *pragmática*. Segundo Trask (2004: 232), a pragmática é "o ramo da linguística que estuda como os enunciados comunicam significados num contexto". Mais adiante (2004: 233), Trask afirma que "toda vez que o contexto muda, também muda o que é comunicado. E é essa relação variável, dependente do contexto, entre aquilo que se diz e aquilo que se comunica que é o objeto de estudo da pragmática".

Assim posto, constatamos que pertence à esfera dos estudos pragmáticos uma série de fatores contextuais envolvidos no uso linguístico, como a modalidade (fala ou escrita), o tipo de texto (narração, descrição, exposição, procedimento, dissertação, diálogo), o gênero discursivo (carta, notícia, editorial, fábula, receita, propaganda, resenha, entre muitos outros), além da época da produção, o perfil dos interlocutores, o nível de escolaridade, o espaço, a faixa etária, os propósitos comunicativos, além de uma série de outras variáveis.

Como podemos observar, tradicionalmente, o ensino de português não tem levado muito em conta a dimensão pragmática dos usos linguísticos. Muitas vezes, os textos são abordados em si mesmos, com a desconsideração dos fatores envolvidos em sua produção e recepção, como se fossem objetos sem história e sem maior funcionalidade, a não ser o tratamento em sala de aula. A consideração do nível pragmático da língua redimensiona a questão da abordagem dos pontos gramaticais em sala de aula, trazendo para a análise e a reflexão linguísticas novas cores e roupagens, na consideração dos textos como organismos vivos, frutos de contextos específicos, forjados, portanto, de modo específico também.

Agora sim, podemos conceituar as UPF pragmáticas: trata-se de unidades que atuam fora do nível lexical ou gramatical, por isso não são tratadas ou referidas pela tradição gramatical. As UPF pragmáticas estão a serviço de funções contextuais, como a marcação discursiva, a mudança de fronteira de temas, o monitoramento textual, a pontuação do início, da continuidade ou do fim de turnos falados, a chamada de atenção ou de adesão do interlocutor, a avaliação ou checagem do que está sendo processado, enfim, papéis que extrapolam os limites do estritamente informacional ou sintático.

Enquanto UPF lexicais e gramaticais estão a serviço da produção e da articulação de conteúdos, respectivamente, as UPF pragmáticas marcam os rituais da interação, explicitando o modo de produção linguística. Por tal motivo, esse tipo de UPF é mais encontrado na modalidade falada, uma vez que, nos textos orais, deixamos mais explícitas essas marcas, que, nos textos escritos, se encontram "apagadas".

De acordo com Erman e Warren (2000), as UPF pragmáticas dividem-se em três classes maiores:

a) Monitoramento textual: [por fim], [quer dizer], [como se sabe]
b) Monitoramento social: [não é?], [eu sei que], [também acho]
c) Monitoramento metalinguístico: [tá entendendo?], [devo dizer], [sei lá]

Como podemos observar, as UPF de monitoramento textual atuam na regulação dos textos, concorrendo para a articulação de reparos, paráfrases e marcação de balizas. O monitoramento social diz respeito a estratégias de hesitação, de chamada ao interlocutor, entre outras, enquanto as UPF de monitoramento metalinguístico se voltam para a própria produção textual, em termos da expressão de atitudes, conhecimentos e propósitos comunicativos em jogo.

Para ilustrar a funcionalidade das UPF pragmáticas, usaremos dois fragmentos de textos falados pelo estudante universitário Jorge Luís, do Rio de Janeiro. Nesses textos, ele descreve parte de seu quarto (4) e opina acerca da situação educacional do Brasil (5):

(4) o lugar onde é que eu mais gosto de ficar... é um quarto comum... [vou descrever pra você]... [você pediu para eu descrever]... né? é um quarto de pi::so ((riso)) antes era uma cama beliche... aí meu irmão mais velho casou... eu tirei a cama beliche... ficou com a cama de baixo... [deixa eu ver]... meu lençol é azulzinho... minha mãe... vira e mexe está trocando... né? minha mãe é muito vaidosa... é uma pessoa muito vaidosa... muito...

(5) o Brasil... [no meu ponto de vista]... entendeu? o país só cresce através da educação... entendeu? [eu penso assim...] [então quer dizer...] você dando uma prioridade pra... pra educação... a tendência é melhorar mais... entendeu? e as pessoas... [como eu posso explicar assim?] as pessoas irem... tomando conhecimento mais das coisas... né? porque [eu acho que] a pior coisa que tem é a pessoa alienada... né? a pessoa que não tem noção de na::da... entendeu?

Ao produzir os fragmentos (4) e (5), o estudante lança mão de UPF pragmáticas que, na modalidade falada, concorrem para marcação e monitoramento de sua expressão. Em ambos os fragmentos, identificamos UPF a serviço do monitoramento: a) social, como em [deixa eu ver], [no meu ponto de vista], [eu acho que]; b) metalinguístico, por intermédio de [vou descrever pra você], [você pediu para eu descrever], [como eu posso explicar assim?]; c) textual, como [então quer dizer]. Podemos justificar a maior frequência de estratégias de monitoramento social e metalinguístico pelas condições de produção dos textos (4) e (5), uma vez que se trata de situação de entrevista, em que o entrevistador está presente, fazendo perguntas diretas, que requerem resposta imediata, sob a forma de texto falado. Assim, ao perguntar sobre como é o seu quarto e qual sua opinião sobre a educação no Brasil, Jorge Luís elabora as respostas com a utilização de recursos linguísticos que possam ir regulando sua expressão, principalmente as estratégias ligadas ao seu papel social e ao que lhe foi perguntado.

Em termos de ensino de português com foco em textos e da utilização de UPF pragmáticas, podemos dizer que duas propostas maiores devem ser formuladas. A primeira é permitir a análise e reflexão desses recursos "marginais", em termos da morfossintaxe da língua, mas que são altamente produtivos, principalmente na modalidade falada. A segunda está em trabalhar esse tipo de uso em termos da interface *fala x escrita*, na demonstração de que as duas modalidades diferem muito em termos desses usos e de como se estabelece certa relação entre a fala, de natureza mais pragmática, e a escrita, com sua tendência ao modo sintático.

UPF REDUZIDA

Por fim, chegamos ao quarto tipo de UPF, que se define como o resultado da forte vinculação entre constituintes gramaticais que não compartilham a mesma função, mas que se unem em prol da articulação de um novo sentido, altamente convencionalizado. Como o nome indica, nesse tipo de UPF a redução é marca geral, seja em termos de sentido, que se encontra muito abstratizado e esvaído, seja em termos formais, uma vez que há perda de segmentos, em posição inicial, medial ou final.

Para o inglês, Erman e Warren (2000) chegam ao estabelecimento de considerável grupo de UPF reduzidas, integradas por pronomes, verbos auxiliares, entre outros. No português, entretanto, essas estruturas são menos frequentes, embora ocorram, principalmente, nos textos falados.

Por se tratar de expressões reduzidas, o formato geral dessas UPF já não é mais a combinação explícita de dois ou mais termos, mas sim a organização de um todo, um só constituinte, tal como [né?] e [entendeu?], dos textos (4) e (5). Ambas as UPF são interpretadas como o resultado final a que chegamos a partir de formulações mais complexas, como [não é mesmo?] ou [você entendeu?], respectivamente. Na verdade, essas UPF cumprem função pragmática, concorrendo para o monitoramento textual, mas, como registram perda de material fônico, as classificamos como reduzidas também.

O mesmo podemos dizer a respeito de várias UPF reduzidas que funcionam no nível pragmático em português. A seguir, ilustramos alguns desses usos, mais específicos da modalidade falada; as setas indicam o caminho de derivação semântico-sintático percorrido:

a) [está aí] → [taí]
b) [espera aí] → [peraí]
c) [vamos embora] → [simbora]
d) [qual é a questão?] → [qualé?]
e) [sabe de uma coisa?] → [sabe?]

Na trajetória histórica do português, temos vários registros de redução semântico-sintática que levaram à mudança linguística. Nos dias de hoje, torna-se difícil resgatar essa trajetória, uma vez que as novas formas se tornam tão convencionalizadas que acabam por ser tomadas como originais. Estão nesse grupo fenômenos de aglutinação vocabular, como [vinho acre] → [vinagre] e [em boa hora] → [embora], por exemplo.

A tendência à maior vinculação das UPF, chegando à redução formal, é resultado da atuação do princípio linguístico da "integração". De acordo com esse pressuposto, "conteúdos que estão mais próximos cognitivamente também estarão mais integrados no nível da codificação – o que está mentalmente junto coloca-se sintaticamente junto" (Furtado da Cunha; Costa; Cezario, 2003: 32). Esse princípio, portanto, permite interpretar o alto nível de integração formal como resultante do alto nível de integração de sentido. A atuação desse pressuposto justifica ainda certos tipos de vinculação vocabular verificados na escrita menos formalizada, tais como [porisso], [derrepente], [aoinvésde], [encima], entre outros. O fundamento para esse tipo de ortografia está no fato de que é resultante da alta integração de sentido das UPF aí representadas.

Finalizando esta seção, apresentamos agora a síntese das quatro funções e de seus traços principais:

UPF do português
1. Lexicais: grupo maior e com mais variabilidade interna, voltado para a articulação de sentidos referenciais, relativos ao desenvolvimento temático dos textos.
2. Gramaticais: formações mais fixas, de referência intralinguística, responsáveis pela conexão e organização lógica dos textos.
3. Pragmáticas: expressões atuantes no monitoramento textual, referentes às condições contextuais que envolvem a interação.
4. Reduzidas: estruturas que registram perda de elementos formais, devido ao desgaste de sentido e à alta recorrência.

Uma proposta de tratamento das UPF em sala de aula

Nosso objetivo nesta seção é o de demonstrar como as UPF de que estamos tratando podem ser trabalhadas no sentido de se atingir maior eficiência nas atividades de análise e reflexão sobre a língua, em termos da interface fala x escrita. Na condição de meios linguísticos a partir dos quais são elaborados os textos que circulam no ambiente social, defendemos que as UPF devem ser analisadas na sala de aula de língua portuguesa de modo efetivo, observadas em termos do sentido que articulam e da forma como se organizam internamente, levando em conta também o modo como estão selecionadas e dispostas na tessitura textual.

Para tanto, vamos utilizar dois textos do já referido *Corpus* Discurso & Gramática. Trazemos a seguir a narrativa recontada oral (6) e a escrita correspondente (7) da estudante Elaine, universitária da cidade de Niterói. Nesses materiais, Elaine relata a história vivida por uma grande amiga, contada a ela tempos depois por essa amiga:

(6) bom... eu lembrei agora não sei por que... de uma... de uma história assim um pouco... um pouco triste... né? de uma colega que estava trabalhando comigo... que eu não vou dizer o nome dela... é que ela tem problema de::/ ela tem uma assim/ muita timidez... então ocorreu um fato na vida dela... de separação dos pais...

tal... e ela estava apaixonada por um rapaz... esse rapaz morreu atropelado... e ela tentou:: cortar... um dos pulsos... ela me contou assim::... eu:: fiquei tão::/ um pouco chocada... porque eu... assim... não conheci ninguém que já tenha... eh::... praticado assim/ tentando suicídio... entendeu? então eu fiquei muito chocada com isso... aí depois eu tive até que rir... porque ela contando.. né? como é que ela cortou o pulso... então ela cortou só um pulso... e numa linhazinha assim bem fininha... né? eu tive que rir... porque ((risos)) porque ela contando... estou crente que é uma coisa assim... aquele suicídio... aquela coisa assim for::te... mas ela cortou/ graças a Deus... cortou bem de leve o braço... então eu cheguei a rir... quer dizer... parecia ser um história triste mas no final... deu tudo certo... ela/ não aconteceu nada com ela... foi uma pequena tentativa mas... que fracassou... graças a Deus...

(7) Certo dia, eu e uma colega de Faculdade, conversávamos sobre alguns problemas existenciais. E em determinado momento da conversa, contou-me que sofreu muito na época em que seus pais estavam se separando, que tinha sido um processo muito doloroso para todos de sua família, e ela nunca soube lidar direito com esse problema.

No decorrer de sua adolescência, ela conheceu e se apaixonou por um menino que morava perto da casa de seu padrinho. E como a vida tem seus percalços, volta e meia, prega uma peça na gente, esse menino veio a falecer sendo vítima de um atropelamento. Parecia que a vida estava lhe roubando a melhor parte de sua própria vida.

Foi quando ela me contou que tentou cortar os pulsos, logo após o acontecido. Fiquei chocadíssima e perguntei-lhe mais detalhes sobre o ocorrido. Perguntei-lhe se havia tentado cortar os dois pulsos, ela olhou-me com um olhar meio enigmático que eu não consegui decifrá-lo. Disse-me que só havia cortado um dos pulsos e o corte foi de leve.

Senti um grande alívio e, ao mesmo tempo, uma vontade de rir, afinal, graças a Deus, a sua tentativa de suicídio não se configurou. Acabamos rindo e fazendo piadas da "triste" situação. Pedi-lhe que nunca mais ousasse repetir a dose.

A comparação dos textos (6) e (7) destaca de imediato a distinção das modalidades falada e escrita, em termos de desenvolvimento textual. Além do modo específico de organização da fala e das unidades formais da escrita, como a frase, o período e o parágrafo, observamos também a ocorrência de UPF distintas em ambos os textos, a concorrer para o contraste de modalidade.

Na análise do texto (6), um dos destaques é justamente a frequência de UPF em função pragmática, atuando na explicitação do próprio dizer da estudante. Assim, formações como [eu lembrei agora], [não sei por que], [que eu não vou dizer o nome dela], [eu tive até que rir], [ela me contou assim], [porque ela contando] e [graças a Deus], por exemplo, fazem referência ao monitoramento do relato da estudante, sem integrar o nível lexical ou sintático do texto. Em termos de sentido, tais UPF pragmáticas são articuladas com ênfase na perspectiva do monitoramento social de Elaine, marcadas na primeira pessoa do singular (*eu tive, eu lembrei, não sei, eu não vou dizer*), e do monitoramento social da amiga, por intermédio da terceira pessoa do singular (*ela me contou, ela contando*). Como pertencentes ao modo pragmático de organização de (6), destacam-se ainda a UPF [quer dizer], na função de monitoramento textual, e as reduzidas [né?] e [entendeu?], que conferem a marca do monitoramento metalinguístico. Assim, tais estruturas devem ser trabalhadas no sentido de que seja demonstrado o seu papel textual, ligado às condições situacionais em que se dá a produção de Elaine.

As UPF referidas, portanto, estão a serviço do controle do que a estudante fala e devem ser tratadas como um todo. Assim, por exemplo, mais importante do que se deter na função sintática ou na classe gramatical específica dos constituintes internos da UPF [eu não vou dizer], mais relevante é demonstrar a funcionalidade dessa expressão para o monitoramento do texto, enfatizar que esta função não se encontra no nível do conteúdo do que se narra nem no plano sintático estrito, mas sim concorre para que a própria aluna explicite o que vai ou não fazer em seu relato.

UPF pragmáticas como essas, tão naturalmente usadas na fala, são praticamente "apagadas" dos textos escritos, uma vez que, nessa modalidade, tende a prevalecer o modo sintático de organização, como se observa pelo texto (7). Nesse texto, em termos de organização interna, destacam-se UPF sintáticas, que concorrem para a articulação dos diversos segmentos textuais, tal como observamos nas UPF de:

a) Temporalização: [certo dia], [no decorrer de sua adolescência], [volta e meia], [foi quando], [logo após], [ao mesmo tempo]
b) Aspectualização: [veio a], [havia tentado], [acabamos rindo]
c) Conexão: [parecia que]

No texto (6), verificamos a UPF sintática [aí depois], uma expressão menos convencional na língua, formada pela sequência de dois termos adverbiais – *aí* e *depois* – que, juntos, concorrem para a articulação sequencial do texto. Na versão escrita, conforme demonstrado anteriormente, esse sentido é articulado por UPF mais "convencionais", previstas pela tradição gramatical, como [foi quando] ou [logo após], por exemplo. Como (6) e (7) têm base narrativa, articulações de sequenciamento temporal e textual são altamente motivadas, uma vez que o fator cronológico é fundamental na estruturação desses materiais.

Nesse sentido, constatamos que o tratamento da fala e da escrita de modo mais correspondente precisa ser levado em conta na sala de aula, em termos de análise e reflexão acerca dessas alternativas de expressão. Para tanto, além de verificar a variedade das estratégias referidas para sequenciação textual, outra possibilidade didática seria a proposição de UPF mais convencionais de função correspondente a [aí depois], como [em seguida] ou [na sequência], bem como a pesquisa de UPF mais informais ou coloquiais para essa função, como [aí então] ou [depois então]. O interessante é que se trata de formações nas quais são tomadas categorias já existentes no português, como advérbios e elementos conectivos, que, uma vez unidos, passam a funcionar em prol de outros fins comunicativos, no nosso caso, com vistas à articulação textual maior.

Por outro lado, em relação às UPF lexicais, os textos (6) e (7) exibem maior similaridade, uma vez que se trata do mesmo relato em duas versões. O que mais distingue tais unidades é a seleção dos itens usados, dada a especificidade de ambas as modalidades. Assim, em (6), encontramos expressões mais informais como [só um pulso], [numa linhazinha], [não aconteceu nada], enquanto no texto (7) detectamos expressões mais convencionais do tipo [alguns problemas existenciais], [seus percalços] e [olhar meio enigmático], por exemplo. Enquanto no texto (6) surgem as UPF lexicais [morreu atropelado] e [não aconteceu nada], no texto (7) temos as UPF correspondentes [vítima de atropelamento] e [não se configurou].

Um exercício interessante para a detecção do modo distinto de organização da fala em relação à escrita é justamente o levantamento das

UPF lexicais em cada modalidade, no estabelecimento da relação entre grau de formalidade e fala x escrita. Assim, a seleção de UPF fica vinculada a motivações de natureza textual e pragmática, deixando de ser vista tão somente como algo no nível da escolha individual, do "estilo" de cada um. Nessa perspectiva, o princípio idiomático prevalece ao da livre escolha, conforme referidos nas páginas iniciais deste capítulo com base em Erman e Warren (2000). Dessa forma, o que "escolhemos" usar é, em grande parte, regulado pelas construções já firmadas na língua, disponíveis e "prontas" para uso, e o que fazemos, na maioria das vezes, é selecionar ou promover algum pequeno ajuste nessas construções.

Outro aspecto relevante a ser abordado no âmbito da análise e reflexão sobre a língua a partir das UPF é a relativa "instabilidade" destas unidades. Nesse sentido, as UPF [numa linhazinha assim bem fininha], de (6), e [nunca soube lidar direito], de (7), admitem desmembramento, como em [numa linhazinha] [assim bem fininha] e [nunca soube] [lidar direito]. O que está em jogo, e que deve ser destacado na análise dessas alternativas, é a integridade de sentido e forma dessas unidades, o efeito provocado por cortes, ou não, em sua estrutura interna. Qual alteração de sentido, por exemplo, ocorreria se Elaine dissesse [numa linhazinha] e escrevesse somente [nunca lidou]? Essa e outras questões podem proporcionar, na sala de aula de português, ricos momentos de análise e reflexão, não sobre erros ou acertos, mas sobre modos específicos de dizer, que conferem, de outra parte, modos específicos de significar.

Palavras finais

A consideração dos tipos de UPF e sua funcionalidade são relevantes não só para a produção e análise textual como também para a "versão" de textos falados em escritos e vice-versa. Como um dos objetivos do ensino de português é o de utilizar com eficiência e consciência os recursos linguísticos, conhecer essas unidades, em termos de sua definição e características, de sua classificação e modos de articulação nos textos, contribui para o incremento da competência comunicativa, para a maior habilidade nas tarefas de leitura e escrita, bem como para a manipulação e apropriação dos textos que circulam socialmente.

NOTAS

1 Neste site, no botão *Corpus*, ao lado esquerdo da tela, encontram-se bancos de dados de fala e escrita de estudantes de cinco cidades brasileiras: Rio de Janeiro, Niterói, Rio Grande, Juiz de Fora e Natal. Esses alunos produziram narrativas pessoais e recontadas, relatos de procedimento e de opinião, bem como descrições de local.

2 Na verdade, Azeredo (1999: 32) nomeia esse critério de "interposição de um *e*", o que não consideramos rótulo suficientemente claro para a referência ao que o autor pretende apresentar; assim, adotamos aqui o nosso termo *coordenação interna*.

3 Na Linguística, as siglas SN e V designam, respectivamente, o sintagma nominal e o verbo.

4 O rótulo *ergativo* não figura na Nomenclatura Gramatical Brasileira (NGB), mas se trata efetivamente de um tipo de relação funcional do português, distinto da relação transitiva ou intransitiva, razão pela qual optamos por usá-lo aqui, como o fez Perini (2010).

5 Usamos o termo *substituição* no lugar do que Erman e Warren (2000: 41) chamam de *proformas*, no entendimento de que o rótulo das autoras não constitui uma "função", tal como nos demais casos, assim, com vistas à coesão dos papéis funcionais, optamos pela referida troca terminológica.

REFERÊNCIAS BIBLIOGRÁFICAS

AZEREDO, José Carlos. *Gramática Houaiss da língua portuguesa*. São Paulo: Publifolha, 2008.

__________. *Iniciação à sintaxe do português*. Rio de Janeiro: Jorge Zahar, 1990.

BYBEE, Joan. *Language, usage and cognition*. Cambridge: Cambridge University Press, 2010.

CÂMARA JR., Joaquim Mattoso. *Estrutura da língua portuguesa*. 28. ed. Petrópolis: Vozes, 1998.

__________. *Dicionário de linguística e gramática*: referente à língua portuguesa. 12. ed. Petrópolis: Vozes, 1985.

CASTILHO, Ataliba Teixeira. *Nova gramática do português brasileiro*. São Paulo: Contexto, 2010.

ERMAN, Britt e WARREN, Beatrice. The idiom principle and the open choice principle. In: *Linguistic* – an interdisciplinary journal of the language sciences. Berlin/New York: Mouton de Gruyter, n. 2, 2000, pp. 29-62.

FURTADO DA CUNHA, Maria Angélica; COSTA, Marco Antonio; CEZARIO, Maria Maura. Pressupostos teóricos fundamentais. In: FURTADO DA CUNHA, M.A.; OLIVEIRA, M.R; MARTELOTTA, M. E. (org.). *Linguística funcional:* teoria e prática. Rio de Janeiro: DP&A/Faperj, 2003, p. 29-56.

NEVES, Maria Helena de Moura. *Gramática de usos do português*. São Paulo: Editora UNESP, 2000.

PCN – *Parâmetros Curriculares Nacionais* – língua portuguesa, 2. ed. Secretaria de Educação Fundamental. Rio de Janeiro: MEC/DP&A, 2000.

PERINI, Mário. *Gramática do português brasileiro*. São Paulo: Parábola, 2010.

TRASK, R. L. *Dicionário de linguagem e linguística*. Trad. Rodolfo Ilari. São Paulo: Contexto, 2004.

Relações sintático-semânticas da oração

Angélica Furtado da Cunha
Edvaldo Balduino Bispo

Palavras iniciais

Este capítulo trata das relações entre o significado do verbo e a organização estrutural da oração, mais especificamente dos verbos tradicionalmente classificados como transitivos diretos, ou seja, aqueles acompanhados de sujeito e objeto direto. Esta discussão orienta-se por dois objetivos principais: por um lado, aborda as relações entre sintaxe e semântica responsáveis pela configuração formal da oração, com base no significado do verbo e nos papéis semânticos dos argumentos que ele seleciona; por outro lado, apresenta uma proposta de trabalho com interface entre sintaxe e semântica em sala de aula, no âmbito da educação básica, tomando como exemplo um texto narrativo. A perspectiva teórica aqui considerada é a da linguística cognitivo-funcional, formulada em termos de uma abordagem centrada no uso.

Temos por objetivo analisar o fenômeno da transitividade e suas manifestações diversificadas em gêneros de discurso caracterizados pelo predomínio de sequências narrativas. Tomando como suporte o referencial teórico da linguística cognitivo-funcional, analisamos quatro narrativas de experiência pessoal e quatro narrativas recontadas faladas e suas correspondentes escritas extraídas do *Corpus Discurso & Gramática*: a língua falada e escrita na cidade do Natal (Furtado da Cunha, 1998), produzidas por quatro estudantes do terceiro ano do ensino médio. Concluímos que a combinação de um dado verbo com um ou dois participantes provavelmente não é uma propriedade lexical do verbo, pois é altamente variável nos dois gêneros de discurso considerados. No que diz respeito à abordagem da transitividade na escola, a categorização dos verbos é mais produtivamente tratada quando se investiga o comportamento desses elementos em textos reais, de diferentes gêneros de discurso, observando os efeitos semântico-pragmáticos e morfossintáticos que o uso de um verbo e seus argumentos (sujeito e objeto direto) acarreta. O papel do contexto discursivo-pragmático é fundamental na aferição da transitividade, pois, embora um verbo possa ser potencialmente classificado como transitivo, é no seu funcionamento textual (o que inclui a questão do gênero de discurso) que essa potencialidade se concretiza ou não.

Derivado do latim *transitivus* (que vai além, que se transmite), em seu sentido original o termo *transitividade* denota a transferência de uma atividade de um agente para um paciente. Segundo Trask (2004: 298), a transitividade reflete a "maneira como um verbo se relaciona com os Sintagmas Nominais (SN) numa mesma oração". Para a gramática tradicional, a transitividade é uma propriedade do verbo, e não da oração: são transitivos aqueles verbos cujo processo se transmite a outros elementos, que lhes completam o sentido. Por oposição, nos verbos intransitivos, a ação não vai além do verbo. Ou seja, a classificação de um verbo como transitivo ou intransitivo se apoia na presença ou ausência de um SN objeto (critério sintático) exigido pelo significado do verbo (critério semântico). Conforme a ideia tradicional de transitividade, um verbo transitivo é aquele que descreve uma relação entre dois participantes de tal modo que um dos participantes age sobre o outro. Um verbo intransitivo é aquele que descreve uma propriedade, um estado, ou uma situação que envolve apenas um participante. Na visão tradicional, portanto, os três elementos da transitividade (sujeito, ação, objeto) coocorrem. Apesar da distinção formal rígida entre verbos transitivos e intransitivos, as gramáticas são unânimes em salientar o fato de que a linha de demarcação entre esses tipos de verbo nem sempre é rigorosa.

A transitividade do ponto de vista da linguística cognitivo-funcional

A linguística funcional norte-americana, sob a orientação de Givón, Bybee, Hopper, Thompson, Chafe, dentre outros, fornece uma alternativa de análise para a questão da transitividade (Furtado da Cunha e Souza, 2011). Ela não é concebida como uma propriedade categórica do verbo, conforme defende a gramática tradicional, mas como uma propriedade contínua, escalar (ou gradiente) de toda a oração. É aí que se podem observar as relações entre o verbo e seu(s) argumento(s). Essas relações se espraiam pela oração como um todo, de modo que a transitividade pode ser decomposta em suas partes componentes, cada uma delas focalizando uma faceta da transferência de uma ação de um participante para outro em uma porção diferente da oração, como propõem Hopper e Thompson (1980). Assim, o grau de transitividade de uma oração depende da análise de dez parâmetros sintático-semânticos, que dizem respeito à quantidade de participantes (um *vs* mais de um), à cinese (ação *vs* não ação), ao aspecto (perfectivo *vs* não perfectivo) e à pontualidade do verbo (pontual *vs* não pontual), à intencionalidade (intencional *vs* não intencional) e à agentividade do sujeito (agentivo *vs* não agentivo), à polaridade (afirmativa *vs* negativa) e à modalidade da oração (modo *realis vs* modo *irrealis*), ao afetamento (afetado *vs* não afetado) e à individuação do objeto (individuado *vs* não individuado).

Segundo esse modelo teórico, o fenômeno da transitividade apresenta um componente semântico e um componente sintático. Uma oração transitiva descreve um evento que potencialmente envolve pelo menos dois participantes, um agente que é responsável pela ação, expresso sintaticamente como sujeito (s), e um paciente que é afetado por essa ação, representado sintaticamente como objeto direto (od). Esses participantes são chamados de argumentos do verbo. Do ponto de vista semântico, o evento transitivo prototípico é definido pelas propriedades do agente, do paciente e do verbo envolvidos na oração que codifica esse evento. Em princípio, a delimitação das propriedades desses três elementos é uma questão de grau. Do ponto de vista sintático, todas as orações – e verbos – que têm um objeto direto são transitivas; as que não o têm são intransitivas. Desse modo, se uma oração codifica um evento semanticamente transitivo, o agente do evento é o sujeito da oração e o paciente do evento é o objeto direto da oração. Contudo, a manifestação discursiva de um verbo potencialmente transitivo depende de fatores pragmáticos, como a perspectiva a partir da qual o falante interpreta e comunica o evento narrado. Por exemplo, um mesmo evento pode ser transmitido do ponto de vista do agente responsável pela ação, como em (1), a seguir, ou do ponto de vista do objeto afetado por essa ação, como em (2):

(1) As crianças derrubaram o jarro.

(2) O jarro foi derrubado pelas crianças.

A oração, construída em torno de um elemento predicativo, tem sido tomada como a unidade básica de organização da descrição sintática. Frequentemente, mas nem sempre, esse elemento predicativo – neste caso, o verbo – é acompanhado de um ou mais elementos nominais – seus argumentos. Assim, na oração *João saiu*, há um elemento predicativo (*saiu*) acompanhado por um elemento nominal (*João*). Na oração *As crianças derrubaram o jarro*, há um elemento predicativo (*derrubaram*) acompanhado de dois elementos nominais (*as crianças* e *o jarro*).

Segundo Chafe (1979), o universo conceptual humano está dividido em duas grandes áreas: a do verbo e a do nome. A área do verbo é central e compreende estados (condições, qualidades) e eventos; a área do nome é periférica e compreende "coisas" (objetos físicos e abstrações coisificadas). A centralidade do verbo pode ser justificada com base em alguns pontos listados por Chafe. Primeiramente, nas línguas naturais há sempre um verbo semanticamente presente nos enunciados, o que indica que a classe dos verbos é um universal linguístico. Embora o verbo seja comumente acompanhado por um ou mais nomes – seus argumentos –, há orações em que apenas um verbo está presente, como *Saia!*, por exemplo. Em segundo lugar, é a natureza semântica do verbo que determina como a oração deverá ser formada: que nomes podem acompanhar o verbo, que relação sintática esses nomes mantêm com o verbo (sujeito, objeto etc.) e que papel semântico (agente, paciente etc.) esses nomes desempenham. Logo, se o verbo representar uma ação, como em *João saiu*, o verbo exige que um nome o acompanhe, que esse nome estabeleça com ele uma relação de agente e que se refira a um ser animado. Esses critérios demonstram que é o verbo que determina a presença e a natureza do nome, e não o contrário.

Chafe conclui que a oração é ou um verbo isolado, ou um verbo acompanhado por um ou mais nomes. Nesse sentido, descrever orações é descrever também todos os tipos de verbo, pois estes constituem o centro semântico, o esquema proposicional da oração. Por conseguinte, o verbo é o ponto de partida da descrição da gramática de uma língua. Assim, enquanto os nomes são usados comunicativamente para identificar entidades no contexto discursivo, as orações são usadas comunicativamente para trocar informações sobre situações, isto é, eventos envolvendo entidades, ou para negociar a execução de um evento.

Os verbos que denotam ações realizadas por um agente representam os verbos prototípicos, como *partir*, *voar*, *comer*, *chorar* e *empurrar*. Os verbos que se afastam do protótipo são aqueles em que o sn sujeito não desempenha o papel semântico de agente, como *ver*, *morrer*, *cair*, *entender* e *saber*, por exemplo. A propriedade fundamental do verbo é que ele sempre vem acompanhado de um ou mais sn. Em português, são poucos os verbos que não cumprem essa exigência, como aqueles que denotam fenômenos da natureza (*chover*, *anoitecer* etc.), por exemplo.

A noção revisitada e ampliada de transitividade, formulada pela linguística funcional norte-americana, é fundamental para o entendimento de como a gramática do verbo e seus argumentos se manifestam em textos reais produzidos em situação de comunicação.

Manifestações discursivas da transitividade

A análise que apresentamos destaca, no uso real da língua, a manifestação discursiva de verbos tradicionalmente classificados como transitivos. A questão que interessa responder é: em que arranjos estruturais esses verbos ocorrem mais frequentemente no discurso? Trabalhamos com um universo de 1.321 ocorrências (1.142 na fala e 179 na escrita), cuja análise permitiu verificar tendências recorrentes quanto à estrutura argumental (ea) – relação entre um predicado e seus argumentos – dos verbos transitivos. Verificamos que a ea desses verbos não é rígida, podendo se manifestar, nas sequências narrativas analisadas, com diferentes configurações: a) os verbos transitivos podem ser acompanhados por dois tipos morfossintáticos diferentes de objeto direto: nominal (+ od) ou oracional (+ od oracional); b) o objeto direto pode não estar explícito no texto (– od); c) os verbos de ação-processo podem ser acompanhados por objeto indireto, além do direto (vtdi). A tabela 1 exibe os resultados encontrados:

Tipo de EA	Fala	Escrita
VTD + OD	662 (58%)	136 (76%)
VTD – OD	290 (26%)	16 (9%)
VTD + OD OR	129 (11%)	16 (9%)
VTDI	61 (5%)	11 (6%)
TOTAL	1.142 (100%)	179 (100%)

Tabela 1 – Classificação dos verbos quanto ao tipo de EA sintática

A ocorrência de OD nominal explícito é o padrão não marcado para todos os verbos transitivos, em mais da metade dos dados, tanto na fala (58%) quanto na escrita (76%). Vejamos alguns dados:

(3) ... aí num sei se ele *matou* um professor ... se foi uma professora ... sei que o assassino mesmo num foi um estudante não ... (*Corpus* D & G, p. 184, fala).

(4) ... ficou super feliz porque ... ele *realizou* um sonho dela né? que ela já vinha ... uma fantasia ... (*Corpus* D & G, p. 235, fala).

Dependendo do contexto de uso, um mesmo verbo pode ocorrer com objeto direto explícito (*um professor*), conforme se dá em (3), ou com objeto zero, como ocorre em (5), a seguir:

(5) e ela tinha um ... um caso né ... com um homem ... que ele ... é ... trabalhava ... mexia assim com drogas ... não é ... com tráfico ... um ladrão assim ... né ... pra conseguir o que ele queria ... ele *matava* ... né ... (*Corpus* D & G, p. 276).

Em (5), a identidade exata do referente objeto de *matar* não pode ser recuperada e é irrelevante para os propósitos comunicativos do falante: infere-se que o ladrão matava qualquer pessoa que interferisse em suas atividades ilícitas. Com base em nossa experiência, atribuímos um argumento objeto ao verbo *matar*, muito embora não sejamos capazes de identificá-lo, já que ele representa um elemento genérico ou não específico. Assim, a possibilidade de omissão do argumento objeto não é uma propriedade lexical de determinados verbos, mas é pragmaticamente motivada e pode ser licenciada sempre que as condições discursivas favorecedoras se fizerem presentes. Esse aspecto evidencia que um determinado verbo pode conservar seu sentido lexical básico e apresentar diferentes estruturas argumentais no uso textual: ainda que haja identidade morfológica nos diferentes usos do mesmo verbo, cada instância de uso representa uma constelação semântica diferente da relação verbo-participante. É possível, pois, estruturar a mesma cena com escolhas alternativas de padrão sintático.

A variação na configuração argumental dos verbos transitivos demonstra que, no uso discursivo, nem sempre há uma correspondência entre EA semântica e sintática, uma vez que o comportamento sintático de um verbo também pode ser pragmaticamente motivado (Furtado da Cunha, 2006). Embora esses verbos, em princípio, impliquem a existência de um participante agente que afeta o estado ou a localização do referente de um argumento paciente, esse argumento pode não ser explicitado, por motivos discursivo-pragmáticos e/ou cognitivos. Nesse sentido, os argumentos agente e paciente capturam os diferentes modos em que as entidades por eles designadas participam no evento descrito.

Segundo Payne (1997), as línguas têm várias maneiras de ajustar (aumentando, diminuindo, reorganizando) a valência sintática das orações. O efeito semântico (isto é, conceitual) e pragmático de aumentar a valência sintática de um verbo pode ser caracterizado como a promoção de um participante periférico ao centro da cena, enquanto o efeito de diminuir a valência é o rebaixamento de um participante central a um *status* periférico, ou sua eliminação da cena. Essa maleabilidade de alternativas de codificação para o verbo transitivo é uma das características da gramática que se constitui na interação.

Outro aspecto que também consideramos na investigação a que procedemos foi a classificação dos verbos quanto ao tipo semântico, de acordo com Chafe (1979) e Borba (1996). Segundo esses autores, os verbos podem ser agrupados em quatro categorias: ação, processo, ação-processo e estado. A tabela 2, posta a seguir, quantifica os resultados a que chegamos.

Tipos de verbo	Fala	Escrita
Ação-processo	489 (43%)	72 (40%)
Ação	298 (26%)	40 (22%)
Processo	126 (11%)	26 (15%)
Estado	229 (20%)	41 (23%)
Total	1.142 (100%)	179 (100%)

Tabela 2 – Classificação dos verbos quanto ao tipo semântico

Tanto na fala (43%) como na escrita (40%) predominam os verbos de ação-processo, ou seja, aqueles que expressam uma ação em que um sujeito animado, intencional, causa uma mudança no estado ou localização do paciente, como no fragmento seguinte:

(6) Biff *pega* esse almanaque ... *pega* a máquina do tempo e volta para o passado ... né [...] volta e *dá* aí esse almanaque ... (*Corpus* D & G, p. 187, fala).

Vale lembrar que os dados examinados provêm de gêneros de discurso narrativos, o que favorece a ocorrência de orações com alto grau de transitividade na porção figura do texto, caracterizada por apresentar a sequência temporal de eventos concluídos, pontuais, afirmativos, *realis*, sob a responsabilidade de um agente. O padrão estrutural e o enquadre semântico (SUJ/AG + V + OD/PAC) característicos dos verbos de ação-processo estão diretamente relacionados à expressão do evento transitivo prototípico, em que um agente intencional causa o afetamento de um participante paciente (Slobin, 1982).

Vejamos, agora, o tipo de perfil (*profile*) que o verbo de ação-processo tem no discurso, em termos de frequência de ocorrência, e a correlação entre esse tipo de verbo e sua estrutura argumental preferida. Os dados analisados apontam para o fato de que a EA desses verbos parece ser gradiente, o que significa que eles variam com relação a quão rígida ou quão frouxa sua estrutura argumental pode ser. Como vimos, eles podem ocorrer em mais de um padrão de EA (confiram-se os dados (3) e (5), com o verbo *matar*). Os padrões alternativos de estrutura argumental sintática para os verbos de ação-processo são pragmaticamente motivados, em termos do *status* informacional dos argumentos, e estão relacionados a aspectos cognitivos de custo de processamento da informação, nos termos de Chafe (1994). Há, portanto, motivações cognitivas/comunicativas (como os propósitos do falante e as necessidades e expectativas do ouvinte) para a existência de padrões distintos para um mesmo verbo.

As tabelas 3 e 4 detalham o padrão de EA para cada tipo semântico de verbo:

	Ação-proc.	Ação	Processo	Estado
VTD+OD	317 (65%)	143 (48%)	70 (56%)	132 (58%)
VTD-OD	128 (26%)	89 (30%)	38 (30%)	35 (15%)
VTD+OD OR	10 (2%)	48 (16%)	10 (8%)	61 (27%)
VTDI	34 (7%)	18 (6%)	8 (6%)	–
TOTAL	489 (100%)	298 (100%)	126 (100%)	228 (100%)

Tabela 3 – Classificação dos tipos semânticos de verbo quanto à EA sintática na fala

	Ação-proc.	Ação	Processo	Estado
VTD+OD	56 (78%)	24 (60%)	22 (85%)	34 (83%)
VTD-OD	5 (7%)	8 (20%)	3 (11%)	0
VTD+OD OR	4 (5%)	5 (13%)	1 (4%)	6 (15%)
VTDI	7 (10%)	3 (7%)	0	1 (2%)
TOTAL	72 (100%)	40 (100%)	26 (100%)	41 (100%)

Tabela 4 – Classificação dos tipos semânticos de verbo quanto à EA sintática na escrita

O padrão sintático mais frequente para os verbos de ação-processo, que denotam o evento transitivo prototípico, é S + V + OD, ou seja, a estrutura transitiva prototípica. Assim, observamos que a grande maioria das orações que são semanticamente transitivas são também sintaticamente transitivas, como prevê Givón (2001).

Notemos, todavia, que a EA sintática preferida mais frequente para os verbos de ação (7), de processo (8) e de estado (9), que se afastam do protótipo semântico do evento transitivo, também é a estrutura transitiva prototípica S + V + OD, tanto na fala como na escrita. Esse achado é inesperado, já que, por definição, o verbo de ação expressa uma atividade realizada por um sujeito agente que não implica necessariamente um segundo argumento, como *brincar*, *rir*, ou verbos de movimento, como *ir*, *vir*, cujo complemento é um sintagma preposicionado locativo. Por sua vez, o verbo de processo denota um evento que afeta um sujeito paciente e, portanto, também não envolve obrigatoriamente um segundo argumento, como *acordar*, *morrer*. Já os verbos de estado, como *ter*, *conhecer*, expressam uma propriedade localizada no sujeito, o qual é mero suporte dessa propriedade ou seu experienciador. Vejamos os dados:

(7) Gerson ... tem:: às vezes assim nós assistimos um filme ou *lemos* um livro que é muito interessante ... né ... e depois a gente guarda aquilo na nossa mente ... (*Corpus* D & G, p. 182, fala).

(8) ... e eu sempre trabalhando ... batalhando pra justamente a UNIJOVEM ... a minha ... a minha UNIJOVEM *ganhar* esse prêmio ... (*Corpus* D & G, p. 177, fala).

(9) ... eu fiquei sabendo que a gente tava concorrendo com três igrejas só ... né ... de várias igrejas ficamos mais perto de ganhar ... né ... a minha igreja e mais duas igrejas e ... e ... aí já começou a ficar mais animado e tudo porque eu *queria* esse prêmio de todo jeito pra ela ... lá pra igreja ... (*Corpus* D & G, p. 178, fala).

Nesse sentido, em termos do grau de transitividade que exibem, as orações com verbos de ação, de processo ou de estado se posicionam abaixo das orações maximamente transitivas, por não apresentarem um objeto afetado (verbo de ação, processo e estado) ou por não terem um sujeito agentivo (verbos de processo e estado). Os verbos de estado, dada a ausência de dinamicidade, ocorrem predominantemente em orações de baixa transitividade, que fazem parte do fundo da narrativa, caracterizado pela descrição de estados, localização dos participantes e comentários avaliativos, como no fragmento seguinte:

(10) aí ele parou pra perguntar ... pra perguntar sobre uma rua ... era um hotel que ele ia ficar ... porque ele não *conhecia* nada por lá (*Corpus* D & G, p. 240).

Diversos pesquisadores funcionalistas e cognitivistas (Slobin, 1982; Fillmore, 1985; Langacker, 1993; Goldberg, 1995; Givón, 2001) sustentam que os verbos que não se identificam semanticamente com o evento transitivo prototípico podem ser codificados por orações transitivas através de um processo de extensão metafórica do protótipo, porque envolvem um sujeito humano e um objeto inanimado. O objeto desses verbos, por sua vez, também não é afetado, ou seja, não sofre mudança alguma. Desse modo, atos humanos, assim como eventos não obviamente causados por humanos, são geralmente conceptualizados para os propósitos de codificação linguística como extensões metafóricas do modelo básico Agente – Paciente. Assim, muitos predicados podem ocorrer em uma moldura sintática que requer um sujeito e um objeto, embora os referentes do sujeito e do objeto não sejam agentes nem pacientes típicos.

A análise dos dados confirma que, dada a sua saliência semântico-cognitiva, o padrão estrutural transitivo é um esquema que licencia a criação de novas orações que se afastam do significado do evento transitivo prototípico, mas recebem o mesmo formato.

De acordo com a proposta funcionalista, os padrões gramaticais estão estreitamente relacionados à estrutura do discurso e podem, em muitos casos, ser explicados em termos dessa estrutura. Nesse sentido, a investigação do modo como as orações se manifestam no discurso tem de levar em conta fatos probabilísticos, como a frequência de ocorrência de um dado padrão, em substituição à concepção de que aos verbos correspondem estruturas argumentais ou valência fixas, que estabelecem, *a priori*, o número de participantes que um dado verbo evoca. Os verbos são armazenados no léxico com molduras (*frames*) que especificam quais argumentos são obrigatórios e quais são opcionais. Os falantes dominam essa informação à medida que adquirem sua língua materna.

No nível do enunciado, as construções mais comuns e recorrentes na língua fornecem embalagens pré-estabelecidas, convencionalizadas ao longo do tempo, que servem de base para a referência a participantes e eventos particulares, e para o processo de tomada de perspectiva, selecionando diferentes elementos como foco primário do enunciado.

A perspectiva de análise que adotamos situa este estudo no domínio de interface entre sintaxe, semântica e pragmática, de acordo com a postura teórico-metodológica corrente no quadro da Linguística Cognitivo-Funcional, em especial no Modelo da Gramática de Construções. Como as construções emparelham forma e significado, a gramática não contém módulos separados para a sintaxe, a semântica e a pragmática. Os níveis de abstração de uma gramática centrada no uso são construídos por meio da categorização de instâncias semelhantes de uso em representações mais abstratas. Nessa linha, as construções se originam de generalizações criadas com base em enunciados reais, produzidos em situação de interação sociocomunicativa. Assim, a frequência de *tokens* de certos itens em construções de estrutura argumental, bem como o leque de *types* (os verbos que podem ocorrer na mesma construção transitiva), determinam a representação da construção e também sua produtividade. Desse modo, as propriedades dos verbos de ação-processo examinadas aqui decorrem das propriedades semânticas e pragmáticas da oração em que ocorrem. Em relação à EA, observamos a interferência de fatores discursivos na codificação gramatical das orações e dos casos semânticos envolvidos, ressaltando a estreita correlação entre as determinações do discurso e as da gramática. O fato de muitos verbos ocorrerem ora com ora sem objeto torna a distinção entre verbos transitivos e intransitivos discursivo-pragmática, e não lexical e paradigmática.

O estabelecimento da EA dos verbos – a gramática da oração – acontece do mesmo modo que o estabelecimento das outras categorias linguísticas: através do contínuo processo cognitivo de classificação, refinamento e generalização a partir das interações comunicativas diárias. Como defendem Thompson e Hopper (2001), o sentido de um verbo está relacionado aos esquemas léxico-gramaticais em que ele pode ocorrer, e a estrutura argumental é essencialmente um subconjunto desses esquemas. Nos processos de interação verbal, a gramática é moldada através de um trabalho conjunto do falante e de seu(s) interlocutor(es): de um lado, o falante, consciente ou inconscientemente, segue a máxima da quantidade "não diga nem mais nem menos do que é necessário" (Grice, 1975), não explicitando o objeto que pode ser recuperado do contexto ou inferido da moldura semântica do verbo; de outro lado, o interlocutor procura ser cooperativo (Grice, 1975), atribuindo uma interpretação aos objetos não expressos. Para fazer isso, ele se vale de pistas deixadas no texto ou de seu próprio conhecimento linguístico armazenado. Atuam, aí, aspectos cognitivos responsáveis pelos processos de automatização e inferenciação. Em outras palavras, tanto a produção quanto o processamento das construções de EA são negociadas, localmente administradas e fortemente restringidas por fatores cognitivos e sociodiscursivos que emergem da natureza da interação.

Transitividade e ensino

As descobertas empíricas da pesquisa linguística podem ser bastante úteis quando se buscam alternativas para a abordagem, nas escolas de níveis fundamental e médio de ensino, de aspectos gramaticais da língua portuguesa, como o fenômeno da transitividade.

O ensino de língua materna tem, em geral, tratado as questões gramaticais de modo artificial, distanciando-as das situações de uso, e, assim, deixando de considerar justamente os aspectos centrais de sua natureza: as relações entre formas e funções dependem da gama de fatores que interferem a cada interação comunicativa. O trabalho com a gramática nos níveis fundamental e médio limita-se, muitas vezes, à apresentação aos alunos de uma coleção de rótulos e propriedades de itens gramaticais (verbos, nomes, pronomes, conjunções, orações coordenadas e subordinadas etc.) e os papéis sintáticos vinculados a eles (sujeito, predicado, adjunto etc.). Isso se dá por meio de atividades de identificação e classificação, mas raramente utilizando e analisando tais itens e funções em seu ambiente de ocorrência, o discurso interativo.

Além de desvinculadas do uso, as unidades gramaticais são trabalhadas de modo compartimentado: classes de palavras e funções sintáticas são focalizadas uma a uma, isoladas das demais, como se não contribuíssem todas ao mesmo tempo para a construção do discurso e, ao fazê-lo, não interagissem umas com as outras. Acrescentamos também que os tópicos gramaticais geralmente são estudados no âmbito de orações isoladas, perdendo-se a oportunidade de levar os alunos a perceberem que as relações de sentido não se reduzem à oração, e sim perpassam o texto como um todo. Além disso, invariavelmente são desconsideradas as condições cognitivas, comunicativas e sociais motivadoras da produção linguística.

No caso da transitividade, vimos que os verbos tradicionalmente classificados como transitivos e intransitivos não apresentam, no uso real da língua, fronteiras nítidas que separam uns dos outros categoricamente: os verbos transitivos também podem ser usados sem um segundo argumento. Dessa maneira, a classificação desses verbos deve ser feita através de um item que exemplifica o protótipo, enquanto os outros elementos são classificados considerando suas características que mais se aproximam ou distanciam em relação ao exemplar prototípico. É a recorrência de uso de um verbo nos contextos cotidianos de interação que fixa ou regulariza sua estrutura argumental. Para tanto, o estudo da transitividade deve ser baseado em textos de gêneros variados, orais e escritos, formais e informais, para que o aluno possa refletir sobre a utilização de um dado verbo e que contribuições ela traz para o texto em termos de efeitos semântico-pragmáticos e morfossintáticos. Ao comparar gêneros de discurso variados, o professor pode pesquisar com os alunos em que gênero(s) os verbos transitivos tendem a ocorrer com mais frequência, ou ainda em que porção textual (figura ou fundo) os diferentes tipos semânticos de verbos transitivos predominam. Vejamos, a título de ilustração, uma das narrativas recontadas que analisamos e algumas considerações acerca de possibilidades de um trabalho em sala de aula.

Narrativa recontada

A minha narrativa será a respeito do filme: Mudança de hábito.

O filme é uma comédia e narra a história de uma "cantora da noite", ela cantava em casas noturnas dos Estados Unidos, e que uma noite presenciou o seu amante, (que era um traficante muito procurado e conhecido pela polícia) matando um homem por não ter feito um serviço direito e também por estar devendo-lhe dinheiro. Ela abriu a porta do apartamento na "hora" e na mesma hora fechou, por isso o seu amante com medo que ela contasse pra polícia e testemunhasse contra ele em um processo que ele já tinha nas costas. E ela saiu de lá e foi p/ a delegacia contar o que tinha acontecido. O delegado sabia que o traficante iria procura-lá aonde quer quer que fosse, por isso o melhor local para escondê-la foi em um convento.

A madre do Convento, a princípio não queria a preseça da cantora lá e só aceitou depois que ofereceram uma quantia em dinheiro p/ ajudar nas obras sociais do convento.

O engraçado do filme começou quando ela tinha que se adaptar a todos os horários e obrigações do convento que não tinha nada, ou melhor, nenhuma relação com o seu jeito de ser.

Enquanto isso o seu ex-amante continuava procurando a cantora. Ela foi convidada a participar do coral da igreja, que tinha a regência de uma freira antiga, mas que não entendia tanto de música, notas e etc ...

A cantora foi ensaiando e ao mesmo tempo "se metendo" no trabalho da freira. A freira, chateada com o que estava acontecendo entregou o coral nas mãos da cantora.

Nas casas em que ela trabalha, as músicas que ela cantava era se referindo à homens, amor e etc ... No coral ela mudou algumas palavras e usou estas músicas para o coro. O engraçado era as freiras cantando em rítimo mais agitado, batendo palmas e dançando. A cantora começou a preparar o coral para a vinda do Papa.

O ex-amante da cantora, grampeou o telefone do delegado e no dia em que ela ligou para ele, o traficante descobriu o esconderijo da cantora e a raptou. Eles entraram numa espécie de galeria onde tinha muitas lojas, restaurantes e muita gente. A noviça que estava sempre ao lado da freira "cantora" descobriu onde ela estava, seguindo-os de carro e avisou p/ a madre. A madre que já estava se tornando amiga da freira, convocou todas do convento e ela entraram na galeria conseguindo enganar o traficante e seus capangas, a polícia então conseguiu matá-los.

> O coral ficou pronto para a apresentação da chegada do Papa e nesse dia ao contrário dos outros a Igreja estava cheia, inclusive de jovens que participavam de gangs.
>
> O engraçado do filme ficou por conta do comportamento da cantora no convento e as mudanças que houve no mesmo.
>
> (Furtado da Cunha, 1998: 298-9)

Em primeiro lugar, enfatizamos nosso posicionamento de que o trabalho com textos em sala de aula não deve ter como propósito exclusivo ou direto o estudo de conteúdos gramaticais. A ideia é que o contato com diversos gêneros e tipos textuais, efetivamente realizados, também seja aproveitado para o estudo de fenômenos linguísticos, de modo que o aluno possa observar as regularidades que governam os diversos usos da língua. Nesse particular, inserimos a abordagem da transitividade. Além disso, também ponderamos os diferentes fatores implicados na seleção dos textos a serem levados para a sala de aula, que devem fatalmente contemplar os objetivos do ensino de língua portuguesa e os interesses e motivações de aprendizagem dos educandos. Por fim, registramos que, em virtude do espaço de que dispomos e conforme os objetivos deste capítulo, não trataremos aqui de questões relativas à introdução do texto em sala, nem às discussões sobre a compreensão textual. Focalizaremos, mais estritamente, a abordagem das possibilidades de tratamento do fenômeno da transitividade por meio do texto selecionado.

Um primeiro aspecto que pode ser trabalhado com os alunos é a identificação dos verbos (potencialmente) transitivos presentes, comparando-se sua frequência com a de verbos não transitivos, o que os levaria a perceber a maior ocorrência de verbos do primeiro tipo. A seguir, seriam consideradas as porções do texto em que figuram, com mais frequência, orações com maior grau de transitividade em comparação aos trechos nos quais predominam orações menos transitivas. Com esse procedimento, é possível constatar que as partes do texto que exibem orações com alta transitividade assinalam porções centrais (que contêm ações desempenhadas pelas personagens e que fazem a narrativa progredir); já as orações com baixa transitividade marcam as porções periféricas, correspondentes ao fundo (no caso do texto em foco, as descrições, as cenas concomitantes às ações principais). Em (11) e (12), temos, respectivamente, um caso de orações com alta transitividade e outro de orações com baixo grau de transitividade.

(11) "Ela abriu a porta do apartamento na 'hora' e na mesma hora fechou, [...]. E ela saiu de lá e foi p/ a delegacia [...]"

(12) "O coral ficou pronto para a apresentação da chegada do Papa e nesse dia ao contrário dos outros a Igreja estava cheia, inclusive de jovens que participavam de gangs."

O trecho presente em (11) contém orações mais transitivas, envolvendo ação (cinese), agentividade e intencionalidade do sujeito, modalidade *realis* e polaridade afirmativa da oração, perfectividade e pontualidade dos verbos e afetamento do objeto (no caso de *abriu* e *fechou*), conforme parâmetros propostos por Hopper e Thompson (1980). Ao observarmos o trecho em que essas orações aparecem, notamos que elas representam atitudes, ações que a personagem protagonista desempenha, marcando a dinamicidade da narrativa, fazendo a história avançar.

No trecho (12), por sua vez, o que temos é a caracterização do cenário no qual ocorrerá uma apresentação do coral composto por noviças em virtude da presença do Papa. Predominam verbos estativos (*ficar, estar, participar*), com baixa transitividade: apresentam, quase todos, características opostas às apontadas para os verbos presentes em (11).

Também é possível considerar que tipos semânticos de verbo (ação, processo, ação-processo, estado) são mais recorrentes em distintas partes do texto. Um exame da narrativa recontada em foco permite-nos perceber a maior incidência de verbos de ação e de ação-processo, os quais figuram na porção textual com maior dinamicidade, envolvendo atividades físicas de sujeitos agentivos, como é possível ver em (11) e em (13), a seguir.

(13) "O ex-amante da cantora, grampeou o telefone do delegado e no dia em que ela ligou para ele, o traficante descobriu o esconderijo da cantora e a raptou."

Por outro lado, nos trechos mais descritivos, predominam verbos de estado, que implicam propriedades dos sujeitos e contribuem para a caracterização de personagens, do espaço, do tempo e das circunstâncias em que se desenrolam as ações da narrativa. Isso pode ser notado em (12), em que encontramos os verbos *ficar, estar* e *participar*, bem como pode ser observado nos trechos destacados em (14) e (15), postos a seguir, em que são usados os verbos *ter* e *entender*, *ser* e *estar*, respectivamente.

(14) "Ela foi convidada a participar do coral da igreja, *que tinha a regência de uma freira antiga, mas que não entendia tanto de música, notas* e etc ..."

(15) "A noviça *que estava sempre ao lado da freira 'cantora'* descobriu onde ela estava, seguindo-os de carro e avisou p/ a madre. A madre *que já estava se tornando amiga da freira*, convocou todas do convento [...]".

Notemos que os trechos destacados em (14) e (15) concorrem para a composição dos perfis das personagens, o que servirá para justificar atitudes e ações por elas protagonizadas ao longo da narrativa, como é o caso da intromissão de uma noviça coralista na condução dos rumos do coral em virtude de a regente (uma freira antiga) não "entender" bem de música, por exemplo.

Desse modo, como podemos perceber, o professor pode correlacionar o estudo da transitividade à organização discursiva do texto: porções descritivas, caracterizadoras de ambientes e personagens e de ações simultâneas associam-se a orações menos transitivas, com verbos estativos; por outro lado, porções centrais, com maior saliência narrativa, contêm orações com alta transitividade, em que são frequentes verbos de atividade física. Esse modo de conceber o tratamento de fenômenos linguísticos, como o da transitividade, pressupõe a consideração de contextos efetivos de uso da língua e pode dar outra dimensão à abordagem de um tópico gramatical ao elucidar seu papel na configuração do texto, mais especificamente no que se refere à tipologia textual.

Ainda aproveitando o texto tomado para análise, outro aspecto que pode ser trabalhado em sala de aula é a verificação de que verbos (potencialmente transitivos) são seguidos ou não de objeto direto, a fim de que, posteriormente, se identifiquem motivações para os casos de omissão do complemento. Consideremos, então, para fins de análise, (11), repetido a seguir, e as amostras (16), (17) e (18).

(11) "Ela *abriu* <u>a porta do apartamento</u> na 'hora' e na mesma hora *fechou*, [...]. E ela saiu de lá e foi p/ a delegacia contar o que tinha acontecido."

(16) "O filme é uma comédia e narra a história de uma 'cantora da noite', ela *cantava* em casas noturnas dos Estados Unidos [...]"

(17) "Nas casas em que ela trabalha, as músicas <u>que</u> ela *cantava* era se referindo à homens, amor e etc ..."

(18) "E ela saiu de lá e foi p/ a delegacia contar o que tinha acontecido. O delegado sabia que o traficante iria *procura*-<u>lá</u> aonde quer quer que fosse, por isso o melhor local para *escondê*-<u>la</u> foi em um convento."

Os verbos destacados nos trechos transcritos são potencialmente transitivos, ou seja, sua moldura semântica implica dois argumentos: um externo (sujeito) e outro interno (objeto direto). Ocorre, porém, que a codificação linguística do argumento interno varia em cada situação. Os complementos de *abrir* (em (11)), *cantar* (em (17)), *procurar* e *esconder* (em (18)) foram explicitados, embora por expedientes morfossintáticos distintos: SN lexical em (11) – *a porta do apartamento* – e SN pronominais em (17) e (18) – *que*, (l)*a*. Essa diferença relaciona-se ao *status* informacional ou estado de ativação do complemento verbal: no caso de *abrir*, seu argumento interno constitui informação nova, ainda não disponível para o interlocutor (daí a necessidade de mais material linguístico para codificá-lo); já o objeto de *cantar* (em (17)) e de *procurar* e *esconder* (em (18)) representa informação dada, conhecida – fornecida em contexto precedente –, por isso a codificação por meio de elemento anafórico.

Quanto aos objetos de *fechar* (em (11)) e *cantar* (em (16)), eles foram omitidos. Essa omissão, à semelhança dos casos mencionados anteriormente, possui motivação pragmática: em (11), o objeto de *fechar* representa informação velha, tendo sido referida previamente (*a porta do apartamento*); para o caso de (16), o complemento não foi explicitado por constituir informação inferível (*música*), sobretudo pelo contexto discursivo (fala-se da atuação profissional de uma cantora) e pela semântica do verbo.

Destacamos aqui que uma discussão assim conduzida permite ao professor fazer uma correlação entre o estudo da transitividade e a configuração estrutural de enunciados na composição dos textos. Mais uma vez, enfatizamos o papel textual-discursivo no tratamento de fenômenos linguísticos/gramaticais.

Outro ponto discutido neste capítulo diz respeito ao fato de que, por um lado, a estrutura argumental S + V + OD é compartilhada por verbos que não representam, semanticamente, um evento transitivo, ou seja, aqueles em que um sujeito agentivo animado intencionalmente provoca uma mudança física perceptível num objeto paciente. Por outro lado, este é o arranjo estrutural mais frequente, no discurso, para todos os verbos classificados como transitivos, independentemente da cena que evocam. Esse ponto deve ser explorado no tratamento da transitividade, levando o aluno a perceber a não correlação estrita entre estrutura argumental sintática e semântica. Para tanto, o professor deve partir da oração transitiva prototípica, conforme descrito anteriormente, para analisar outros casos, conforme se aproximem ou se distanciem do protótipo. Tomemos as amostras (11) e (19) para fins de consideração acerca de possível abordagem em sala de aula:

(11) "Ela *abriu* a porta do apartamento na 'hora' e na mesma hora fechou, [...]. E ela saiu de lá e foi p/ a delegacia contar o que tinha acontecido."

(19) "O delegado *sabia* que o traficante iria procura-lá aonde quer quer que fosse, por isso o melhor local para escondê-la foi em um convento."

A oração da qual participa o verbo *abrir*, em (11), reúne as propriedades do evento transitivo prototípico (agentividade e intencionalidade do sujeito, ação e perfectividade verbal; individuação e afetamento do objeto). Já com o verbo *saber*, em (19), o mesmo não se dá: o sujeito não é agentivo, não temos ação nem perfectividade verbal, nem afetamento físico do objeto. Entretanto, os dois verbos destacados apresentam a mesma configuração estrutural S + V + OD.

Embora no caso de (19), sujeito, verbo e complemento não apresentem as características do modelo transitivo (agentividade, ação e afetamento total do objeto, respectivamente), a oração é codificada do mesmo modo que a transitiva prototípica, como ocorre em (11), por meio de um processo de extensão metafórica. Ou seja: semelhanças com o protótipo, como o envolvimento de um sujeito humano (*o delegado*) e de um objeto inanimado (*que o traficante iria procura-lá aonde quer quer que fosse*), licenciam a codificação morfossintática de uma oração com baixo grau de transitividade. Assim, o uso do mesmo padrão sintático para representar cenas diferentes, mas relacionadas – dadas as propriedades do sujeito (humano) e do objeto (inanimado) – resulta em economia linguística.

Os dados aqui analisados refletem algumas possibilidades de manifestação diversificada do fenômeno da transitividade, atendendo aos propósitos comunicativos e cognitivos dos usuários da língua. A combinação de um dado verbo com um ou dois participantes não é, portanto, uma propriedade especificada no léxico mental, e sim um fato altamente variável em dados reais de fala e de escrita. Nesse sentido, a análise da transitividade não deveria se concentrar nos verbos de orações isoladas. Ao contrário, o papel do contexto discursivo-pragmático é fundamental na aferição da transitividade oracional, pois embora um verbo possa ser potencialmente classificado como transitivo, é no seu funcionamento textual que essa potencialidade se concretiza ou não (ver comentários para o caso dos verbos *abrir* e *fechar* em (11) e *cantar* em (16)). A transitividade é, assim, uma questão da gramática da oração inteira tal como ela ocorre nas interações comunicativas, e não apenas a relação entre um verbo e seu objeto. Isso significa que é a regularidade (ou frequência) de ocorrência de um verbo em textos reais que estabelece os esquemas ou molduras gramaticais que fazem parte do conhecimento linguístico que os falantes dominam.

Nesse sentido, nossa proposta é que a língua viva, com suas variações, seja objeto de reflexão nas salas de aula. O professor, mais do que ensinar gramática, que os alunos já sabem, deve levá-los a refletir sobre ela, flagrando sua face instável, emergente, moldada pelo uso linguístico cotidiano.

Por fim, esclarecemos que as discussões e possibilidades aqui apresentadas devem levar em consideração a etapa da escolaridade e o nível de desenvolvimento cognitivo dos alunos. Assim, sugerimos que o ensino da transitividade acompanhe a gradualidade que se manifesta nos fenômenos linguísticos, de modo que os casos prototípicos sejam examinados nas séries iniciais, e os casos menos típicos, nas séries mais avançadas.

Palavras finais

Do ponto de vista da linguística funcional norte-americana, a transitividade é tratada como um complexo de traços sintático-semânticos que, prototipicamente, refletem diferentes aspectos da transferência de atividade de um agente para um paciente. Essa mudança de perspectiva no estudo da transitividade pressupõe que as categorias linguísticas não são discretas ou binárias, mas se distribuem num *continuum*. Logo, não é surpreendente que, em muitos casos, seja difícil traçar uma distinção nítida entre verbos de um ou de dois participantes, já que a fronteira entre essas duas categorias é fluida e instável, como nos casos de omissão do argumento paciente ou ainda nos casos em que o verbo tem dois participantes, mas o objeto não é um paciente afetado, como se dá com os verbos de ação, de processo e de estado.

Na linguística contemporânea, a noção de *estrutura argumental* aponta para a ideia de que os verbos são listados no léxico com molduras que especificam quais são seus argumentos obrigatórios e quais são opcionais. Isso significa listar as construções de que um dado verbo pode participar. Parece consensual que a estrutura argumental dos verbos, ou transitividade, é um tipo de conhecimento que o falante adquire à medida que aprende a usar a sua língua.

Quanto à impossibilidade de traçar fronteiras nítidas entre verbos de um e de dois participantes, observamos que, além de as línguas naturais diferirem quanto à marcação desses verbos, em uma mesma língua os verbos variam em relação à especificação clara dos SN com os quais podem ocorrer. Desse modo, alguns verbos podem alternar entre uma configuração de um participante ou de dois participantes, comprovando a fluidez entre as duas categorias de predicado. Vejamos, por exemplo, a alternância entre *Eu fervi a água* e *A água já ferveu.*

No contexto de um quadro teórico que postula uma relação de simbiose entre discurso e gramática, está claro que essa preferência por uma estrutura argumental decorre de pressões discursivas e cognitivas. Nesse sentido, a categorização dos verbos é mais produtivamente abordada na escola por meio da investigação do comportamento desses elementos nos textos, admitindo-se a competição ou interação entre forças internas e forças externas ao sistema. Logo, a transitividade do verbo não deve ser determinada exclusivamente através do critério número de argumentos presentes na oração.

Na verdade, a estrutura argumental parece ser muito mais variável comparada com o que tradicionalmente se afirma sobre a gramática das orações. Trabalhos recentes na linha funcionalista evidenciam que a estrutura argumental tem a ver com frequência no uso linguístico real. O modo como os verbos se combinam com SN não é uma propriedade estável dos itens no léxico mental, mas um fato altamente variável. Somente através do exame de dados de textos reais é possível determinar como os verbos e seus argumentos são usados por falantes reais, engajados em interações comunicativas. A análise desses dados pode fornecer material relevante para a compreensão de como os humanos produzem e processam a linguagem. Pretendemos, portanto, contribuir para a formulação de uma gramática do uso no que se refere à transitividade verbal, observando os padrões recorrentes nos textos para saber que construções os falantes de fato usam, categorizam e estocam.

Dadas tais considerações e levando em conta essa perspectiva de análise do fenômeno da transitividade, contemplamos, neste capítulo, possibilidades de tratamento dessa questão em sala de aula por professores da educação básica, vislumbrando correlacionar o trabalho com a análise linguística a questões discursivo-textuais. A discussão aqui empreendida pode contribuir significativamente para um trabalho mais produtivo com a gramática, nos níveis fundamental e médio, e auxiliar nas atividades de leitura e produção escrita.

Referências bibliográficas

Borba, F. S. *Uma gramática de valências para o português.* São Paulo: Ática, 1996.

Chafe, W. *Significado e estrutura linguística.* Rio de Janeiro: Ao Livro Técnico, 1979.

_____. *Discourse, consciousness and time*: the flow of displacement of conscious experience in speaking and writing. Chicago: University of Chicago Press, 1994.

Fillmore, C. J. Frames and the semantics of understanding. *Quaderni di Semantica,* v. 6, pp. 222-54, 1985.

Furtado da Cunha, M. A. (org.). *Corpus Discurso & Gramática* – a língua falada e escrita na cidade do Natal. Natal: EDUFRN, 1998.

_____. Estrutura argumental e valência: a relação gramatical objeto direto. *Gragoatá,* n. 21, pp. 115-31, 2006.

_____; Souza, M. M. *Transitividade e seus contextos de uso.* 2. ed. São Paulo: Cortez, 2011.

Givon, T. *Syntax.* v. 1. Amsterdam: John Benjamins, 2001.

Golderbeg, A. *Constructions* – a construction grammar approach to argument structure. Chicago: The University of Chicago Press, 1995.

Grice, H. P. Logic and conversation. In: Cole, P.; Morgan, J. L. (eds.). *Syntax and semantics,* v. 8. New York: Academic Press, 1975. pp. 41-58.

Hopper, P.; Thompson, S. Transitivity in grammar and discourse. *Language,* v. 56, n. 2, pp. 252-99, 1980.

Langacker, R. W. Clause structure in cognitive grammar. *Studi italiani di linguistica teorica e applicata,* n. 3, 1993. pp. 465-508.

Payne, T. *Describing morphosyntax.* Cambridge: Cambridge University Press, 1997.

Slobin, D. I. The origins of grammatical encoding of events. In: Hopper, P. J.; Thompson, S. A. (eds.). *Studies in transitivity.* [Syntax and semantics, v. 15]. New York: Academic Press, 1982. pp. 409-22.

Thompson, S.; Hopper, P. Transitivity, clause structure, and argument structure: evidence from conversation. In: Bybee, J.; Hopper, P. (eds.). *Frequency and the emergence of linguistic structure.* Amsterdam: John Benjamins, 2001. pp. 27-60.

Trask, R. L. *Dicionário de linguagem e linguística.* Trad. Rodolfo Ilari. São Paulo: Contexto, 2004.

Advérbios e o ensino de classes de palavras

Deise Moraes Pinto
Karen Sampaio Alonso

Palavras iniciais

Pinilla (2011), citando uma pesquisa feita por Neves, em 1990, mostra que o estudo de classes de palavras corresponde a 39,7% de todo o conteúdo dado em sala de aula de Língua Portuguesa, ao longo dos ensinos fundamental e médio. Esse dado enquadra o estudo das classes como o tópico mais visto durante esses dois períodos da educação básica. Embora, diante do exposto, possamos reconhecer que é dada grande atenção a esse assunto nas escolas brasileiras, parece que a discussão em torno da classificação dos elementos da língua é uma temática que se reapresenta sistematicamente na agenda dos estudos linguísticos.

Muito já vem sendo dito sobre esse assunto, e especialmente dois questionamentos insistem em ser colocados em pauta:

1º) Por que classificar?

2º) Como classificar?

Em relação ao primeiro questionamento, segundo Dias (2005: 126), poder-se-iam considerar duas tendências gerais: uma, mais conservadora (focada mais fortemente no ensino da metalinguagem), e outra, inovadora (em que se privilegia o estudo do texto). Para o autor,

> Dois grandes problemas estão associados a essas tendências. O primeiro é o efeito de evidência do conceito, que afeta primordialmente a tendência conservadora. O segundo é o efeito do apagamento do conceito, que afeta a tendência inovadora.

Em relação ao efeito da evidência de conceito, associado, sobretudo, à tendência conservadora, podemos levar em conta o fato positivo de que partir de definições pré-concebidas para as mais diferentes classes oferece um importante conjunto de informações acerca de cada classe, a partir do qual os alunos buscarão suporte para as atividades requeridas pelo professor. Isso porque trabalhar o conceito na sala de aula evidencia uma série de características comumente atribuídas a uma ou outra categoria gramatical.

Por outro lado, problemas são geralmente apontados em relação a essa abordagem, sob o argumento da atenção *excessiva* ao trabalho taxonômico, que visa ao conhecimento e reconhecimento da metalinguagem tradicional, para dar conta do uso da língua. Também pelo fato de que encontramos com facilidade, percorrendo os olhos sobre as atividades propostas nos livros didáticos de Língua Portuguesa, usos linguísticos classificados dentro de determinadas categorias, ainda que não apresentem algumas das propriedades tomadas como essenciais no momento de definição da classe pelo próprio autor do livro didático ou gramática. É o exemplo dos advérbios de modo que não expressam modo ou maneira, mas que são inseridos nessa categoria, por algum critério difuso, aparentemente não explicitado para o leitor. Voltaremos a tratar do assunto logo adiante, quando pararemos para refletir sobre a questão do *Como classificar?*

Por ora, continuemos no questionamento a respeito de por que ensinar, visitando uma perspectiva teórico-metodológica que se coloca em oposição àquela vista anteriormente, à qual Dias (2005) dá o nome de *tendência inovadora*. A abordagem, ao privilegiar o contexto de uso da língua, promove uma integração fortemente articulada entre texto e gramática, corroborando os parâmetros de ensino atualmente em vigor. De fato, acredita-se que produção e compreensão textuais são a questão-chave do ensino, de acordo com as orientações oficiais estabelecidas nos PCN de Língua Portuguesa.

Entretanto, atrelado a essa tendência, temos o problema do efeito de apagamento da categoria. Nesse sentido, encarando essas tendências de forma polarizada, o abandono da descrição das categorias gramaticais pode causar desastrosos resultados, quando se trabalha com o texto na sala de aula. Essa preocupação se deve ao fato de que, mesmo evitando-se apresentar formalmente as classes de palavras, os professores recorrem a elas, ao explicitar, analisar, refletir sobre uma determinada estratégia discursiva, uma determinada construção de sentido dentro do texto.

Conforme aponta Dias (2005: 126),

> No tocante ao estudo das classes gramaticais, nos livros didáticos de tendência inovadora, o reflexo desse problema parece residir na pressuposição da necessidade de um conhecimento de classificação das palavras, mas, ao mesmo tempo, ocorre uma rarefação do espaço dedicado a ela. A pressuposição da necessidade desse conhecimento é seguida pela pressuposição de um conhecimento sobre as classes, conhecimento esse que o aluno deve buscar na gramática tradicional.

Tendo isso em vista, parece que ainda é preciso refletir sobre a questão do ensino das classes, na tentativa de encontrar um caminho alternativo que vise ao equilíbrio entre as abordagens muito conservadoras ou muito inovadoras. Nesse sentido, acreditamos que esse caminho deva oferecer, de um lado, uma perspectiva que leve em conta o trabalho com os gêneros textuais e, de outro, uma alternativa mais satisfatória para o estabelecimento de categorias gramaticais coerentes com a moldura multifacetada da língua em uso.

Deste modo, uma proposta alternativa deve levar em conta o estudo da gramática – como ferramenta de construção e compreensão textuais, na busca de reflexão e conscientização das categorias que a caracterizam – e o estudo do texto, no sentido de uma gramática contextualizada, em que se possa refletir sobre a língua a partir de produções textuais reais. Portanto, a proposta deve incluir uma reflexão que envolva diferentes níveis da análise linguística, desde as microconstruções gramaticais até as macroestruturas textuais.

Nas seções que seguem, apresentaremos nossa proposta, com a finalidade de, seguindo as recomendações expostas, contribuir para a discussão em torno do ensino de classes. Por ora, passemos ao segundo questionamento, colocado antes, sobre a problemática de *Como classificar?*.

Parece haver uma tendência geral nos livros didáticos de se classificar elementos a partir de categorias com definições preestabelecidas a partir de um ou mais critérios, que nem sempre são esclarecidos no corpo do texto. Quando tomamos a língua para uma análise descritiva, por exemplo, encaramos a árdua tarefa de categorizar seus objetos, suas unidades, ou seja, de agrupar seus elementos em conjuntos distribuídos por compartilhamento de propriedades comuns.

Sobre isso, a questão que se coloca é: quais seriam as propriedades necessárias e suficientes que caracterizam cada uma das classes, para dar conta do trabalho, em sala de aula, com produções textuais reais, orientadas pelo uso dos gêneros textuais na escola? Nesse ponto de vista, parece que a necessidade taxonômica é cara à descrição linguística.

A necessidade de classificação revela a perspectiva por meio da qual reconhecemos elementos da língua que apresentam comportamentos afins dentro do sistema gramatical. Por exemplo, quando definimos morfema como a unidade morfológica mínima de forma e sentido, revelamos a escolha de dividir as palavras em unidades menores, que se distinguem funcionalmente em um dado sistema linguístico. A partir dessa escolha, novas subclassificações surgiram, como, por exemplo, a dos morfemas classificatórios, dos morfemas derivacionais, flexionais etc. Mas de quantas classes e subclasses uma gramática precisa para ser satisfatoriamente descrita e utilizada como ferramenta de reflexão no estudo do texto? Parece que a cada texto surgirão novas classes e quanto mais classes, mais subclasses delas decorrerão. Sugere-se, portanto, que uma proposta de abordagem das classes de palavras na escola evite a criação de um número excessivo de categorias, mas, dentro da uniformidade, preveja a diversidade do uso.

Um exemplo de como são problemáticas as tentativas de definição que buscam abarcar todos os usos (incluindo aqueles já utilizados e os ainda por vir) de uma língua, saindo das classes de palavras e nos voltando rapidamente às funções sintáticas, é a discussão clássica em torno de como definir de forma mais abrangente e, portanto, adequada, o conjunto dos elementos que funcionam como *sujeito* da sentença.

Vejamos a fragilidade dessa tentativa, levando-se em conta duas das mais conhecidas definições de sujeito encontradas em gramáticas e livros didáticos de língua portuguesa:

(i) O sujeito é aquele que pratica a ação.

(ii) O sujeito é o termo sobre o qual se diz alguma coisa.

Em (i), vemos uma definição que abarca exemplos como *Pedro assaltou o banco*; *Juliana come banana todos os dias*; *Maria saiu de casa cedo* etc., mas que não resiste diante de casos como *Marcos levou um tiro*; *Marina ama festas juninas* etc. *Assaltar*, *comer* e *sair* são verbos de ação praticados pelos sujeitos das sentenças, respectivamente *Pedro*, *Juliana* e *Maria*. Porém, *levar um tiro* foi uma situação experienciada por *Marcos* e *amar*, neste caso, está longe de ser uma ação.

Em (ii), poderíamos dizer que a definição abarcaria os casos expostos; afinal, sendo agentes ou experienciadores, os predicados diriam, de fato, algo sobre o sujeito em cada uma daquelas frases. Mas, o que dizer da sentença *No Canadá, neva todo ano?* Nesse exemplo, observamos que *nevar* é um verbo que indica fenômeno da natureza e que, portanto, embora estejamos falando do Canadá, este não poderia ser classificado como sujeito, pertencendo a outra classe, a dos adjuntos adverbiais de lugar.

Nesse sentido, Perini (2000: 16) afirma que

> Isso exemplifica uma contradição bastante clara entre a definição explícita de sujeito e a prática de identificação de sujeitos tal como se encontra quando da análise de casos concretos. Tais contradições são, em geral, toleradas, e mesmo ignoradas, por aqueles que trabalham como a GT.

Fazendo essas considerações, já podemos perceber que definir *sujeito* é uma tarefa problemática para professores e estudiosos de Língua Portuguesa. Mas se uma única função sintática pode causar tantos transtornos na tentativa de defini-la, podemos supor o quão desafiante é a tarefa de estabelecer as classes de palavras.

As classes de palavras são comumente uma pedra no sapato de professores e alunos das escolas brasileiras, nas aulas de português. Isso porque, embora a categorização, como processo mental, seja natural para o ser humano, o estabelecimento das propriedades que tornam uma categoria única parece sempre ser insuficiente para abranger a diversidade estilística da língua.

O caso clássico que utilizaremos neste momento, para ilustrar os desafios lançados no processo de agrupamento de unidades linguísticas, é o que envolve a classe dos adjetivos e substantivos e já muito comentado em diferentes textos que tratam de ensino de português. O substantivo é geralmente apresentado como algo próximo de *o termo que dá nome aos seres*, e os adjetivos, de *o termo que expressa uma qualidade dos seres*. Essas duas apresentações podem ser perfeitamente adequadas, respectivamente, nos seguintes exemplos:

(i) O *menino* saiu.

(ii) A casa está *linda*.

A partir das definições estabelecidas, temos que, em (i), o ser, *menino*, está em *itálico* por ser um exemplo prototípico de substantivo e, em (ii), a qualidade *linda* está em *itálico*, por representar prototipicamente a classe dos adjetivos. Embora as definições pareçam muito claras e abrangentes, parecem frágeis quanto à sua aplicabilidade diante dos exemplos a seguir:

(i) O homem *velho* é um sábio.

(ii) Os *velhos* do Brasil vivem cada vez mais.

Comparando os dois exemplos, podemos perceber que a palavra *velho*, tradicionalmente classificada como membro da categoria dos adjetivos, atende, de modo esperado, a definição sugerida para a classe. Por outro lado, essa mesma palavra, em outro contexto de uso, já se afasta do típico exemplo de adjetivo e passa a vigorar na classe dos substantivos. Aparentemente, o critério semântico utilizado na definição dessas classes não conseguiu impedir que, diante de outro critério – funcional –, o termo *velho* pudesse ser classificado ora como substantivo, ora como adjetivo.

Ainda falando de substantivos e adjetivos, Perini (2006) propõe que se estabeleça uma nova classe, a saber, a dos ambivalentes, que incorporaria aqueles nomes que tanto podem funcionar como adjetivo quanto como substantivos. A princípio, essa parece ser uma ótima saída para resolver a questão. Mas, façamos dessa saída um gatilho para outras discussões, como as que estão expostas nos termos a seguir:

(i) Quais seriam os critérios adotados para esclarecer ao aluno o que caracteriza uma classe de palavras?

(ii) Será que a criação de novas categorias, no caso, a dos ambivalentes, em vez de resolver a questão, não encarece ainda mais o nosso já pesado rol de classes de palavras? Mais ainda, será que novos contextos não suscitarão a criação de cada vez mais classes e subclasses, como mencionado anteriormente, até que se caminhe para uma eventual relação biunívoca palavra-classe?

(iii) A questão seria criar novas categorias que supostamente dariam conta de todos os casos da língua ou admitir que, de um lado, os mesmos elementos podem transitar entre as diversas classes, dependendo do contexto, e, de outro, que as categorias abarcam *propriedades-referência da classe*, mas não as características necessárias e suficientes reconhecíveis em todos os elementos classificados como tal, em todos os contextos de uso?

Sobre o exposto em (i), Pinilla (2011) apresenta uma interessante tabela em que as classes de palavras são listadas e expressamente caracterizadas a partir de três critérios: funcional, mórfico e semântico. Com isso, teríamos uma solução coerente, em que os contextos de uso não requereriam um critério diferente daquele que o livro didático apresenta – inferido da doutrina implícita (Perini, 2000) – para que os elementos fossem enquadrados em classes, como o que ocorreu com os usos de *velho*, em que o critério semântico, definidor da classe, foi insuficiente para dar conta de outros contextos em que a palavra aparece, e foi necessário, implicitamente, recorrer ao critério funcional para reconhecer que, na sentença *Os velhos do Brasil vivem cada vez mais*, *velho* é um substantivo.

Já a respeito do que é tratado em (ii), parece que, embora a criação de novas classes e subclasses seja um procedimento arriscado, por não podermos controlar seus limites com precisão, esse procedimento, de certa forma, já vem sendo considerado nos livros, quando falamos em formas nominais do verbo, em adjetivos adverbializados, em substantivização de verbos etc. Assim, em alguma medida, já é perpetuado esse teste de criação de classes mistas extraoficialmente.

Quanto a (iii), acreditamos haver a necessidade de se estabelecer uma proposta de ensino na qual as classes de palavras sejam apresentadas de modo a não excluir o uso da língua, e sim absorver a diversidade de usos que os gêneros textuais naturalmente oferecerão ao longo do trabalho com a gramática aplicada ao texto. Propomos, assim, que o modo de se categorizar elementos seja repensado, no lugar de constantemente se redesenhar o conjunto de categorias e subcategorias.

A partir dessas reflexões, segue, nas próximas seções, a nossa proposta de ensino de classes de palavras, a qual, esperamos, possa contribuir, em alguma medida, para este rico debate.

DIANTE DO EXPOSTO, O QUE FAZER?

Como se viu anteriormente, toda e qualquer proposta de classificação das formas linguísticas se mostra positiva, em muitos aspectos, e também está sujeita a críticas, mas é importante levar essas considerações à busca de uma alternativa de equilíbrio para a manutenção do estudo da metalinguagem em sala, especialmente com vistas a uma abordagem reflexiva da gramática e de instrumentalização do aluno para o trabalho consciente com o texto, seja como produtor ou leitor.

Entendemos que desenvolver no aluno a capacidade analítica em relação aos fatos da língua está intrinsecamente relacionado à formação de um leitor mais perspicaz e de um escritor mais eficiente, no sentido de ele conhecer bem sua ferramenta de trabalho. A proposta, então, se pautará mais na reflexão em torno das classes e na sua relação com o texto e menos no enquadramento das formas linguísticas do uso em categorias gramaticais estanques predefinidas sobre este ou aquele critério, ainda que bem esclarecido ao aluno, às quais os usos acabam, em muitos casos, por ter forçosamente de se enquadrar.

Reconhecemos a importância de se esclarecerem e de se unificarem os critérios a serem tomados para a delimitação de uma determinada classe de palavras. Por outro lado, pretendemos, em alguma medida, abandonar a delimitação de categorias estanques, substituindo-as por outra proposta de categorização, a saber, aquela em que a categoria se organiza nos moldes de uma estrutura radial (Lakoff, 1990).

Uma categoria radial se constitui em torno de um membro central, que reuniria um conjunto de propriedades a ela tipicamente relacionadas. Esse membro central corresponde a uma ideia/referência mais abstrata do que seria o uso prototípico de uma dada categoria, ou seja, não se resume a uma palavra da língua, mas a todas as formas que apresentem correspondência máxima com as propriedades referidas. Nesse sentido, reconhecemos que a língua produzida em situações reais de comunicação provê várias formas que, ainda que sejam enquadradas na categoria em questão, podem se afastar mais ou menos do que seria um elemento que mais facilmente se tomaria como centro da categoria.

Assim, entendemos que o professor, em sala de aula, deve apresentar um conjunto de características que são atribuíveis, por exemplo, à classe dos advérbios, à classe dos verbos etc., e que podem incluir os critérios funcional, morfológico e semântico comentados em Pinilla (2011), sem, entretanto, perder de vista o fato de que esse conjunto de características é o que melhor define o exemplo mais típico de membro daquela classe, mas que nem todos os membros compartilharão de todas as características previstas. Essas estariam relacionadas maximamente, como já foi dito, ao membro mais central e poderiam se aproximar ou se afastar dele, dependendo do contexto de uso.

Acreditamos que a vantagem de se trabalhar com as categorias radiais, ou seja, em torno de uma ideia de membro central, é já prever que os demais membros da categoria poderão ou não se enquadrar perfeitamente na descrição apresentada. Partir dessa concepção de categoria aplicada ao ensino é oferecer ao aluno um conjunto de propriedades regulares relativas a construtos teóricos como as classes de palavras, assim como reconhecer que a realidade linguística se molda sempre em função do contexto e que aprisioná-la em classes muito fortemente delimitadas, por vezes, pode ser, para fins didáticos, um contrassenso.

Segundo Bybee (2010), o membro mais central da categoria (no nosso caso, de uma determinada categoria gramatical) está diretamente relacionado com aqueles usos que mais frequentemente são nela enquadrados. No caso de uma categoria gramatical como a do advérbio, por exemplo, entendemos que o membro mais central é aquele que mais frequentemente, em termos de seus potenciais contextos de uso, apresentam as características entendidas como tipicamente relacionadas à classe dos advérbios. Os membros menos centrais seriam, portanto, aqueles que compartilham com o protótipo de advérbio um número de características gradativamente menor. Parece ser razoável propor a aplicabilidade de categorias radiais ao estudo da gramática a serviço do texto. Afinal, se nem todas as cadeiras são iguais, nem todos os cachorros são iguais, nem mesmo os seres humanos, por que criar a expectativa de que palavras enquadradas em determinados construtos teóricos gramaticais deveriam ser?

Argumentamos, então, em favor de, por um lado, se trabalhar com categorias radiais; por outro, de se considerar como propriedades tipicamente atribuídas ao protótipo não apenas aquelas obtidas a partir dos critérios morfológico, semântico e funcional, mas também da dimensão textual em que um elemento é produzido e a partir da qual ele é classificado.

Acreditamos que trabalhar com uma gramática a serviço do texto é considerar o texto *critério* para redefinirmos as próprias classes de palavras, ou melhor, para redefinirmos as propriedades atribuídas aos elementos que assumirão uma posição central dentro de uma classe de palavras. E se considerarmos a frequência de uso como um fator que interfere no reconhecimento de um elemento como central em uma categoria (influenciando na própria delimitação da categoria, já que uso e teoria se confundem, nesse caso), temos de considerar que uma determinada palavra na língua tende a pertencer mais frequentemente a uma classe de palavras, que essa classe tende a aparecer em um determinado contexto sintático, que esse contexto sintático está relacionado de forma congruente a uma determinada sequência tipológica e que essa sequência tipológica (em termos do tipo de texto) tende a aparecer mais frequentemente em gêneros textuais específicos. Portanto, determinar o conjunto de propriedades centrais de uma classe perpassa todos esses níveis de análise linguística.

Apenas para ilustrar o que acabamos de mencionar, poderíamos retomar o caso dos adjetivos e, assim, postular que o elemento que representa mais centralmente a categoria de adjetivo é aquele que expressa uma qualidade, que apresenta variação em gênero, número e grau e que funciona como elemento modificador de um núcleo nominal expresso. Além dessas propriedades, poderíamos adicionar as daqueles elementos que aparecem normalmente em posição pós-escopo nominal dentro do sintagma, que, supostamente, são mais recorrentes em sequências tipológicas descritivas e que, portanto, também vão coerentemente aparecer mais em gêneros textuais que mais abundantemente apresentam essas sequências.

Assim, poderíamos ter usos bem prototípicos de adjetivos, quando apresentam todas as propriedades de nível micro e macrotextual descritas anteriormente, e usos que vão aos poucos se distanciando do protótipo, ou por não ocorrerem na tipologia textual esperada, ou por não expressarem qualidade, ou por não se mostrarem como modificadores de um núcleo nominal expresso, ou, ainda, por não apresentarem mais de uma das propriedades descritas anteriormente.

No caso de advérbios, se tomarmos aqueles de cunho mais qualitativo como exemplo (o que será retomado, mais detalhadamente, adiante), o elemento mais central da categoria seria aquele que aparece em posição pós-verbal, que modifica o verbo, expressando como se dá a ação, e que é formado com o acréscimo do sufixo *-mente* à base adjetival. O menos prototípico seria aquele que ocorre em posição pré-verbal (ou pré-oracional), mais afastado do verbo, que parece não estar tão conectado semanticamente a ele, que expressa outros valores, como de avaliação, e não exatamente o modo como se dá a ação, que ocorre em sequências tipológicas argumentativas, e que, por assim ser, aparecerá mais frequentemente nos gêneros textuais que privilegiem tais sequências.

O uso da língua é variado e, portanto, conforme explicitado anteriormente, os elementos nem sempre se encaixarão perfeitamente dentro de categorias analíticas definidas, ainda que essas categorias cubram uma grande parte dos dados. O que estamos defendendo aqui se pauta pelos seguintes princípios, já amplamente considerados na literatura linguística e que procuram resumir alguns tópicos que foram expostos:

(i) O princípio de que as categorias se organizam, de forma radial, em torno de um protótipo, que se realiza por meio de elementos que se enquadram como membros mais centrais e que, sendo assim, assume-se que os elementos de uso, em suas variadas formas, se afastam e se aproximam mais e menos do centro;

(ii) O princípio de que o estudo da gramática deve levar em conta a relação entre estrutura linguística e texto, entendendo que há um trabalho de conscientização a ser feito acerca das ferramentas da linguagem, do uso das formas linguísticas a serviço da produção e compreensão textuais.

Acreditamos, então, que uma proposta de utilização de categoriais radiais, bem como o entendimento de que a descrição das categorias gramaticais prototípicas apresenta relação direta com a frequência com que determinados elementos se apresentam no uso como membros dessa categoria são importantes para o trabalho em ambiente escolar. Além disso, postular que essa frequência reflete uma congregação de condições micro e macroestruturais de favorecimento de ocorrência desses elementos em determinados contextos acrescenta à proposta uma aproximação com o trabalho com os gêneros em sala de aula, colocando-a em um espaço coerente com os PCN de Língua Portuguesa.

A seguir, essas ideias serão retomadas, a partir de um estudo de caso: o dos advérbios terminados em *-mente*.

O caso dos advérbios modais terminados em *-mente*

Vários autores já tentaram definir e classificar os advérbios de um modo geral. Entretanto, as propostas apresentadas são limitadas, pois não levam em conta as diferentes características desses elementos. Além disso, não tratam de questões como ordem e gênero textual, que, conforme já falamos aqui, também têm importante papel se se pretende compreender essa classe não como uma classe fechada, com critérios bem definidos, mas como uma classe estabelecida em torno de um elemento central, que prototipicamente a representaria. Sendo assim, essa proposta inclui também os elementos que não apresentam todas as propriedades tipicamente atribuídas à classe dos advérbios, mas ainda assim pertencem a ela. E, embora tenhamos recortado uma subclasse dos advérbios para ilustrar a nossa proposta, acreditamos que ela é válida, uma vez que expomos o resultado de uma reflexão preliminar, que consideramos aplicável a todas as classes comumente estudadas em ambiente escolar.

Assumimos, com Travaglia (2004: 115), que "o trabalho com a língua devia ser estruturado a partir dos gêneros (entendidos como categorias distintas de textos) e em torno deles" e propomos que esses itens linguísticos sejam observados, definidos, caracterizados e trabalhados a partir de e com finalidade nos textos. Nesse sentido, observaremos os contextos linguísticos em que os itens dessa classe podem se ancorar.

Pinilla (2011: 180), em seu artigo sobre classes de palavras, observa que "a maioria dos autores privilegia o critério semântico na classificação, que, isoladamente, não é suficiente para estabelecer as oposições entre as classes" e reconhece que o critério funcional também tem validade para caracterizar cada classe, conforme propõe Perini (2006). Contudo, afirma que, para estabelecer, com mais segurança, as diferenças entre as classes, prefere utilizar uma combinação de critérios: o mórfico, o funcional e o semântico. Por outro lado, Pinilla (2011: 180) admite que "um ensino mais produtivo da língua está vinculado ao conhecimento de como cada classe atua na organização e na produção de textos" e "o estudo das classes deveria contribuir para ampliar a expressão oral e escrita do aluno". Procuraremos, aqui, levar a efeito essa proposta de integração texto-gramática-texto. Nessa perspectiva, acreditamos que a categoria do texto, nos termos de Travaglia (2004), influencia o uso dos elementos gramaticais, uma vez que esses são a ferramenta de apoio para a produção e para a interpretação daquele.

OS ADVÉRBIOS SEGUNDO A TRADIÇÃO GRAMATICAL

As gramáticas tradicionais de cunho normativo, em geral, restringem-se a definir os advérbios, relacionando-os a uma propriedade de modificar o verbo, o adjetivo, o próprio advérbio, exprimindo uma circunstância. Poucos autores, como Cunha e Cintra (1985) e Bechara (1999), afirmam que os advérbios também podem modificar toda a oração. Cunha e Cintra parecem fazer tal afirmação com base na Norma Gramatical Portuguesa (NGP) (conforme nota dos autores na p. 530). Eles admitem também que palavras com funções diferentes foram incluídas indevidamente na classe dos advérbios, e que alguns linguistas já analisaram algumas dessas funções e propuseram novas classificações. Ainda assim, esses autores seguem a classificação da Nomenclatura Gramatical Brasileira (NGB), cuja proposta é bastante limitada: advérbios de afirmação; dúvida; intensidade; lugar; modo; negação; tempo. Há, ainda, os advérbios de ordem, os de exclusão e os de designação, assim denominados pela NGP, mas sem nenhum rótulo específico da NGB. Cunha e Cintra (1985) os classificam de palavras denotativas.

Quanto à ordem, Cunha e Cintra (1985), ao lado de Bechara (1999), são os únicos autores tradicionais que se pronunciam, ainda que superficialmente, a esse respeito, afirmando que os advérbios de modo colocam-se geralmente após o verbo e que os advérbios que modificam a oração inteira "vêm geralmente destacados no início ou no fim da oração, de cujos termos se separam por uma pausa nítida, marcada na escrita por vírgula" (p. 530).

Rocha Lima (1991) traz uma interpretação diferente para palavras como *quase* e *mais ou menos*. Ele as denomina *palavras de avaliação*, por terem como escopo toda a frase e não só o verbo, enquanto Cunha e Cintra (1985) classificaram esses mesmos itens de advérbios de intensidade. Rocha Lima (1991) inclui também aí alguns advérbios de modo. Segundo ele, essas palavras e locuções têm como escopo toda a frase, e não só o verbo, e expressam uma avaliação do falante. Ele exemplifica com: "*Felizmente* não choveu." (p. 177)

Bechara (1999), bem como Cunha e Cintra (1985), considera que o advérbio também pode se referir a uma declaração inteira, expressando, nesse último caso, uma avaliação do falante. Assim, o advérbio de oração tem a função, segundo esse autor, de "cláusula comentário"

(p. 288). O "comentário" se opõe, no nível da cláusula, ao "comentado". O "comentado" diz respeito ao fato, enquanto o "comentário" diz respeito à avaliação do conteúdo do que é dito.

Bechara registrou, também, uma função percebida e comentada por gramáticos históricos como Carneiro Ribeiro (1956), qual seja, a de modificador de substantivo quando este é interpretado como qualidade que o substantivo apresenta, e reproduz o seguinte exemplo: "Gonçalves Dias é *verdadeiramente* poeta".

Já no capítulo sobre formação de palavras, Bechara (1999) reduz a três as classes em que os advérbios podem se inserir, de acordo com a ideia que o adjetivo formador expressa:

a) qualidade – ele exemplifica com *claramente, sinceramente, simplesmente, horrivelmente;*
b) quantidade ou medida – exemplos: *copiosamente, imensamente, enormemente;*
c) relação de tempo e lugar – exemplos: *primeiramente, anteriormente, atualmente.*

Bechara (1999) afirma que alguns advérbios passam a substituir ou retomar unidades do discurso. Ex.: "Tu não foste escolhido? – *Também.*" (p. 292)

Da mesma forma, os advérbios que seguem a trajetória do valor semântico mais concreto ao valor mais abstrato, i.e., advérbios "que exprimem relações ligadas ao sentido do discurso [...] retomam 'estados de coisas' designados ou intuídos anteriormente" (p. 292). Ex.: "*De fato* nós saímos cedo".

Ainda segundo Bechara, os advérbios em *-mente* podem migrar do nível da palavra para o nível da cláusula e, em seguida, passar ao nível da oração ou do texto, como mostram, respectivamente, os exemplos do autor reproduzidos a seguir:

"*Certamente!*"
"*Certamente* ela não virá hoje." (p. 293)

Quanto à ordenação dos advérbios na sentença, o autor afirma que esses elementos não se referem apenas ao verbo, podendo assim aparecer em várias posições. Considera que a melhor proposta é a de Llorach: o analista deve ater-se "às relações que cada advérbio contrai dentro do enunciado, quer no seu papel primário de adjacente circunstancial, quer por sua combinação com outras unidades no interior de um grupo nominal unitário" (Bechara, 1999: 290). Conforme analisa Martelotta (2000), essa é a posição tomada por muitos trabalhos de base funcionalista, em que a colocação dos advérbios está relacionada ao seu funcionamento no enunciado.

Vejamos, através desta tabela comparativa, um resumo das propostas de classificação apresentadas até aqui:

Cunha e Cintra (1985)	Rocha Lima (1991)	Bechara (1999)
Lugar	Lugar	Lugar
Tempo	Tempo	Tempo
Intensidade	Intensidade	Quantidade ou medida
Modo	Modo	Qualidade
Negação	-	-
Afirmação	-	-
Dúvida	Dúvida	-
Palavras denotativas (ordem, exclusão e designação)	-	-

Tabela 1 – Propostas de classificação dos advérbios pelos autores tradicionais.

As propostas anteriores definem de forma vaga o advérbio, visto que outras classes de palavras também funcionam como modificadores, e, em alguns casos, não é possível afirmar com toda a certeza qual constituinte da oração o advérbio está modificando, e se está modificando apenas um constituinte, pois esse elemento tem apresentado uma variedade de ordenações, as quais praticamente têm sido ignoradas pelos autores tradicionais.

Os advérbios nos estudos de orientação linguística

Buscamos trabalhos de orientação linguística que apresentassem um aprofundamento no estudo da classe dos advérbios, contribuindo para uma maior compreensão desses elementos. Destacamos os dos seguintes autores: Macambira (1974), que tenta definir o advérbio sob três aspectos (o mórfico, o sintático e o semântico), embora a definição proposta por ele em cada aspecto não englobe satisfatoriamente os elementos da classe; Câmara Jr. (1975: 124), que destaca a "mobilidade semântica e funcional" dos advérbios, principalmente os temporais como *antes* e *depois*, que incorporam novos sentidos e usos. Contudo, Câmara Júnior acredita que essa mobilidade não seja extensiva a todos os advérbios em *–mente*, o que não é confirmado em vários trabalhos, como Moraes Pinto (2003; 2008); Mattos e Silva (1989: 476), que observou que elementos como *somente* e *primeiramente* não se referem ao verbo e *certamente* e *verdadeiramente* "parecem modalizadores que marcam uma relação particular entre o enunciado e o seu sujeito e têm uma distribuição marcadamente independente". Entretanto, a autora também se deparou, em *corpus* do português arcaico, com ocorrências dos advérbios *certamente* e *verdadeiramente* qualificando o verbo. Em relação à ordem, observou que, de modo geral, os advérbios qualificadores de verbo aparecem, preferencialmente, após o verbo ou após o complemento verbal. Afirma, ainda, que os advérbios modalizadores preferem a posição pré-verbal. Sugerimos, ainda, Castilho (1999), Martelotta (2000) e Ilari et al. (1990), sendo esses dois últimos os que serão retomados aqui.

Martelotta (2000) critica o uso de um termo que frequentemente tem sido associado à definição de advérbio: *circunstância*. A crítica está no fato de os autores não o definirem. Martelotta (2000), então, procura fazê-lo postulando que tal conceito deve ser explicado em termos de um *continuum* de abstração, em que a noção de circunstância seja compreendida em uma concepção flexível que se molda às necessidades comunicativas. Por isso ocorre que um mesmo item adverbial seja classificado sob o rótulo de diferentes tipos de advérbios. Os advérbios qualitativos, por exemplo, exprimem circunstâncias de modo, que podem se ajustar ao contexto interacional e assumir funções ligadas à modalização da oração. Na verdade, os advérbios qualitativos e modalizadores, por exemplo, podem constituir duas faces (ou mais) de uma rede polissêmica. Nem sempre é possível estabelecer fronteiras nítidas para o advérbio. Por isso, é interessante trabalhar-se com a noção de prototipicalidade, pois, dentro de um *continuum* semântico, existem elementos que têm as "características-modelo" da categoria e aqueles que ficam nos limites entre classes.

Ilari et al. (1990) classificaram os advérbios em não predicativos (somente acrescentam circunstâncias (de tempo ou de lugar) ou ideia de inclusão/exclusão ou focalização. Ex.: *lá, não, inclusive* etc.) e predicativos (atribuem ação ou propriedade ao sujeito da oração). Os predicativos foram divididos em: a) intensificadores; b) aspectualizadores (referem-se a noções de tempo, indicando a frequência de uma ação. Ex.: "[o pai] não se desloca a um campo de futebol para levar o menino, então *geralmente* ele vai com um tio." / "*Diariamente*, quase que diariamente, eles chegam atrasados."); c) qualitativos (os tradicionais advérbios de modo; remetem ao sentido do verbo e a como a ação foi praticada). Bomfim (1988: 9) defende que estes são "os mais legítimos representantes da classe dos advérbios"; d) modalizadores.

Quanto aos modalizadores, Moraes Pinto (2003) propõe, com base em Ilari et al., uma classificação para os modalizadores, dividindo-os, segundo as diferentes maneiras, como:

1) avaliam o conteúdo expresso na sentença:
   a) com grau de certeza racional (Ex.: *Realmente* a escola não era boa. / *Provavelmente* ele não virá mais.);
   b) com base em uma sensação, emoção ou estado de espírito do falante diante do que diz (Ex.: *Infelizmente* ele foi demitido.).
2) expressam uma postura comunicativa do falante/autor em relação ao que fala (Ex.: *Sinceramente*, vejo um futuro melhor para esse país.).
3) restringem o ponto de vista sob o qual o conteúdo da asserção é válido/ verdadeiro (Ex.: A construção não é *tecnicamente* viável./ *Linguisticamente* falando, esse assunto tem relevância.).
4) referem-se à forma do texto, estabelecendo relação lógica entre suas partes e organizando-o (Ex.: *Primeiramente* mostrarei a visão histórica do assunto. / *Finalmente* conseguimos parar o carro.)

Alguns advérbios podem ter mais de uma classificação dependendo do contexto em que aparecem. Parece ser o caso, por exemplo, de:

1) *Logicamente: Logicamente* que se o país não cresce, haverá desemprego. (modalizador) / Vamos tentar pensar *logicamente* (qualitativo).
2) *Fatalmente:* Se eu tivesse que pagar a faculdade, *fatalmente* eu não estaria. (*Corpus Discurso & Gramática*) (modalizador) / Ele acidentou-se *fatalmente.* (qualitativo).

Isso ocorre também com outros advérbios que, geralmente, têm um uso qualitativo e um uso modalizador. Estudos como os de Moraes Pinto (2003; 2008) apontam para uma possível origem dos usos de alguns advérbios modalizadores em advérbios qualitativos.

Em termos do escopo a que se aplicam, Ilari et al. (1990) dividiram os advérbios em sentenciais ou de constituinte. No que tange à ordem, Ilari et al. (1990) afirmam que, à primeira vista, os advérbios aparentam uma liberdade de colocação, mas, na verdade, existe uma regularidade de usos. Segundo eles, a classificação do advérbio influi em sua ordenação, i.e., cada tipo de advérbio tem uma ou mais posições específicas. Segundo eles, a posição dos advérbios qualitativos é próxima ao verbo, em geral após este, já os advérbios modalizadores geralmente ocorrem no início ou no final da sentença e, tradicionalmente, são classificados como advérbios de afirmação e dúvida. Exs.: *Certamente* ele virá / *Provavelmente* a loja não abrirá amanhã.

Os advérbios nos livros didáticos e propostas de ensino

Como podemos notar na tabela adiante, os livros didáticos procuram seguir a orientação da NGB e das gramáticas tradicionais quanto à classificação dos advérbios (lugar, tempo, intensidade, modo, negação, afirmação e dúvida). Apenas Sarmento (2006) e Cereja e Magalhães (2005) sugerem mais uma classificação: meio e/ou instrumento.

Sarmento (2006)	Cereja e Magalhães (2005)	Terra e Cavalete (2002)	Ferreira (2002)
Lugar	Lugar	Lugar	Lugar
Tempo	Tempo	Tempo	Tempo
Intensidade	Intensidade	Intensidade	Intensidade
Modo	Modo	Modo	Modo
Negação	Negação	Negação	Negação
Afirmação	Afirmação	Afirmação	Afirmação
Dúvida	Dúvida	Dúvida	Dúvida
Instrumento	Meio ou instrumento		

Tabela 2 – Propostas de classificação dos advérbios por alguns autores de livros didáticos

As propostas, nos livros didáticos, para trabalhar os advérbios são, geralmente, bem semelhantes. Todos os livros analisados recorrem à leitura de um texto antes de apresentar o conceito de advérbio. O fato de oferecerem um texto e tentarem relacionar o conteúdo gramatical a ele demonstra que os autores têm se esforçado, embora não logrando muito êxito, em atender às orientações curriculares propostas pelos PCN de Língua Portuguesa de ensinar conceitos gramaticais com base no texto. A questão é que os PCN recomendam que se trabalhem a compreensão e a produção de textos usando a atividade metalinguística somente como instrumento para discutir aspectos da língua, mas, conforme veremos a seguir, os livros didáticos continuam reproduzindo os pontos de gramática, ignorando aspectos que deveriam ser tratados para sanar as necessidades dos alunos nas atividades de interpretação e produção de textos.

A categoria de texto mais utilizada nos livros didáticos para a apresentação do conteúdo de advérbios é a tira de jornal[1], o que é questionável, tendo em vista a necessidade de diversificação dos gêneros textuais para que se possam trabalhar diferentes conteúdos e para que o aluno possa desenvolver a linguagem, produzindo diferentes tipos de texto. Além disso, esse é um gênero muito limitado para tratar dos advérbios, particularmente, tanto do ponto de vista quantitativo, pois as tiras são muito objetivas e possuem pouco material linguístico, quanto qualitativo, pois, com pouco material linguístico, dificilmente poderemos ilustrar o uso de mais de um tipo de advérbio em uma única tira, tornando, assim, o uso da tira praticamente infrutífero e forçando e enfatizando uma apresentação tradicional e descontextualizada do conteúdo gramatical. Ainda, provavelmente as tiras não são o gênero em que mais utilizamos e, consequentemente, em que melhor possamos observar os advérbios.

Após a leitura da tira, são utilizados os seguintes recursos: perguntas gerais de interpretação e específicas sobre os itens/expressões adverbiais que indicam determinadas circunstâncias (em geral, as mais comuns e que entram na classificação dos autores: tempo e lugar); atividade em que o aluno deve explicar/apontar, em frases que não estão no texto, ou seja, descontextualizadas, a circunstância que os advérbios/locuções adverbiais destacados expressam. Em alguns livros, encontramos, ainda, as seguintes atividades: exercícios de substituição de um advérbio por outro ou exercícios de lacunas em que o aluno tem de completar com a circunstância indicada; exercícios em que o aluno tem que indicar as classes gramaticais de uma mesma palavra em diferentes frases. Alguns livros tratam do advérbio em *-mente* apenas quando falam de locução adverbial e, frequentemente, traduzem-no por meio dela, propondo isso também como exercício.

A proposta de Cereja e Magalhães (2005) é a que melhor se aproxima das orientações curriculares por, entre outras coisas, apresentar alguns aspectos dos advérbios não considerados nos demais didáticos, mostrando, assim, certo avanço no tratamento desses elementos e levando à elaboração de algumas atividades interessantes do ponto de vista da produção de textos. O professor tem, aí, um bom ponto de partida para elaborar outras atividades de compreensão e produção textual como sugerido nos PCN: baseando-se na reflexão do aluno para fazê-lo atingir o conhecimento gramatical. Por outro lado, como também pauta-se na gramática tradicional para definir e classificar os advérbios, com frequência não exibe os usos efetivos desses elementos.

Em seu livro de 2008, embora se tratando de uma gramática, e não de um livro-texto, Cereja e Magalhães apresentam uma tira e desenvolvem a interpretação nos moldes dos outros autores de livros didáticos[2]. Eles chamam essa fase de "construindo o conceito". Após a leitura da tira, são feitas perguntas de compreensão do texto e outras sobre os itens/expressões adverbiais que indicam as circunstâncias de tempo, lugar e modo. Ainda nessa fase de construção do conceito de advérbio, os autores propõem um exercício interessante em que a cena da tira é narrada num texto com lacunas, dado pelos autores, e o aluno deve completar essas lacunas com as "indicações de sentido", dando "coerência à história" (palavras dos autores). Apesar de o aluno não produzir o texto integralmente, ele participa da produção com base na tira. A proposta parece atender aos objetivos da obra, pois, em se tratando de uma gramática de apoio ao livro didático, teoricamente, não precisaria incluir produção de texto. Entretanto, é, como se intitula, uma gramática *reflexiva* e, nesse sentido, vai além de uma gramática usual, que apenas apresenta os conteúdos gramaticais, e até mesmo supera a didática de certos livros-texto.

Após a construção do conceito, vem a conceituação propriamente dita. Nessa fase, como se vê na metodologia tradicional, Cereja e Magalhães (2008) definem, classificam e exemplificam os vários elementos dessa classe. Aqui, chegamos a alguns dos pontos que as gramáticas tradicionais não esclarecem e, consequentemente, os livros didáticos, que as tomam como referência, acabam reproduzindo: o conceito de advérbio e sua classificação.

O conceito de advérbio, conforme notado por Martelotta (2000), é definido em termos de "*circunstâncias* em que se dá a ação verbal" (Cereja e Magalhães, 2008: 46; grifo nosso) e a definição de *circunstância* é dada com referência à classificação dos advérbios ("noção de tempo, de lugar, etc."). Existe uma circularidade na definição desse termo que não permite distinguir ou esclarecer o conceito e a classificação desses elementos.

Quanto à classificação, questões mais importantes se apresentam, particularmente em relação aos advérbios em -*mente*. Sem levar em conta os usos reais desses elementos e até mesmo o critério semântico enfatizado pelos próprios autores, observa-se a inclusão de vários itens adverbiais em -*mente* em classificações questionáveis, como, por exemplo, a de advérbios de modo. Os autores afirmam que cabem nesse rótulo "quase todos os advérbios em -*mente*" e dão como modelo os seguintes: "regularmente, gradativamente" etc. Observamos o mesmo critério (apenas morfológico) em vários outros livros, fazendo com que seus autores incorram no mesmo engano, levados pelo paradigma morfológico, e deem exemplos de itens adverbiais em -*mente* que não expressam o modo como se deu a ação verbal, e sim tempo/aspecto, lugar, avaliação do falante e outros. O mesmo ocorreu com os exemplos usados por Terra e Cavallete (2002: 137) para construir e exemplificar o conceito de advérbio e apresentar sua classificação, na frase "pensar *globalmente* e agir *localmente*", em que os autores classificaram os dois itens em destaque como advérbios de modo. Ao construir conceitos gramaticais, deve-se procurar, o máximo possível, utilizar exemplos de elementos centrais da categoria, elementos que têm as características mais prototípicas, deixando para o momento de aprofundamento do conteúdo os exemplos menos prototípicos ou até mesmo ambíguos. No caso dos exemplos anteriores, os dois advérbios exemplificados não possuem as características prototípicas de advérbios de modo. São, no mínimo, ambíguos. Isso mostra que não basta olhar a marca morfológica para analisar os elementos adverbiais em -*mente*, pois eles são complexos.

Terminadas as fases de definição e classificação, Cereja e Magalhães (2008) passam à exercitação. Nessa etapa, os autores propõem outra atividade de produção textual compartilhada e acrescentam um desafio. Eles apresentam um poema com alguns trechos apagados, contextualizam a história e solicitam que se preencham as lacunas de acordo com os sentidos indicados, procurando manter a rima. Esse exercício é interessante porque o aluno é estimulado a controlar diferentes fatores na hora de produzir, o que demanda mais raciocínio e foco na tarefa.

Os autores avançam no ensino dos elementos adverbiais, trazendo um uso muito comum e atual desses itens: o do adjetivo adverbializado. Eles abordam as diferenças entre as duas classes e propõem um exercício de reconhecimento das classes. Em seguida, os autores iniciam uma seção, "o advérbio na construção do texto", mas oferecem apenas textos e exercícios de interpretação, e não de produção. Na seção seguinte, "semântica e discurso", os autores tratam da repetição do sufixo *-mente* em advérbios que aparecem consecutivamente e mostram como evitar a cacofonia.

No capítulo dedicado aos adjuntos adverbiais, Cereja e Magalhães (2008) voltam a esse tema da repetição do sufixo acrescentando que eliminá-la é uma questão de economia linguística. Nesse capítulo, os autores percorrem os mesmos tópicos (construção do conceito, conceituação, exercícios, construção do texto e semântica e discurso), mas em relação à função de adjunto adverbial. A definição permanece, acrescentando apenas que adjunto adverbial é a função sintática das palavras/locuções que expressam circunstância. A classificação é expandida com a introdução de categorias como finalidade, companhia e assunto. Na seção de conceituação, é proposta uma atividade de produção de um bilhete, sem trabalho prévio em relação a essa categoria de texto, em que sejam empregados três tipos de adjuntos adverbiais solicitados. Na seção de construção do texto, após o trabalho de interpretação, propõe-se que o aluno produza o mesmo gênero textual trabalhado na interpretação, a partir da escolha de dois tipos de adjuntos adverbiais que serão usados para reproduzir a técnica da repetição e obter um efeito de sentido. Essa atividade também é bastante interessante por instigar a criatividade do aluno e por mostrar o mecanismo e a finalidade do uso adverbial na produção textual. Na seção "semântica e discurso", os autores trabalham o advérbio "somente", mostrando suas diferentes possibilidades de ordenação e, consequentemente, de focalização de termos na sentença, nos exemplos: *Somente* Carla e André estudaram para a prova / Carla e André estudaram *somente* para a prova / Carla e André *somente* estudaram. Entretanto, lançando mão da gramática tradicional, classifica-se esse item como advérbio de exclusão, o que é contraditório, visto que Carla e André foram os únicos *incluídos* na ação de estudar para a prova, conforme se vê no primeiro exemplo da sequência.

Ao finalizar a seção, os autores tratam do advérbio *felizmente*. Classificam-no de advérbio de modo que expressa opinião. Acrescentam, sem explicar ou desenvolver, que o manual de redação de certo jornal recomenda aos repórteres que não usem esse advérbio nos textos do jornal, "pois esses textos devem ser objetivos" (p. 155). Vemos aí, um forte indício da influência do gênero textual na seleção dos elementos adverbiais. Um texto informativo não vai apresentar (ou vai apresentar baixa ocorrência e em sequências tipológicas específicas) de advérbios modalizadores avaliativos (Ilari et al. 1990), enquanto um texto argumentativo ou sequências argumentativas poderão apresentar alta incidência desses elementos. Por outro lado, é preciso habilitar o aluno com essas ferramentas gramaticais e com os recursos de identificação e produção de gêneros textuais para que ele possa pôr em prática com desenvoltura todos os aspectos tematizados para sanar as dificuldades de compreensão e produção de textos.

Consideramos, dentre as propostas apresentadas em vários livros didáticos, a de Cereja e Magalhães (2008) a mais satisfatória, por tentar mostrar alguns usos dos advérbios passíveis de serem trabalhados em termos de interpretação e produção de textos num crescente desde a construção do conceito até o uso discursivo desses elementos. Ainda assim, há que se repensar a questão dos gêneros textuais que não foi explorada.

A partir de estudos sobre os advérbios em *-mente*, observamos que seu comportamento sofre bastante influência do gênero textual e/ou da sequência tipológica em que se insere, desde a sua seleção (ou não) para compor determinado texto/sequência, passando pela questão de qual de seus usos e, consequentemente, posições na sentença esse(s) elemento(s) vai/vão preencher (margem esquerda da frase, se modalizador; pós-verbo, se qualitativo; e, ainda, pré-verbal, em contextos muito específicos).

Em Moraes Pinto (2008), concluiu-se que os advérbios qualitativos, no português contemporâneo, ocupam quase maciçamente a posição pós-verbal imediata, e os modalizadores, a posição pré-oracional. Já no português arcaico, havia variação na ordem pré/pós-verbal dos qualitativos sem mudança de sentido. Entretanto, a autora deparou-se com alguns dados, no português atual, em posição pré-verbal, especificamente em textos religiosos. Ficou demonstrado que isso parece ocorrer como estratégia argumentativa (através da reiteração do uso de uma ordem incomum no português de hoje, que é a pré-verbal).

Na ocorrência a seguir, o advérbio que está entre vírgulas parece estar estanque ou, pelo menos, "incomunicável" com o verbo, apresentando, assim, cunho modalizador. Ex.: "Hoje, *conscientemente,* a humanidade procura superar esta guerra histórica e desenvolver relações de equidade entre os sexos." (Boff, 2002:144)

Até mesmo a posição desse elemento é ambígua: não é possível garantir se o advérbio ocupa posição pré-verbal ou pré-oracional, mas os sinais ortográficos utilizados indicam menor grau de coesão entre o advérbio e o verbo. Com isso, o advérbio tende a ser entendido como uma *opinião* do autor. O mesmo ocorre no dado reproduzido a seguir: "As crianças têm seus costumes e preferências, mas, *facilmente, vão superar* as dificuldades..." (Abib, 2000: 42)

Percebemos que, mesmo advérbios que parecem prototípicos à primeira vista, podem encontrar um contexto propício, influenciados por uma conjunção de fatores, e assumir usos e posições não previstos. Portanto, somente observando, complementarmente, as sequências tipológicas e/ou categorias de texto, é possível depreender os elementos linguísticos (advérbios e outros instrumentos gramaticais) que caracterizam essas sequências e/ou categorias, mostrar aos alunos como esses elementos atuam nelas, mediando sua interpretação no texto, e orientá-los quanto ao seu uso na construção desses mesmos tipos de sequências.

Palavras finais

Por fim, entendemos que, diante do que foi dito acerca dos advérbios tomados aqui para estudo de caso, há necessidade de se considerarem categorias radiais para o tratamento das classes de palavras, levando em conta, para determinação dos protótipos, a frequência com que os elementos da língua ocorrem em micro e macrocontextos linguísticos. Acreditamos ser fundamental, nesse sentido, congregar as pesquisas linguísticas com a discussão em torno da abordagem a ser adotada nas salas de aula, de modo a privilegiar um ensino verdadeiramente reflexivo da língua materna. Oferecer ao aluno instrumentos para tratar da gramática de sua língua, entendendo-a como diversa, multifacetada, parece ser um começo promissor para uma proposta de ensino produtiva e adequada às orientações oficiais.

Notas

1 Registramos, também, o uso das seguintes categorias de textos: um poema; uma reportagem de jornal; uma fábula; um artigo de revista científica; um texto sobre ecologia; dois anúncios publicitários.

2 Cereja e Magalhães (2008) também assinam livros-texto, para os ensinos fundamental e médio, em que aplicam a mesma proposta, mas sem se deterem profundamente na análise gramatical que realizam na obra em questão.

Referências bibliográficas

Abib, Pe. J. *Considerai como Crescem os Lírios:* A Providência Divina. São Paulo: Edições Loyola, 2000.

Bechara, E. *Moderna gramática portuguesa.* Rio de Janeiro: Lucerna, 1999.

Boff, Leonardo. *O Despertar da Águia:* O Dia-bólico e o Sim-bólico na Construção da Realidade. Petrópolis: Vozes, 2002.

Bomfim, E. *Advérbios.* São Paulo: Ática, 1988, (Princípios).

Bybee, J. *Language, usage and Cognition.* New York, CUP, 2010.

Câmara Jr, J. *História e Estrutura da Língua Portuguesa.* Rio de Janeiro: Padrão, 1975.

Carneiro Ribeiro, E. *Serões Grammaticaes.* 4. ed. Salvador: Livraria Progresso Editora, 1956.

Castilho, A. Advérbios qualitativos no português falado. In: *Separata del Boletín de Filología Homenaje a Ambrosio Rabanales Tomo XXXVII.* Universidad de Chile: Facultad de Filosofía y Humanidades, Departamento de Linguística, 1999, pp. 271-300.

Cereja, W.; Magalhães, T. *Português:* linguagens. Ensino Médio, v. 2. São Paulo: Atual, 2005.

_____; _____. *Gramática reflexiva.* 7º ano. São Paulo: Atual, 2008.

Corpus Discurso & Gramática. Disponível em: <http://www.discursoegramatica.letras.ufrj.br/>. Acesso em nov. 2011.

Cunha, C.; Cintra, L. *Nova gramática do português contemporâneo.* Rio de Janeiro: Nova Fronteira, 1985.

Dias, L. O estudo das classes de palavras: problemas e alternativas de abordagem. In: Dionisio, P.; Bezerra, M. *O livro didático em português:* múltiplos olhares. Rio de Janeiro: Lucerna, 2005.

Ferreira, M. *Entre palavras.* Edição renovada. 6ª série. São Paulo: FTD, 2002.

Ilari, R. et al. Considerações sobre a posição dos advérbios. In: Castilho, A. *Gramática do português falado:* a ordem. v. I. São Paulo: Editora da UNICAMP/FAPESP, 1990.

Lakoff, G. *Women, fire and dangerous things.* Chicago: The University of Chicago, 1990.

Macambira, J. *A estrutura morfossintática do português.* 2· ed. São Paulo: Pioneira, 1974.

Martelotta, M. *Reflexões sobre o conceito de advérbio.* Rio de Janeiro: UFRJ, 2000. Mimeo.

Mattos e Silva, R. V. *Estruturas trecentistas:* elementos para uma gramática do português arcaico. Lisboa: IN-CM, 1989.

Moraes pinto, Deise Cristina de. *Os Advérbios Qualitativos e Modalizadores em -mente e sua Ordenação:* Uma Abordagem Histórica. Rio de Janeiro, 2003. Dissertação (Mestrado em Linguística) – Faculdade de Letras, ufrj.

______. *Gramaticalização e ordenação nos advérbios qualitativos e modalizadores em -mente.* Rio de Janeiro, 2008. Tese (Doutorado em Linguística) – Faculdade de Letras, ufrj.

Perini, m. *Para uma nova gramática do português.* 10. ed. São Paulo: Ática. 2000.

_____. *Princípios de linguística descritiva.* São Paulo: Parábola Editorial, 2006.

Pinilla, m. Classes de palavras. In: Vieira, s.; brandão, s. *Ensino de gramática:* descrição e uso. São Paulo: Contexto, 2011.

Rocha lima, c. *Gramática normativa da língua portuguesa.* Rio de Janeiro: José Olympio Editora, 1991.

Sarmento, l. *Português:* leitura, produção, gramática. 6ª série. São Paulo: Moderna, 2006.

Terra, e.; cavallete, f. *Português para todos.* 6ª série. São Paulo: Scipione, 2002.

Travaglia, l. Tipologia textual, ensino de gramática e o livro didático. In: Henriques, c.; Simões, d. (orgs.) *Língua e cidadania:* novas perspectivas para o ensino. Rio de Janeiro: Ed. Europa, 2004, pp. 114-38.

Processos nominais e o ensino

Mônica Piza

Palavras iniciais

As recentes abordagens morfológicas têm centrado suas discussões nos limites entre a Flexão e a Derivação em português. As análises evidenciam que os dois processos não são estanques, ou seja, não existem fenômenos nitidamente categorizados como flexionais ou derivacionais: o que ocorre entre esses mecanismos, na verdade, é um *continuum* e, por isso, flexão/derivação constituem processo único, do tipo gradiente ou escalar.

A origem deste pensamento surge a partir da linha de investigação proposta por Bybee (1985). Considerando os critérios definidores de categorias tipicamente flexionais e analisando os parâmetros que caracterizam a Derivação, chega-se às propriedades diferenciadoras, além de checagem das mais relevantes.

Inicialmente, a proposta deste capítulo é demonstrar que qualquer operação morfológica pode apresentar tanto características flexionais quanto derivacionais, diferenciando-se apenas por estarem mais distantes/próximas de um dos extremos da escala. E mais, realizar uma checagem de como este assunto vem sendo tratado e apresentado nos livros didáticos escolares ao longo dos tempos. Em outras palavras, até que ponto as pesquisas e descobertas do âmbito da academia são efetivamente incorporadas na descrição e no ensino da língua portuguesa.

Um pouco de teoria

A partir de uma análise semântica da expressão flexional, Bybee (1985) define algumas formas pelas quais elementos semânticos podem ser materializados em unidades de expressão. Considerando os conceitos de *forma* e de *substância,* que dizem respeito à relação que se estabelece, numa dada língua, entre uma parte fônica, ou *significante* (forma), e a representação que a ela corresponde na linguagem, ou *significado* (substância), a autora estabelece que:

(a) um único item lexical monomorfêmico pode expressar duas ou mais noções semânticas. Quando isso ocorre, denominamos a expressão de *lexical.* Tomando como exemplo o item *matar,* podem-se depreender de seu significado pelo menos dois elementos semânticos: "morrer" e "causatividade" (agente), entre outros (cf. *ladrão (roubar + agente), subir (andar + direção)* etc.);

(b) a expressão flexional, por definição, deve poder associar-se a qualquer base com traços sintáticos e semânticos próprios, gerando previsibilidade no significado. A expressão *flexional* pode ser caracterizada (1) por afixos anexados a uma raiz ou (2) por mudança interna na própria raiz, como, por exemplo, a regularidade do verbo *cantar* nas formas *cantar/cantou* e a irregularidade de *fazer,* nas formas *faço/fiz,* respectivamente, e;

(c) na expressão *sintática,* os diferentes elementos semânticos são expressos pela totalidade das unidades isoladas e independentes. Quando se usa *vir a saber,* na verdade tem-se a expressão *sintática* das noções *começar* e *saber.* Na utilização de *compreender,* o que ocorre é a expressão *lexical* dos mesmos conteúdos. Esse tipo de expressão recebe também o nome de *perifrástica* (falar uma inverdade → mentir).

Os três tipos de expressão não constituem categorias discretas, mas estabelecem regiões num *continuum,* pois também existem expressões intermediárias, igualmente importantes para as hipóteses gerais do trabalho de Bybee (1985). Nessa escala, a Morfologia Derivacional estaria localizada entre expressões lexical e flexional. A expressão derivacional assemelha-se à lexical por ser materializada por formativos frequentemente restritos na aplicabilidade e idiossincrásicos na formação ou no significado. Como a expressão flexional, a derivacional se caracteriza pela não fusão de significados no todo vocabular: a interpretação da palavra é feita a partir da soma de suas partes.

Portanto, esses tipos de expressões formam um *continuum* que caminha desde a mais alta fusão de significados – a expressão lexical –, à mais baixa união de sentidos – a expressão sintática ou perifrástica –, como se vê no esquema a seguir[1]:

lexical ← derivacional ← flexional ← gramatical livre ← sintática
O maior grau de fusão

Esquema 1 – *Continuum* da mais alta fusão de significados à mais baixa união de sentidos

A proposta de Bybee (1985), que constitui uma abordagem da Morfologia à luz do modelo funcionalista, dá destaque a noções como radialidade categorial, prototipicalidade e relevância. O entendimento de que categorias são "*containers*", nos quais elementos estão dentro ou fora deles, levou Bybee (1985) a repensar o componente morfológico. Dessa maneira, categorias podem ser realizadas por elementos que reúnem diferentes propriedades e terão diferentes graus de pertencimento a elas. Segundo Leitão de Almeida (1991: 3), "o elemento com mais propriedades caracterizadoras será o protótipo, do qual os outros poderão distanciar mais ou menos, formando, então, o centro prototípico".

A noção de prototipicalidade sustenta a ideia de que "nem sempre é simples rotular palavras, pô-las em gavetas, nas quais elas fiquem bem comportadas e acomodadas" (Sandmann, 1992: 32). Aplicando a noção de categoria radial ao componente morfológico, a autora estabelece princípios que explicam propriedades recorrentes em termos de características psicológicas e cognitivas gerais dos usuários de línguas humanas.

Há algumas generalizações a serem feitas no que concerne aos conteúdos semânticos que podem ser expressos em cada uma das formas de materialização – lexical, flexional e sintática. Em primeiro lugar, as propriedades de uma categoria morfológica são depreendidas a partir da correlação entre o seu significado e a forma que a categoria adquire. Por essa razão, o relacionamento entre forma e conteúdo não é totalmente arbitrário, mas regido por princípios cognitivos e socioculturais.

Em segundo lugar, o encaixe dos elementos mórficos é regido pelo grau de relevância entre os significados que se pretende combinar e pela generalidade da noção semântica a ser veiculada. Dessa maneira, existem alguns princípios gerais que governam a expressão morfológica: *Relevância* e *Generalidade*. Para Bybee (1985: 13), "Relevância e Generalidade são, portanto, determinantes da expressão flexional".

A relação *Relevância/Generalidade* possibilita formular as seguintes máximas:

(a) *Quanto maior a relevância do afixo para com a base, maior a proximidade entre esses formativos; quanto menor a contribuição semântica do afixo, mais distante ele estará da base.*

Nesse caso, podemos ter como exemplo a utilização das desinências nos verbos. No item *cantavam*, a decomposição pode ser feita de acordo com a tabela a seguir:

Raiz	Vogal temática	Des. Modo-temporal	Des. Número-pessoal
Cant-	-a-	-va-	-m-

Tabela 1 – Decomposição em elementos mórficos

De acordo com a máxima (a), a relevância do afixo para com a base reside na proximidade ou não entre os formativos. No esquema visto, ratifica-se a relevância que os conteúdos "tempo" e "modo" têm em relação ao "número" e à "pessoa". Daí a explicação do posicionamento dos formativos dentro da palavra: o que está mais próximo da base, ou seja, a DMT possui maior relevância no que tange o significado do item, uma vez que as noções de tempo/modo afetam o significado da ação ou do processo verbal, enquanto pessoa/número modificam apenas os participantes, isto é, o argumento externo do lexema verbal.

(b) *Elevados graus de relevância tendem à baixa generalidade e, por isso, apresentam maior probabilidade de lexicalização.*

Pode-se exemplificar a atuação dessa máxima com a comparação entre os formativos *–va* (pretérito imperfeito do indicativo) e *des–* (reversibilidade) aplicados a bases verbais. No primeiro caso, tem-se um elemento que expressa noções semânticas pouco restritivas (tempo, modo e aspecto) e, por isso, pode-se aplicar a toda e qualquer base verbal. No segundo, dada a restrição semântica do formativo, somente bases verbais que expressem ações ou estados reversíveis podem ser assim prefixadas.

Daí a agramaticalidade de formas como **desmorrer*, **desfalar*, **deslavar*, que são semanticamente interpretadas como "ações não reversíveis". Por outro lado, no caso de **desviver*, por exemplo, que constitui uma possibilidade de um processo reversível, o que ocorre é a existência no léxico de uma forma que caracteriza a ação de "deixar de viver": *morrer*.

Há, no entanto, outros determinantes da expressão flexional. Esses determinantes, propostos a partir da observação de Flexão/Derivação como categorias discretas, servirão como uma espécie de *medida de avaliação,* isto é, serão usados como ferramenta para determinar a provável localização dos fenômenos estudados – Gênero, Número e Grau – no *continuum* Flexão/Derivação.

Outros determinantes da expressão flexional

Tomando por base os principais compêndios de Morfologia, diferenças foram mapeadas entre processos flexionais e derivacionais, a fim de melhor posicionar cada uma das categorias no *continuum* Flexão/ Derivação. O objetivo da seção é descobrir outras propriedades que, a exemplo da *Relevância* e da *Generalidade*, igualmente funcionem como determinantes da expressão flexional. Para tanto, Flexão e Derivação serão tratadas como categorias discretas somente para obter um critério objetivo na determinação do lugar ocupado por Gênero, Número e Grau na escala. As diferenças serão apresentadas na forma de máximas e exemplificadas com dados do português.

Máxima (1): Na Flexão, a Morfologia tende a atuar como único veículo de expressão do conteúdo, ao passo que na Derivação sempre existe a possibilidade de concorrência com outros meios de materialização. (Meios de materialização)

Como categoria lexical, o gênero é inerente a todo e qualquer nome da língua, enquadrando-o no masculino ou no feminino, independente do sexo. Na formação do gênero feminino, a materialização morfológica é a única opção para substantivos. Em *aluno/ aluna, menino/ menina, gato/ gata,* o acréscimo de *–a* promove a distinção MACHO X FÊMEA, sendo realmente a Morfologia a forma mais apropriada para expressão desse tipo de conteúdo semântico. Esse é um processo que envolve todos os substantivos denominados variáveis. Entretanto, no caso dos substantivos epicenos e dos heteronímicos, o processo envolvido é diferente.

Para a formação do feminino nos substantivos epicenos, há necessidade da interferência sintática para tal caracterização. O substantivo *cobra*, por exemplo, apesar de, em relação ao gênero gramatical, ser [– masc], não é exclusivamente [+ MACHO] no gênero semântico.

Com os substantivos heteronímicos, o que vai ocorrer é a expressão lexical do gênero semântico. Isso quer dizer que os itens lexicais de feminino são distintos dos de masculinos por se tratarem de palavras diferentes. Em *bode/cabra, homem/mulher, boi/vaca,* a noção semântica de sexo, apesar de estar vinculada à gramatical, é expressa através de dois itens lexicalmente distintos. A Morfologia, nesse caso, concorre com a expressão lexical. Tais fatos irão favorecer a argumentação de que o gênero, nesse aspecto, encaixa-se mais apropriadamente no rol das categorias derivacionais.

A expressão do plural é realizada pelo acréscimo do formativo *–s* ao final de cada item vocabular. Isso significa dizer que não existe outra forma de indicar o plural a não ser pelo acréscimo de *–s* ou de suas variantes (*criança/crianças; mulher/mulheres*). Há, portanto, uma única expressão do conteúdo – univocidade – através de estratégias morfológicas. Tais considerações levam a caracterizar o número como um processo flexional.

Na expressão do grau, o que se observa é uma concorrência de estratégias – fonológicas, sintáticas e morfológicas (Gonçalves, 1997), ou seja, não existe somente uma forma de manifestação do grau na língua portuguesa. Veja:

(1) Ela tem uma *caaaaaasa*... Precisa ver como é bonita! – Fonologia;

(2) Achei sua filha *linda, linda, linda*! – O grau pode ser manifesto sintaticamente pela repetição enfática do item lexical;

(3) Ela tem um *cachorrinho* tão bonito... – A estratégia de afixação de *–inho* para o grau é normalmente utilizada, mesmo não significando necessariamente diminuição de tamanho.

Toda essa gama variada de estratégias nos faz concluir que o grau intensivo, assumindo-se a ideia de caracterização gradual, estaria muito mais aproximado dos processos derivacionais.

Máxima (2): Os processos flexionais estão relacionados com a concordância ou outras operações sintáticas enquanto os derivacionais não. (Obrigatoriedade)

No caso do Gênero, a categoria sintática relevante é a concordância, ou seja, a Obrigatoriedade de marcas morfológicas no domínio do sintagma nominal. Nesse aspecto, torna-se necessário estabelecer uma distinção entre substantivos e adjetivos.

Os substantivos, por serem o núcleo do sintagma nominal, funcionam como controladores da concordância, determinando o gênero que irá atuar no domínio sintático que regem. Em *A casa é bonita,* o núcleo *casa* determina que todo material linguístico relacionado a ele deverá vir no feminino.

Todavia, com os adjetivos a interpretação não é a mesma. A concordância dos adjetivos realiza-se única e exclusivamente pela sintaxe, haja vista serem um dos alvos dos controladores, confirmando assim seu caráter flexional.

A noção de número está estreitamente relacionada com os princípios de concordância:

(4) *As meninas estudiosas* viajaram juntas.

No exemplo anterior, a utilização do substantivo *meninas* no plural acarretou obrigatoriedade de o artigo e o adjetivo estarem também no plural. Essa concordância interna no sintagma nominal é obrigatória quando tratamos do número, pois o núcleo do sintagma – o substantivo – atua como uma espécie de controlador, tendo como alvo os outros elementos. Nesse caso, a concordância é puramente sintática haja vista o número não ser lexicalmente explícito pelo nome, ou seja, não é inerente ao substantivo e ao adjetivo. Logo, em se tratando do número dos nomes, o aspecto que os caracteriza é flexional.

A utilização do sufixo dimensivo nos nomes é opcional, ou seja, não há obrigatoriedade em seu emprego:

(5) *casa bonitinha/casinha bonita/casarão bonitinho/casinha bonitinha.*

Como se vê, não há marcação coerente para todos os adjetivos (ou para pelo menos uma classe deles) que se associam a um núcleo nominal que expressa aumento ou diminuição, como se faz na expressão de gênero, por exemplo. Dessa maneira, a concordância inexiste, como há no caso do gênero e do número, entre substantivos e adjetivos.

Por esse aspecto, a expressão de grau não vem a ser processo flexional em português, porque não constitui mecanismo exigido sintaticamente, não havendo concordância no interior do sintagma nominal quanto às noções de grandeza e pequenez.

Máxima (3): A Derivação tende a servir como veículo para expressão da subjetividade do emissor, ao contrário da Flexão, que tende a não desempenhar tal função. (Estabilidade Semântica)

A *Estabilidade Semântica* dos substantivos diz respeito à conotação diferente que eles possam apresentar. Processos flexionais são caracterizados pelo significado fixo e pouco influenciável pelo contexto. Ao contrário, os derivacionais têm significado variável, podendo expressar a emocionalidade. No caso do gênero semântico, sua manifestação pode veicular uma interpretação adicional que, normalmente, está relacionada a uma carga negativa, a uma avaliação pejorativa, na qual o falante emite um juízo ao utilizar o vocábulo. Como exemplos, podemos citar *vagabundo, vadio, bruxo* e *safado*, entre outros, que, acrescidos do *–a* indicador do gênero semântico feminino, acabam por apresentar uma significação diferente da proposta na forma masculina: *vagabunda, vadia, bruxa* e *safada.* As formas de feminino apresentam claramente função atitudinal, veiculando uma intenção depreciativa a respeito de quem se fala. Em outros termos, vocábulos normalmente utilizados no masculino sem causar qualquer *constrangimento* em relação à intenção depreciativa podem transformar-se em agressores, quando no feminino.

Outra evidência de que o gênero semântico pode expressar intenções depreciativas é a ausência de simetria entre as formas de masculino e feminino, que não podem ser substituídas em determinados contextos. Normalmente, o homem pode referir-se à sua esposa com o substantivo *mulher*, como em: Essa é a minha *mulher.* Entretanto, o inverso certamente não ocorre, por não expressar a ideia de esposo: *Esse é meu *homem.* Portanto, pode-se dizer que o gênero semântico dos substantivos está mais adequadamente enquadrado nos processos derivacionais do que nos flexionais, nesse aspecto.

Quando analisamos um vocábulo acrescido de um formativo caracterizador de plural, obtemos como produto uma palavra em que o significado é altamente previsível, ou seja, há *Estabilidade Semântica* na manifestação do número. O acréscimo do formativo *–s* não é responsável por emissão de juízo de valor. O plural apresenta rigidez no significado e parece não se prestar à expressão do ponto de vista do falante frente ao enunciado (*barco/barcos, banana/bananas, criança/crianças* etc.). Dessa forma, parece-nos prudente caracterizar o número como um processo flexional.

No entanto, cabe ressaltar aqui a utilização do plural em termos estilísticos, em que o acréscimo de *–s* acaba por formar um item vocabular com um significado distinto. É o caso dos substantivos próprios utilizados na linguagem literária:

(7) Chora a nossa pátria-mãe gentil
Choram *Marias e Clarisses*
No solo do Brasil.

(João Bosco e Aldir Blanc)

Neste exemplo, a utilização de *Marias e Clarisses* com a marca do plural parece expressar não uma noção de quantidade, mas de generalidade, popularidade, significando *as diversas mulheres que representam as mães do Brasil.* Obviamente, trata-se de uso meramente estilístico, enfático, no entanto, real. Poder-se-ia pensar em algo do tipo *as irmãs Dulces do mundo* ou *os Edmundos do século.* Entretanto, em casos dessa natureza, será a base que determinará positiva ou negativamente a interpretação do vocábulo. Dessa forma, não podemos considerar tal fato como uma característica que se aproxime mais da derivação, mas uma possibilidade de interpretação existente.

A *Estabilidade Semântica* da expressão de grau é um aspecto relevante e amplo. As estratégias de gradação são comumente associadas à forma de dimensionar, aumentando ou diminuindo o tamanho, sem a preocupação de verificar se essas noções são realmente atualizadas nos itens lexicais. Todavia, podemos observar que a expressão do grau se inclui nas intenções emotivas, ou seja, nos valores afetivos e/ou depreciativos.

Os sufixos de diminutivo têm como função principal a afetiva. Podem expressar aspectos positivos (*pedacinho, nenenzinho*) ou negativos (*empregadinha, profissãozinha*). Em linhas gerais, a modalização apreciativa aparece associada às formas em *–ão/–aço*, enquanto a depreciativa tende a se vincular às formas diminutivas.

De acordo com Loures (2000), o sufixo *–ão* tem caráter positivo em relação à idade das pessoas: *quarentão, trintona, dezoitão.* Além disso, há no afixo um tratamento familiar expressando carinho: *filhão, mãezona, sogrão.*

O sufixo *–aço*, quando afixado a certas palavras, expressa ideia de exagero, que pode ser positiva, e se aproxima de *–ão*: *obrigadaço, caidaço, problemaço.* Resta saber se a ideia positiva de exagero não está, na verdade, relacionada à dimensão, a um exagero qualitativo. Por fim, *-aço* pode expressar noção de coletivo, dando ideia de repúdio: *buzinaço, apitaço.*

Diante dos fatos apresentados em relação à semântica dos afixos de grau, conclui-se que eles podem ter significados variados, dependendo diretamente do ponto de vista do enunciador, pois expressam a emocionalidade. Em outras palavras, a ideia expressa pelos afixos de grau, especialmente os dimensivos, é dependente do contexto, o que autoriza dizer que a construção morfológica, por si só, não é suficiente para determinar o tipo de informação contida no formativo. Esse é um aspecto característico de processos derivacionais.

> *Máxima (4): Os elementos da Derivação, ao contrário dos da Flexão, podem funcionar como índices de sinalização do falante, no que diz respeito a aspectos sociolinguísticos. (Função Indexical)*

O gênero e o número não apresentam *Função Indexical.* Através do acréscimo dos formativos *–a* e *–s,* parece não ser possível identificarmos o falante social, geográfica e culturalmente. Essa incapacidade de identificação do falante através de um elemento morfológico é característica da Flexão.

Por outro lado, ao que tudo indica, a expressão do grau parece apresentar *Função Indexical.* Isso porque existe a possibilidade de se veicularem traços sociogeográficos-culturais do falante através dos afixos de grau (Gonçalves, 2000). Por exemplo, o sufixo *–ão* é usado preferencialmente pelos jovens (*prazerão, abração, povão*). Quando o sufixo *–ão* é utilizado em oposição ao diminutivo *–inho,* caracteriza a linguagem das crianças, pois o seu uso demonstra uma riqueza em recursos expressivos: *molengão, travessurinha* X *castigão.* O sufixo *–aço* é frequentemente empregado na linguagem esportiva: *golaço, timaço, jogaço.* Esse afixo normalmente caracteriza o linguajar masculino. Todavia, sentidos positivos ou negativos somente se tornam possíveis de interpretar a partir do contexto (Kiefer, 1998).

Quando um vocábulo é intensificado com sufixos do tipo *–íssima, –érrima, –ésima*, sua utilização pode estar relacionada com as características sociais do falante (Gonçalves, 2000). Por exemplo, o adjetivo *chique* aceita vários afixos de grau. Porém, se ouvirmos *chiquerésima*, estaremos diante de uma possibilidade do falar feminino ou afeminado. Já itens recentes como *candidatíssimo* e *cervejíssima* demonstram traços característicos do falar masculino. Com certeza confirmaremos, portanto, a ação do sufixo na veiculação do perfil sociolinguístico do usuário.

Todos esses aspectos nos levam a posicionar o grau no conjunto dos processos derivacionais, já que somente a Derivação é capaz de revelar tais características.

Máxima (5): Elementos da Flexão são mutuamente excludentes; elementos da Derivação podem não ser. (Excludência/Não Excludência)

Um último aspecto relevante para a caracterização do gênero semântico dos substantivos é a *Excludência/Não Excludência*. Não existe a possibilidade de veicular duas informações de gênero semântico na mesma palavra. Em *bode macho/ cabra fêmea,* há redundância nas informações, pois o gênero gramatical dos vocábulos é soberano e dispensa informações adicionais. Poder-se-ia pensar, contudo, que em construções do tipo *Os alunos do sexo masculino fiquem em sala, por favor,* ocorresse também uma redundância nas informações. Isso não é verdadeiro, dado o contexto genérico em que a forma *alunos* foi usada, que vai caracterizar uma restrição. Logo, nesse caso, a expressão do gênero semântico fica mais bem posicionada nos processos flexionais, diante da impossibilidade de convivência de duas informações de gênero semântico em um mesmo item lexical.

Os processos flexionais caracterizam-se pela *Excludência*, ou seja, há restrição no uso das formas de expressão numa mesma palavra. O formativo que expressa plural não apresenta possibilidade de conviver com outro da mesma natureza em uma palavra. Portanto, nesse aspecto, o número vai se caracterizar como processo flexional. Além disso, por ser tactema[2] final, o número literalmente *encerra* o vocábulo formal em português, bloqueando o acréscimo de qualquer outro formativo.

A *Excludência/Não Excludência* está relacionada com a restrição ou não à utilização de mais de um afixo de grau nas palavras. A expressão de grau permite uma convivência harmoniosa dos sufixos de diminutivo e de aumentativo em uma só unidade lexical. Em *calçãozinho, cartãozinho, portãozinho*, não há restrição alguma quanto à presença de dois diferentes tipos de sufixos. A confirmação reside no fato de que sufixos com a mesma função e de semântica contrária podem se combinar sem problemas. Esse convívio é muito comum principalmente nesses casos de lexicalização, mas nada impede que aconteça também em itens não lexicalizados (*pequenininho, menininhazinha*).

As evidências nos permitem situar o grau, nesse aspecto, nos processos derivacionais, já que eles são naturalmente não excludentes. Existem apenas dois tópicos a serem registrados sobre essa questão: (a) a convivência de dois sufixos distintos em um só vocábulo é possível, entretanto, a semântica final da palavra será sempre em favor do sentido existente no último sufixo (*caminhãozinho* = "caminhão pequeno"); e (b) essa mesma convivência só se torna possível se o aumentativo vier antes do diminutivo, pois o contrário parece não acontecer (*portãozinho* X **portinhazona*).

A gradação intensiva também mostra-se passível de apresentar acréscimos de prefixos e sufixos, simultaneamente (*megainteligentíssimo, ultrassofisticadíssimo*) ou de dois sufixos intensivos, provavelmente pelo esvaziamento semântico desses afixos (**chiquererérrima*).

Face ao exposto, podemos sistematizar em uma única tabela o comportamento do Gênero, do Número e do Grau de acordo com as características abordadas:

Aspectos	Flexão	Derivação
Meios de materialização	Número	Gênero/grau
Obrigatoriedade	Gênero (adjetivos)/ número	Gênero (substantivo)/ grau
Estabilidade Semântica	Número	Gênero/grau
Função Indexical	Gênero/número	Grau
Excludência/ Não Excludência	Gênero/número	Grau

Tabela 2 – Comportamento do gênero, número e grau

Desse modo, como os critérios funcionaram como medida de avaliação, no sentido de determinar "quanto" os fenômenos se aproximam ou se afastam de uma Flexão/Derivação prototípica, eles permitem dispor

Gênero, Número e Grau numa escala na qual se observa estar o Número localizado mais à extrema direita e o Grau mais à extrema esquerda, sendo o Gênero o mais limítrofe dos três processos.

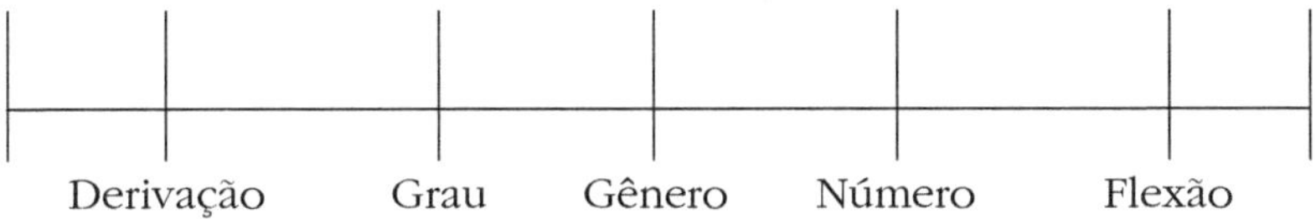

Esquema 2 – Escala de prototipicalidade

A decomposição da palavra é providencial para determinar o *status* dos fenômenos analisados em relação à base: (a) o Número, por ter menor grau de relevância, aparece mais distante da base, ou seja, modifica menos o conteúdo desta, sendo, pois, mais flexional; (b) o Grau tem a posição mais próxima da base por contribuir mais do ponto de vista semântico, ficando mais bem caracterizado como Derivação; e (c) o Gênero, entre as duas expressões – Número e Grau – confirma sua relevância mediana em relação à base, possuindo características flexionais e derivacionais em pé de igualdade, como vimos.

Em decorrência do que se expôs, chega-se à conclusão de que há dificuldade em classificar as palavras, pois nem sempre é simples rotulá-las, pô-las em gavetas, nas quais fiquem bem comportadas e acomodadas. Fatos morfológicos são complexos e dinâmicos, mutáveis no tempo. Parece que, em Morfologia, é preciso conformar-se com a inexistência, às vezes, de fronteiras rígidas e bem definidas. Ao lado de exemplos caracterizáveis como representantes de certas categorias, há também fatos flutuantes e não bem caracterizados. É desses fatos não comportados que os estudos morfológicos atuais centram-se preferencialmente. Vimos, portanto, que o gênero, o número e o grau não são categorias *bem comportadas* em português e, por isso, não ocupam as posições extremas no *continuum* Flexão-Derivação, apresentando tanto características flexionais como derivacionais.

O assunto nos livros didáticos

Motivada pela análise acima descrita, iniciou-se uma busca pelos conteúdos dos livros didáticos utilizados do 6º ao 9º ano do ensino fundamental II. A intenção é a de analisar o tratamento dado ao Gênero, ao Número e ao Grau, considerando os processos flexionais e derivacionais. Para tanto, foram selecionados três livros didáticos de editoras variadas, todos do 6º ano, já que o conteúdo referente à variação dos nomes na língua portuguesa é normalmente abordado nessa fase escolar.

Problemas

Inicialmente a abordagem vem intitulada como *Flexão dos nomes (substantivos e adjetivos): gênero, número e grau*. Existe um nivelamento das três categorias em um mesmo patamar, apresentando igualmente características que as posicionam indiscutivelmente nos processos flexionais. Como vimos, a partir dos determinantes da expressão flexional, gênero, número e grau não ocupam o mesmo lugar na escala que apresenta flexão e derivação em seus extremos. Há que se estabelecer diferenças no tratamento das categorias, haja vista não demonstrarem comportamentos iguais. Cabe acrescentar que, por não identificarem uma relação estreita entre *flexão* e *derivação*, e ainda, por não os considerarem processos gradientes (ou escalares), a derivação não aparece como conteúdo neste ano do ensino fundamental.

Sendo o gênero a categoria mais limítrofe – por apresentar características tanto da flexão como da derivação –, cabe aos livros repensarem a terminologia utilizada para expressar a variação sofrida pelos substantivos e adjetivos. Outra questão interessante diz respeito à diferença de comportamento entre substantivos e adjetivos, no que se refere ao gênero. O que foi observado é que, para os substantivos, o gênero apresenta características que mais o aproximam da derivação, ao contrário dos adjetivos. Assim, apesar de a flexão estar presente, de algum modo, na categoria, não se faz de forma unânime e indiscutível.

A formação do plural está posicionada nos processos flexionais prioritariamente. Com características que situam o número mais próximo ao extremo da flexão, não seria incorreto referir-se a ele com o termo. Entretanto, mais prudente seria que o tratamento dado também fosse o de *variação,* haja vista a possibilidade de elencarmos outros determinantes da expressão flexional que se distanciariam, de alguma forma, do extremo da flexão.

No caso da expressão do grau, parece que, ao contrário do número, localiza-se mais próxima do extremo da derivação. Há poucas evidências que o grau figure nos processos flexionais e, por isso, inadequado seria referir-se a ele como um caso de flexão.

A sugestão é, ao contrário do que se expõe nos livros, o termo *flexão* fosse substituído por *variação*, referindo-se às modificações de gênero, número e grau sofridas pelos substantivos e adjetivos da língua portuguesa.

Aquisições

Nem tudo o que foi analisado nos livros escolares, no entanto, são inadequações. Há reflexões que parecem aproximar as categorias em foco das pesquisas acadêmicas recentes. Existe certa preocupação em romper com alguns paradigmas antigos, estabelecendo novas conexões e se apropriando de novos conceitos. Desse modo, estão inventariadas as aquisições advindas de estudos, ao longo dos tempos.

– Desvincula gênero de sexo:

• A noção de gênero na língua portuguesa costuma ser associada ao sexo dos seres. Entretanto, não devemos confundir sexo dos seres com gênero das palavras, pelas seguintes razões: (a) Todos os substantivos do português possuem gênero, tanto os referentes a pessoas e animais quanto os referentes a coisas. Veja exemplos: o gato/a gata; o livro; a caneta; (b) Mesmo substantivos que se referem a pessoas ou animais apresentam, muitas vezes, diferenças entre sexo e gênero. Veja: a vítima – é sempre feminino; o fantasma – é sempre masculino. Assim, o gênero (masculino ou feminino) da palavra nem sempre indica o sexo do ser; é apenas um princípio convencional, isto é, combinado, da língua. [...] (Cereja e Magalhães, 2010: 127-8)

• Não há necessariamente correspondência entre gênero e sexo. Por exemplo, os substantivos cupom e visita, [...] não nomeiam seres dotados de sexo, mas dizemos que cupom é do gênero masculino e visita é do gênero feminino. [...] (Projeto Araribá, 2007: 91).

• Quanto aos chamados substantivos uniformes, Bechara (2009: 133) assinala que as formas do masculino ou do feminino podem não determinar a diversidade do sexo, como ocorre com os substantivos chamados epicenos. [...] (Costa, Marchetti e Soares, 2011: 109).

– A subjetividade do grau:

- Há situações em que os sufixos aumentativos emprestam aos substantivos uma ideia de desproporção, de brutalidade, de desprezo, isto é, um valor pejorativo e depreciativo: "Ô, pezão, passa a bola!". Os sufixos diminutivos podem acrescentar uma ideia de carinho, ternura, prazer, desejo, e também uma ideia negativa de troça, desprezo, ofensa: "Que menininha intrometida!". O sentido dado aos substantivos por essas flexões depende sempre do contexto. (Cereja e Magalhães, 2010: 151)
- O grau do substantivo pode indicar outros aspectos além do tamanho dos seres, como afeto, familiaridade, desprezo, zombaria etc. Só pela observação do contexto é que podemos definir o que a flexão do grau indica naquela frase. Observe estes exemplos: (a) Um namorado dirigindo-se à amada: Meu amorzão, por que está tão calada? (afeto); (b) Uma mãe chamando seus filhos: Pedrinho e Glorinha, o almoço está servido. (familiaridade); (c) Um leitor descontente com uma matéria do jornal: Esse jornaleco não merece ser lido. (desprezo). (Projeto Araribá, 2007: 94)
- Além da ideia de tamanho, os aumentativos e diminutivos também podem expressar sentimentos, como desprezo, crítica, admiração. Esse uso está sempre ligado, segundo Bechara (2009: 141), a uma entonação especial, além de ao contexto em que se insere o substantivo. (Costa, Marchetti e Soares, 2011: 111)

Palavras finais

A constatação de que a diferença entre a Flexão e Derivação não é discreta serviu como ponto de partida para a investigação dos fenômenos selecionados para análise: Gênero, Número e Grau. A existência de um *continuum* que traduzisse o comportamento desses processos foi possível através da inspeção a critérios objetivos examinados ao longo do trabalho. O que se supunha – a não existência de fenômenos especificamente categorizados como flexionais ou derivacionais – fica confirmado após a pesquisa.

O estabelecimento de propriedades diferenciadoras serviu para checar quais delas são mais relevantes a partir da observação do comportamento dos fenômenos investigados em cada um dos traços mapeados.

Pelo menos uma dezena de aspetos tem sido utilizada na intenção de isolar a Morfologia Flexional da Derivacional. Entretanto, na prática, essa divisão parece ser difícil, haja vista serem os critérios relacionados ou mutuamente dependentes. Desse modo, torna-se problemático estabelecer um limite preciso entre as duas *Morfologias*. O mais acertado é encarar o mapeamento dos critérios como tentativa de reconhecimento dos requisitos relevantes na categorização de um fenômeno como flexional ou derivacional.

Assim, torna-se relevante que abordagens escolares, aquelas que permitem que o estudante tenha contato, reflita e estude a língua portuguesa em seu uso, merecem uma revisão cuidadosa, a fim de que possam transmitir com maior fidelidade os aspectos referentes à descrição da língua. Outras aquisições precisam ser incorporadas nestas exposições para que reflita de fato o que ocorre com nossa língua.

Com esta análise, evidenciamos existir uma real necessidade de repensarmos afirmações do tipo *concordo com você em gênero, número e grau*, que nivela as três expressões em um mesmo patamar. Evidências contrárias estão não só na superfície das palavras que manifestam as três categorias, como também em casos de expressão lexical das noções veiculadas por esses fenômenos. Repensando o dito popular, podemos chegar à seguinte afirmativa: Concordo com você: gênero, número e grau não são categorias discretas em português.

Notas

1 Como se pode depreender pelo esquema, Bybee (1985) considera que a Derivação se assemelha mais à expressão lexical, enquanto a Flexão tem mais em comum com a expressão sintática.

2 Tactema é a unidade distintiva tática, isto é, disposição dos signos no enunciado.

Referências bibliográficas

Botelho, m. a. p. *Gênero e número em português.* Rio de Janeiro, 1984. Tese (Doutorado em Linguística) – Faculdade de Letras, ufrj. Mimeo.

Bybee, j. *Morphology*: the relations between meaning and form. Amsterdam/Philadelphia. John Benjamins Publishing. 1985.

Cereja, William Roberto; magalhães, Thereza Cochar. *Português*: linguagens, 6º ano. 6. ed. reform. São Paulo: Atual. 2010.

Costa, Cibele Lopresti. *Para viver juntos: português:* ensino fundamental, 6º ano. 2. ed. São Paulo: Edições SM, 2011.

Gonçalves, c. a. v. *Focalização no português do Brasil.* Rio de Janeiro, 1997. (Tese de Doutorado em Linguística) – Faculdade de Letras, ufrj.

______. *Sufixos intensivos*: reforço prosódico e função indexical. Comunicação apresentada no Work-shop "Morfopragmática da (hiper) expressividade". Rio de Janeiro: PUC-RIO. Mimeo, 2000.

Kiefer, F. Morphology and Pragmatics. In: Spencer, A.; Zwicky, A. (eds.). *The Handbook of Morphology.* Oxford: Blackwell Publishes, 1998, pp. 272-80.

Leitão de Almeida, M. L. *Modalidade, anguladores e espaços mentais.* Comunicação apresentada no VIII Congresso da ASSEL-RIO. Rio de Janeiro: Faculdade de Letras – UFRJ, 1991.

Loures, L. H. *Análise contrastiva de recursos morfológicos com função expressiva em francês e português.* Rio de Janeiro, 2000. (Tese de Doutorado em Linguística) – Faculdade de Letras, UFRJ.

Projeto Araribá (2007). *Português*: ensino fundamental. Obra coletiva concebida, desenvolvida e produzida pela Editora Moderna; editora executiva Áurea Regina Kanashiro. 2. ed. São Paulo: Moderna.

Rocha, L. C. Flexão e derivação no português. *Cadernos de pesquisa NAPq.* Belo Horizonte: FALE/UFMG, n. 19, 1994.

Rosa, M. C. *Formação de nomes aumentativos: estudo da produtividade de alguns sufixos portugueses.* Rio de Janeiro, 1983 (Dissertação de Mestrado em Linguística) – Faculdade de Letras, UFRJ.

Sandmann, A. J. *Morfologia geral.* São Paulo: Contexto, 1989.

______. *Morfologia lexical.* São Paulo: Contexto, 1992.

CASOS ESPECIAIS

O letramento de sujeitos típicos e atípicos

Maria Cecilia Mollica
Cynthia Patusco
Andressa Ribeiro
Gabrielle Costa Lourenço

Palavras iniciais

Neste capítulo, focalizamos o papel da consciência fonológica (doravante CF) em sujeitos típicos e atípicos objetivando demonstrar sua relevância no processo de alfabetização e letramento. Ressaltamos a importância do trabalho fonoaudiológico, conjugado ao do docente e ao do psicopedagogo, de modo a demonstrar que, qualquer que seja o perfil, se bem estimulados, os aprendizes atingem grau de letramento em nível satisfatório, como demonstra o estudo de Silva (2011) com portadores de Síndrome de Down (SD).

Apresentamos reflexão sobre a necessidade de imprimir cuidado redobrado na literacia, especialmente nos casos de analfabetos funcionais e de sujeitos com transtornos leves, moderados e severos, sob pena de não se superarem os obstáculos de ordem social, contextual, neurofisiológica e genética. Assim, discutimos sobre a delicadeza e a eficiência que a alfabetização e o letramento exigem, bem como sobre a demanda de recursos distintos, indispensáveis para a construção da lectoescritura.

Oferecemos noções básicas referentes à temática da aprendizagem da leitura e da escrita e algumas propostas concretas que podem ser implementadas ao lidar com aprendizes de diferentes graus de dificuldade. Salientamos que a proposição e a práxis de uma política de educação inclusiva, além de levar em conta o elenco grande de casos diferenciados, supõe assumir atitude sensível, flexível e rigorosamente profissional para obter-se minimamente o sucesso pretendido. Cabe inicialmente recuperar alguns conceitos e distinções.

ALFABETIZAÇÃO E LETRAMENTO

A leitura, como postulada por alguns autores, é a espinha dorsal para a integração numa sociedade letrada (Scliar-Cabral, 2003). Segundo Lopes (2006: 15), "vivemos numa sociedade em que a escrita penetrou, com muito vigor, estabelecendo-se como um recurso que permeia uma parte considerável das interações sociais". Tais pressupostos convergem para a tese de que os indivíduos estão inevitavelmente expostos às mais diversificadas práticas que se processam por intermédio de textos. A apropriação da leitura e da escrita envolve etapas graduais e contínuas que implicam o aprendizado de inúmeras estratégias cognitivas numa língua em particular (Mollica, 2005). Fisiologicamente falando, a escrita é um processo que envolve diferentes áreas cerebrais. Stampa (2009) explica que, na medida em que os neurônios frontais "aprendem a escrever" as letras, a grafia das palavras passa a ser organizada pelos neurônios parietais de memorização visual e de controle visual de movimentação da mão devido à potenciação das conexões entre todas as células.

Para Scliar-Cabral (2002b), os processos de *produção* (escrita) são de natureza mais complicada que os envolvidos nos de *recepção* (leitura): aprender a escrever é posterior e encerra maior complexidade do que o de aprender a ler. Não sendo a escrita uma representação linear da fala, o sistema torna-se bastante complexo para a criança dominar. As dificuldades com o princípio alfabético, segundo Stampa (2009), estão relacionadas aos mecanismos para se lidar com os sons da fala: se a criança tem dificuldade para identificar os componentes sonoros das palavras, enfrentará, inevitavelmente, problemas para estabelecer a relação som-letra.

A fase incipiente da lectoescrita tem se mostrado, pois, campo fecundo de investigação. Diferentes concepções teóricas têm buscado explicar o ato de ler e escrever. De acordo com a visão estruturalista, por exemplo, sendo a linguagem concebida como um sistema passível de ser fragmentado em partes menores, não se leva em consideração como ocorre a inter-relação dos constituintes na comunicação oral (Aquino, 2011). A leitura é entendida como um processo de decodificação de letras em sons: o foco se estabelece na relação fonema-grafema (capacidade de decifrar o código escrito e captar seu significado). Dessa maneira, o significado é dependente da forma e os erros no processo de decodificação podem interferir na compreensão e fluência da leitura.

Os estudiosos que se alinham com os pressupostos da visão psicolinguística entendem haver estágios cognitivos subjacentes às habilidades de ler e escrever. Tais habilidades são complexas e envolvem múltiplos processos interdependentes (Kato, 1995), entre os quais, a decodificação, a busca de informações, a reconstrução de sentido, a compreensão. Segundo Marec-Breton e Gombert (2004: 107) "a leitura é uma atividade complexa de tratamento de informações gráficas, a fim de se extrair significação". Sob esse ângulo, o leitor não apenas decodifica, mas dialoga com o texto.

No que tange ao processamento da leitura, há duas posições intrinsecamente relacionadas às concepções da hipótese (a) ascendente (*bottom-up*), que defende um processo indutivo, linear, em que o significado é definido pela análise e síntese dos significados das partes; e (b) descendente (*top-down*) da leitura, dedutivo, não linear, que parte do nível macro para a microestrutura, do significado para a forma, portanto, dependente do conhecimento de mundo (*background*) do leitor. Vale sublinhar que tanto os leitores ditos típicos quanto os atípicos (por exemplo, portadores de síndromes como DEL,TDA-H, Down) projetam no texto diferentes conhecimentos de mundo. Segundo Kato (1995), a possibilidade de leitura descendente está ligada à familiaridade da palavra no léxico mental e tal fato refere-se tanto aos sujeitos típicos bem alfabetizados, pouco ou nada alfabetizados, quanto a sujeitos não típicos, como os disléxicos, disgráficos, dentre outros.

Estudos mais recentes atestam que os dois processos atuam em conjunto para garantir a rapidez e a precisão do ato de ler. Segundo Kato (1995), por exemplo, o leitor maduro se utiliza das duas formas de processamento de modo complementar. Essa concepção bilateral da leitura se fortaleceu, em parte, por uma linha de discussão que coloca em foco a necessidade do controle consciente dos processos linguísticos na apropriação da lectoescrita: a consciência fonológica. À luz de tal perspectiva teórica, concebe-se a leitura como um processo envolvendo duas atividades cognitivas interdependentes: a decodificação e a compreensão (habilidade de interpretação). A decodificação necessariamente interfere no processo de compreensão, e a leitura em voz alta, de modo particular, é um procedimento que permite ao professor identificar no alfabetizando dificuldades em ambos os níveis.

Essas diferentes visões remetem ao embate teórico-metodológico entre os dois métodos mais comumente utilizados: os *métodos sintéticos* e os *métodos analíticos*. Os primeiros partem das unidades menores da palavra, focando a relação som-letra. Os métodos analíticos seguem na direção oposta, tendo como foco as unidades maiores, as palavras. Os defensores do método sintético julgam, inicialmente, que a leitura e a escrita constituem um ato mecânico: a criança adquire uma técnica para decifrar o texto, ou seja, ler significa decodificar o que está escrito em som. Somente após essa etapa mecânica de correspondência fonema-grafema é que se chega à compreensão do texto. Tal método se alinha com a concepção estruturalista de leitura.

Os adeptos do método analítico, ao contrário, entendem a leitura como um ato global: a palavra é reconhecida como um todo. Em se tratando de uma tarefa basicamente visual (a criança faz o reconhecimento gráfico da palavra), essa abordagem não leva em conta as dificuldades auditivas que a criança possa vir a ter. Apresenta-se à criança um vocabulário significativo para depois se focar a análise das unidades que compõem a palavra. A criança é exposta a histórias, poesias, parlendas e canções que explorem a compreensão do significado já na etapa inicial da alfabetização para, posteriormente, se alcançar o nível de decodificação do texto.

Tais considerações trazem à tona a discussão sobre dois termos intimamente relacionados à apropriação da lectoescrita: *alfabetização* e *letramento*. Apesar de designarem fenômenos específicos do processo de ler e escrever, Soares (2003) chama atenção para o fato de que, no Brasil, eles se mesclam, sendo muitas vezes mencionados, equivocadamente, como sinônimos.

Por *alfabetização* se entende a etapa pela qual a criança (ou o adulto) passa para adquirir o sistema convencional de uma escrita alfabética e ortográfica, ou seja, para aprender a fazer a decodificação grafo-fonêmica.

A alfabetização implica, portanto, o conhecimento estrito do código linguístico. O *letramento*, por sua vez, é um termo utilizado para designar o uso social da escrita. Sob tal perspectiva, não se assume a escrita como uma tecnologia neutra, mas fundamentada como um conjunto de práticas sociais culturalmente constituídas e socialmente situadas (Lopes, 2006). Tão importante quanto se apropriar da tecnologia da decodificação grafo-fonológica é se engajar em práticas sociais por meio da escrita, em se tratando de uma cultura grafocêntrica.

Ao discutir sobre a dicotomia alfabetização-letramento, Kleiman (1995: 81) define letramento como "um conjunto de práticas sociais que usam a escrita enquanto sistema simbólico e enquanto tecnologia, em contextos específicos, para objetivos específicos". Ressalta, no entanto, que "a escola, a mais importante das agências de letramento, preocupa-se não com o letramento e com a prática social, mas com apenas o letramento formal, a alfabetização, o processo de aquisição de códigos (alfabético e numérico)". Desse modo, outras orientações de letramento tendem a ficar a cargo de instituições como a família ou o meio profissional, por exemplo.

Em seu livro, *Psicogênese da língua escrita*, publicado em 1979, Emília Ferreiro e Ana Teberosky, através de uma perspectiva psicolinguística, alinham-se com a perspectiva de letramento social (antes mesmo de o termo ter sido incorporado ao meio educacional), ao discutirem que a aprendizagem da leitura é anterior à educação formal que a criança recebe na escola. Apoiadas na concepção teórica piagetiana do desenvolvimento, as autoras postulam que o processo de alfabetização implica a interação do sujeito com o meio, nesse caso, o envolvimento da criança com as práticas sociais de leitura e escrita. Descartam as autoras qualquer tipo de proposta didática que não esteja vinculada ao uso social da palavra. À luz do paradigma Construtivista, não há razão para o estudo sistemático da correspondência som-letra, já que este seria consequência da evolução conceitual da criança face à aprendizagem reflexiva da lectoescritura.

Se, por um lado, o paradigma psicogenético se caracterizou como uma corrente teórica instigante e geradora de mudanças pedagógicas no campo da alfabetização, por outro lado, foi alvo de inúmeras críticas que imprimem argumentos relevantes e dignos de reflexão. Em primeiro lugar, discutem alguns estudiosos da área que, com o advento do modelo construtivista, a ortografia passou a ocupar um lugar secundário na alfabetização. Para Cagliari (2002), esse aspecto revela um retrocesso na Educação. O autor argumenta que uma questão séria como a ortografia deixou de ser um dos centros de atenção do processo de alfabetização para se tornar uma "hipótese na cabeça dos alunos". Os professores, por sua vez, encontraram-se diante do dilema: é erro ou hipótese? Soares (2003), similarmente, assinala que, apesar da inegável contribuição do Construtivismo para a compreensão da trajetória da criança em direção à descoberta do sistema alfabético, a mudança paradigmática gerou alguns equívocos no campo da alfabetização. A autora faz duas observações importantes:

> Em primeiro lugar, dirigindo-se o foco para o processo de construção do sistema de escrita pela criança, passou-se a subestimar a natureza do objeto de conhecimento em construção, que é, fundamentalmente, um objeto linguístico constituído, quer se considere o sistema alfabético, quer o sistema ortográfico, de relações convencionais e frequentemente arbitrárias entre fonemas e grafemas. Em outras palavras, privilegiando a faceta psicológica da alfabetização, obscureceu-se sua faceta linguística – fonética e fonológica. Em segundo lugar, derivou-se da concepção construtivista da alfabetização uma falsa inferência, a de que seria incompatível com o paradigma conceitual psicogenético a proposta de métodos de alfabetização. (Soares 2003: 8)

Se o paradigma construtivista concebe a apropriação da leitura e da escrita tão somente como um fenômeno decorrente da interação do sujeito cognoscente com seu objeto de conhecimento, nesse caso, o material escrito que circula nas práticas sociais, a faceta linguística da alfabetização (relação fonema-grafema) perde sua especificidade. Esse aspecto, como se nota, faz interseção com o uso dos termos *alfabetização* e *letramento*. Para Soares (2003), são processos diferentes, mas interdependentes: um não antecede o outro mas coocorrem. Em seu artigo *Letramento e alfabetização: as muitas facetas*, a autora ressalta a importância de se focar novamente a faceta linguística (relação fonema-grafema) no processo de apropriação da língua escrita.

Dessa forma, é pertinente a posição tomada por Soares (2003) no que se refere à recuperação da faceta linguística como objeto de ensino direto, explícito e sistemático no processo de aprendizagem da língua escrita. Não se pode negligenciar que os fenômenos de codificação e decodificação em línguas alfabéticas, como o português, são facilitadores da alfabetização e, portanto, etapas fundamentais e integrantes do processo de apropriação da lectoescrita em crianças ou adultos, como também em indivíduos com desenvolvimento típico ou atípico.

Também para Bortoni-Ricardo (2006), por meio da decodificação fonológica, o aprendiz traduz sons em letras, quando lê, e faz o inverso quando escreve. No entanto, Bortoni-Ricardo pondera que os dois processos abrangem muito mais que a compreensão do princípio alfabético que estabelece a correspondência entre grafemas e fonemas. Ler e escrever são sistemas que exigem conhecimentos de natureza sintática, semântica e pragmático-discursiva, o que reforça a importância da perspectiva social do letramento. Assim, o ensino criativo deve estar firmemente enraizado numa experiência significativa de aprendizagem da leitura, através de diferentes gêneros textuais que despertem o interesse do aluno e que ilustrem palavras do seu universo cultural.

Aspectos gerais e exclusivos nos noviços típicos e atípicos

Na alfabetização de sujeitos com desenvolvimento atípico, como é o caso de portadores da Síndrome de Down (Silva, 2011), é imprescindível que o alfabetizador focalize a relação fonema-grafema, haja vista a dificuldade articulatória e o déficit auditivo por parte dessa população. A estimulação, portanto, não pode ter caráter unicamente visual (preconizada no modelo construtivista), mas deve ter natureza igualmente articulatória e auditiva. Ressaltar o valor da relação fonema-grafema não significa obscurecer a importância do letramento (práticas sociais de leitura) que, como mencionado anteriormente, de acordo com a visão de alguns autores, ocorre simultaneamente ao processo de alfabetização. Concebe-se, dessa forma, que a alfabetização e o letramento são indissociáveis e interdependentes.

Pesquisas voltadas para a leitura, de modo geral, concentram-se em dois polos: a leitura de palavras isoladas e a leitura de palavras contextualizadas. As do primeiro tipo deram origem a dois modelos teóricos: o conexionista e o não conexionista. Para o modelo conexionista, o reconhecimento da palavra ocorre por ativação no sistema de tratamento das letras e das informações fonológicas e semânticas associadas a essas letras. O modelo não conexionista, por sua vez, entende que o reconhecimento da palavra se dá por meio de duas vias: uma lexical e outra fonológica. De acordo com tal perspectiva, as palavras desconhecidas (não familiares) são decodificadas (rota grafema-fonema), mas as palavras familiares são lidas de forma global, por via lexical. A decodificação não é necessária, já que as palavras foram previamente armazenadas no léxico mental e podem ter a apresentação visual ativada (a pronúncia é determinada por informação armazenada na memória). No caso de palavras não familiares para o leitor, a leitura via rota fonológica é a única alternativa possível, já que as palavras não se encontram estocadas no léxico. Aventa-se, assim, a hipótese de que, no caso de leitores com desenvolvimento atípico, como portadores de SD, mesmo em se tratando de vocábulos familiares, por questões relativas à imaturidade neurológica, a leitura aconteça ora via fonológica, ora via lexical, dependendo da complexidade estrutural da palavra.

Parece razoável postular que, se o processo que abrange a apropriação da lectoescrita em crianças ditas normais é cognitivamente complexo, tal fenômeno, em crianças com desenvolvimento atípico, pode assumir uma dimensão ainda maior, em função de diversos fatores como o retardo mental. Na SD, a título de exemplo, os processos de ler e escrever podem ser retardados por aspectos relativos à imaturidade neurológica, bem como em função de anomalias fisiológicas decorrentes da síndrome (por exemplo, a visão e o desenvolvimento motor deficiente). Um estudo de Siegel (1989), porém, aponta não haver evidências de que graus de quociente de inteligência (QI) mais baixos estejam relacionados a desempenho pobre de leitura.

A literatura tem demonstrado que educadores divergem quanto à abordagem mais eficiente para a alfabetização de crianças com desenvolvimento atípico. Com relação à SD, particularmente, por muito tempo se preconizou o método analítico, que, sendo fundamentalmente visual, poderia dar melhores resultados, levando-se em conta que essa população apresenta habilidade de processamento visual relativamente boa. No entanto, as pesquisas mais atuais ressaltam a eficácia da *consciência fonológica* na aquisição da lectoescrita, sugerindo que o equilíbrio entre as abordagens visual e sonora seriam o procedimento mais acertado (Morgan et al., 2004).

Rondal (2006) explica que indivíduos com SD atingem níveis variáveis de lectoescrita, alguns alcançando graus funcionais de alfabetização (não apenas decodificam letras, mas usam a leitura como prática social) e outros, conseguindo ler com o suporte do professor. O autor afirma também que os portadores da síndrome passam mais tempo fazendo uso da estratégia logográfica que seus pares com desenvolvimento típico. No entanto, o período de alfabetização, tanto para portadores de SD quanto para seus pares considerados normais, obedece a uma sequência evolutiva relacionada às hipóteses que a criança faz sobre o que é escrever.

De acordo com Trenholm e Mirenda (2006), a habilidade de escrita em indivíduos Down parece progredir com a idade cronológica. Uma pesquisa conduzida por esses autores indicou os seguintes resultados: crianças entre 5:1 a 9:0 anos conseguiam escrever seus nomes ou palavras familiares (46,4%) ou ainda fazer atividades em livros de exercícios (25%), mas poucas conseguiam se engajar em outras atividades de escrita. O estudo apontou que, entre 6:0 e 12:0 anos de idade, a criança começa a ler (55,8%) e a escrever (48%). Crianças entre 9:1 e 13:0 apresentaram maior habilidade de escrita: 69,6% desse grupo conseguiam escrever seus nomes e palavras familiares e 52,2% faziam atividades em livros de exercícios. O grupo entre 13:1 e 19:0 apresentou resultados ainda melhores.

No grupo de adultos, foram registradas habilidades funcionais, tais como fazer listas (65,9%) e escrever recados (68,3%). Os adultos apresentaram igualmente bom desempenho em atividades escolares que envolviam uma resposta por escrito para uma pergunta simples (39%). No entanto, os autores avaliaram que os resultados da pesquisa forneceram evidências de que os portadores de SD obtiveram um desenvolvimento de leitura em vários níveis aquém de seus pares com desenvolvimento típico. Segundo Boudreau (2002), estudos recentes indicam que a adolescência e o início da fase adulta podem ser o momento mais apropriado para indivíduos com SD aprender a ler e a escrever.

Dentre os aspectos mais salientes na escrita de noviços típicos e atípicos, arrolam-se os apontados por Mollica (2003) e Avila et al. (2009), os quais não necessariamente sugerem quadro de patologia. Esses erros, segundo os autores, fazem parte do processo de aprendizagem da lectoescritura e tendem a se reduzir com o avanço da escolaridade. Entre eles, destacam-se:

- Confusão entre letras que representam o mesmo som;
- Mesma letra representando mais de um som;
- Inversão de letras;

- Influência da fala na escrita;
- Inversões de sequências;
- Generalização de regras;
- Omissão e adição de letras;
- Troca de letras;
- Soletração (nomeação de letras);
- Simplificação de agrupamento consonantal;
- Erro quanto ao emprego da tonicidade;
- Erros complexos (ocorrência de vários erros numa mesma palavra).

Alguns dos aspectos elencados se evidenciam na lectoescritura de portadores de SD, mesmo em sujeitos que já passaram da fase incipiente da alfabetização. Erros que persistem além das séries iniciais em sujeitos atípicos, mas diminuem com o aumento da escolaridade em alunos com desenvolvimento típico, apontam, salvo exceção, para problemas associados aos déficits mental e/ou articulatório.

Na escrita, a troca de letras, por exemplo, pode estar diretamente relacionada à ausência de discriminação de fonemas homorgânicos em virtude de déficit auditivo e/ou articulatório. Há também a possibilidade de o desvio ter relação com déficits de visão que conduz à confusão de grafemas, em especial com relação à representação de fonemas auditivamente semelhantes: por exemplo, o aluno grafa *fa**c**er* em vez de *fa**z**er*. Tal fenômeno ocorre em virtude da não distinção do traço fonético num par mínimo /s/#/z/ e sua respectiva codificação grafêmica. Esse exemplo dá indícios de que a não discriminação de certos sons pode afetar o processo de codificação e resultar em alterações na correlação fonema/grafema (Silva, 2011).

A omissão de letras ou a simplificação de grupos consonantais podem acontecer em função da não enunciação de determinado fonema (ou grupo de fonemas). Tal pode decorrer de déficit de atenção e/ou de memória auditiva, além de transtornos relativos à programação motora da cadeia sonora.

A generalização de regras, como a confusão entre letras que representam o mesmo som, é outra característica observada com frequência. Em alguns casos, o alfabetizando não assimila a regra pela qual deve escolher uma letra em função de seu contexto fonológico. Suponha-se a grafia da palavra *conta*. Caso, num exercício de ditado, o aluno escreva *comta,* estará fazendo alteração gráfica de fonemas auditivamente semelhantes (o linguodental /n/ pelo bilabial /m/) no contexto do exemplo.

Outro aspecto notório, a influência da fala na escrita, ocorre, de modo geral, como o que se evidencia em alfabetizandos com desenvolvimento típico. Assim, grafias do tipo *meninu/mininu,* em vez de *menino,* são também formas possíveis na escrita dos sujeitos de pesquisa de Silva (2011). Bortoni-Ricardo (2005) explica que esses erros são decorrentes da transposição de hábitos da fala para a escrita, seja pela interferência de regras fonológicas variáveis, seja pela falta de familiaridade com as convenções da língua escrita.

Um critério plausível para discriminar itens lexicais que dão indícios de escrita desviante de itens lexicais nos quais se verifiquem erros "normais" é avaliar se o erro ortográfico é previsível ou não para um determinado vocábulo. Por esse critério, as alterações da palavra *menino* poderiam ser consideradas como erros previsíveis no processo de alfabetização, já que a criança tende a transferir a oralidade para a escrita. No entanto, o cancelamento de grafemas (fenômeno observado na escrita de sujeitos Down), como, por exemplo, a estrutura *mno* representando a grafia de *menino,* não é considerado um erro previsível, apontando, assim, para um problema a ser diagnosticado e reparado. É conveniente, nesses casos, uma atenção diferenciada quanto à abordagem do erro e à forma de correção. Em outras palavras, Bortoni-Ricardo (2005) sugere a organização de um trabalho pedagógico que respeite as especificidades de cada aluno.

Os distúrbios da escrita, assim como os de leitura, estão associados a diversos fatores, desde os orgânicos até os de ordem psicossocial. Assim, alterações no código ortográfico devem-se não somente aos aspectos relativos ao comprometimento anátomo-funcional do aparelho fonador, da motricidade, da audição e da percepção visual, como também às condições intelectuais, afetivo-emocionais e sociais do indivíduo. Esses fatores, combinados e analisados conjuntamente, é que vão delinear o perfil do alfabetizando dito atípico.

Em suma, aspectos relativos à apropriação da lectoescrita são mais passíveis de alterações em alfabetizandos Down, por exemplo, do que em seus pares com desenvolvimento típico (Silva, 2011), uma vez que os desvios observados decorrem de déficits neurológicos e nos órgãos fonoarticulatórios (OFA). No entanto, as dificuldades de aquisição do código ortográfico podem ser minoradas com a inserção de recursos pedagógicos, como é o caso da Consciência Fonológica.

Distúrbios de leitura e escrita

Em relação aos distúrbios de lectoescritura, diversas disciplinas estão envolvidas. Apesar de terem diferentes orientações teóricas, a maioria dos profissionais concorda que nem toda criança que apresenta dificuldades para aprender a ler pode ser considerada portadora de distúrbio de leitura e escrita. Crianças com instrução escolar inadequada, por exemplo, não podem ser incluídas neste grupo, assim como aquelas com problemas visuais ou mentais severos.

Morton e Frith (1995) propõem um modelo básico das possíveis causas dos distúrbios de leitura e escrita, considerando os níveis biológicos, cognitivo e comportamental:

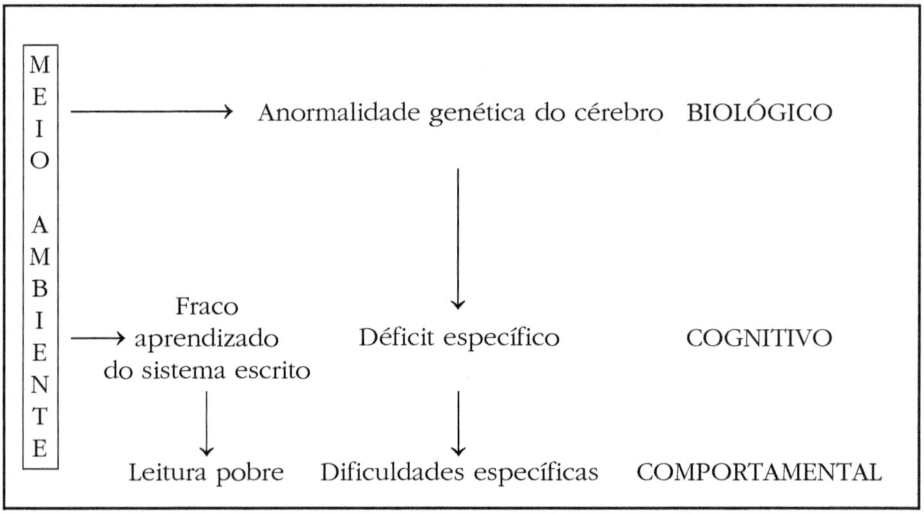

Esquema 1 – Modelo básico das possíveis causas dos distúrbios de leitura e escrita proposto por Morton e Frith (1995)

Cabe caracterizar alguns quadros bem conhecidos.

a) Transtorno do Déficit de Atenção e Hiperatividade (TDA-H)

O transtorno do déficit de atenção e hiperatividade é a classificação clínica para os problemas pertinentes de atenção, impulsividade e hiperatividade, mais frequentes e severos do que o observado em indivíduos com desenvolvimento típico. Como a leitura requer considerável quantidade de atenção para que sejam selecionadas as informações relevantes e ignorados os estímulos menos importantes, os transtornos de déficit de atenção e hiperatividade têm sido considerados como fatores que contribuem para os distúrbios de leitura. Isso não significa, porém, que há uma alta correlação entre essas duas patologias. Ao contrário, Shaywitz et al. (1994), em um estudo com crianças com TDA-H, encontraram somente 36% com distúrbio de leitura e, em outra pesquisa semelhante com crianças com distúrbio de leitura, atestaram apenas 15% de indivíduos com TDA-H.

Diversos estudos têm confirmado a distinção entre esses dois distúrbios, identificando perfis cognitivos diferentes associados a eles. Crianças com distúrbio de leitura, por exemplo, tiveram um desempenho pior em tarefas de processamento fonológico, enquanto crianças com TDA-H realizaram bem essas tarefas, mas muito mal aquelas de memória visual (Shaywitz et al. 1995). Indivíduos com TDA-H apresentam problemas em tarefas envolvendo inibição e controle; em contrapartida, crianças com distúrbio de leitura demonstraram déficit sem diversas medidas baseadas em linguagem, em tarefas envolvendo consciência fonológica, memória verbal, recontagem de histórias (Korqmam e Pesonen, 1994). Catts e Kahmi (1999) ressaltam que, nos casos em que os distúrbios de leitura aparecem em associações com TODA-H, o déficit de atenção pode contribuir para tais problemas, mais especificamente, porém, em relação aos aspectos de compreensão do que se lê.

b) Disgrafia

Denomina-se disgrafia a incapacidade de o indivíduo produzir uma escrita culturalmente aceitável, apesar de possuir nível intelectual adequado, receber a devida instrução e ser submetido ao mesmo processo de prática da escrita no decorrer de sua formação acadêmica (Rodrigues; Castro; Ciasca, 2009). Em relação à classificação, em geral, considera-se que a disgrafia pode ser secundária à lesão ou disfunção do sistema nervoso central (SNC). Enquanto a lesão resulta em perda de habilidades anteriormente adquiridas (disgrafia adquirida), a disfunção resulta no desenvolvimento anormal da habilidade de escrever (disgrafia do desenvolvimento). De maneira semelhante, o termo disgrafia funcional é utilizado para se referir àqueles indivíduos com capacidade intelectual normal (ou acima da média), sem déficits sensoriais e lesões neurológicas. Já déficits de natureza intelectual, sensorial ou lesão do SNC remetem à disgrafia orgânica.

No referente às características clínicas da disgrafia, são comuns as dificuldades para escrever, como se segue: (a) produção escrita marcada por mistura de letras (maiúsculas e minúsculas e/ou letras bastão com letra cursiva); (b) traçado de letra ininteligível; (c) traçado de letra incompleto; (d) dificuldade para realizar cópias e falta de respeito à margem do caderno; força exagerada, chegando a marcar outras páginas do caderno; (e) traços descontrolados, letras que dançam nas linhas; (f) inversão de letras (escritas em espelho).

Diante da suspeita de que a pessoa possa ou não ser portadora de disgrafia, o primeiro passo é fazer uma investigação minuciosa comparando o traçado do propósito com a média de grafia para a idade equivalente, sendo possível o diagnóstico através de desenhos, rabiscos e outros. Pode-se então iniciar um trabalho preventivo. Para tanto, é fundamental que se faça uma avaliação psiconeurológica global.

No campo da reabilitação, várias escolas propuseram modelos de intervenção ao longo dos últimos anos. Basicamente, poderíamos agrupá-los do seguinte modo (Pena-casanova, 1997):

1. Algumas escolas tratam de estimular o desenvolvimento das funções alteradas, acreditando que um trabalho intensivo sobre os aspectos mais débeis conduz à recuperação.
2. Outras se propõem a trabalhar as habilidades conservadas (ou pontos fortes), presumindo que a função alterada permanecerá assim; concentram esforços no desenvolvimento de técnicas e mecanismos de compensação.
3. Uma postura intermediária é defendida pelos autores da Europa Oriental, que consiste em considerar as funções superiores como o produto de trabalho de sistemas funcionais complexos. Este conceito traz implícita a dimensão de certa plasticidade e a possibilidade de que os sistemas que permaneceram inalterados após uma lesão possam, em muitos casos, reorganizar-se e, por diferentes caminhos, chegar ao mesmo resultado.

c) Dislexia

A dislexia é um distúrbio específico de leitura ocasionado pela interrupção ou má formação nas conexões cerebrais que ligam zonas anteriores (lobo frontal) com zonas mais posteriores (lobo parietal e occipital) do córtex cerebral (Capellini, 2004; Etchepareborda e Habib, 2001; Shaywitz, 2006).

Já foi comprovado que disléxicos apresentam déficits fonológicos na leitura. O déficit fonológico tem influência direta sobre a mecânica da leitura, ainda que não se vincule de forma direta à compreensão. Isto ocorre porque problemas de decodificação da leitura sobrecarregam a memória de trabalho, aumentando o tempo de leitura e prejudicando o fechamento da sentença, podendo resultar em produção oral silabada com trocas de letras, inversões de letras na palavra, o que, consequentemente, compromete a compreensão do material lido. Os disléxicos apresentam mais do que o dobro do tempo médio de leitura em relação a crianças sem dislexia, mas conseguem, no entanto, chegar ao mesmo resultado interpretativo.

Para ler eficazmente, a criança precisa prestar atenção a todas as letras de uma palavra, a fim de conectá-las aos sons que ouve quando a pronuncia para, então, decodificá-la. O termo decodificação se refere ao processo de converter a informação escrita em linguagem com significado para o leitor. Sendo assim, o leitor deve, de alguma forma, converter o que lê em código linguístico. É nesse estágio que o disléxico apresenta dificuldades.

Os disléxicos dependem mais da chamada Área de Broca (giro frontal inferior do hemisfério esquerdo do cérebro), mas também se utilizam de outros sistemas auxiliares de leitura, localizados no lado direito e na parte anterior do cérebro (um sistema funcional, mas não automático). Isso significa que o leitor disléxico apresenta um sistema disruptivo que impede a leitura automática, por isso ele depende de caminhos secundários, localizados na parte frontal e à direita do cérebro.

Essa população apresenta inteligência normal, mas há evidências de distúrbio fonológico, falhas nas habilidades sintáticas, semânticas e pragmáticas. Além disso, observa-se dificuldade na modalidade escrita no período escolar, habilidade narrativa comprometida para recontagem de histórias, déficits na função expressiva e alteração no processamento de informações auditivas e visuais.

Outros aspectos que podem ser observados em crianças disléxicas são erros na leitura oral (como omissões, substituições, distorções ou adições de palavras ou partes de palavras), lentidão, inversões de palavras em frases ou de letras dentro de palavras. Podem apresentar também: déficits na compreensão de leitura (caracterizada por incapacidade de recordar o que foi lido) e dificuldade de extrair conclusões ou fazer inferências (recorrer aos conhecimentos gerais, mas não recordar detalhes).

Nos casos de dislexia, uma intervenção bem-sucedida depende de uma avaliação criteriosa e multidisciplinar das áreas da Neurologia, Fonoaudiologia, Psicologia, Pedagogia e Psicopedagogia. Devem-se conhecer as habilidades e as dificuldades apresentadas pela criança no processo diagnóstico, com o objetivo de orientar a si mesmo ou aos professores para o tratamento adequado, visando o desenvolvimento de estratégias que possibilitem a melhora no uso das habilidades e funções da linguagem e no desempenho da criança nas tarefas escolares que exigem leitura e escrita.

É fundamental uma avaliação detalhada de todos os componentes da consciência fonológica, uma vez que somente baseados em dados precisos e confiáveis pode-se subsidiar uma intervenção eficaz, dirigida à natureza do problema identificado. Exercícios, como utilização da rima, por exemplo, são importantes para desenvolver a consciência fonológica e auxiliar no desenvolvimento do indivíduo disléxico. Seguindo uma cronologia adequada, de acordo com Etchepareborda (2002), deve-se trabalhar:

1º) Estrutura silábica das palavras
- síntese silábica;
- análise silábica.

2º) Identificação de sílabas
- segundo sua posição;
- segundo sua natureza.

3º) Comparação de sílabas
- segundo sua posição;
- segundo sua natureza.

4º) Recombinação fonológica
- omissão de sílaba final;
- omissão de sílaba inicial;
- omissão de sílaba central;
- inversão de sílabas;
- adição de sílaba final;
- adição de sílaba inicial.

O PAPEL DA CONSCIÊNCIA FONOLÓGICA NA ALFABETIZAÇÃO

Pesquisas têm sublinhado a influência da fala na escrita na fase de ensino-aprendizagem de língua materna. O português, cuja representação gráfica é alfabética, ou seja, as unidades gráficas (letras) representam as unidades sonoras, requer do aprendiz a percepção consciente desse sistema para fazer a correspondência correta entre grafemas e fonemas. Como declara Mollica (2003: 7), "[...] a consciência explícita por parte do falante acerca da influência da relação fala/escrita concorre para melhorar o desempenho no letramento".

A literatura tem discutido a importância de se estimular habilidades de Consciência Fonológica durante o processo de alfabetização. Diversos autores têm defendido que certas habilidades de reflexão fonológica são necessárias para o aprendizado da escrita alfabética, a percepção da dimensão sonora das palavras e o entendimento de que estas são formadas de segmentos menores (Adams et al. 2006). Morais (1989) define a Consciência Fonológica (CF) como uma habilidade metalinguística de representação consciente das propriedades fonológicas e das unidades constituintes da fala: consiste no conhecimento consciente dos sons (fonemas) que compõem as palavras que ouvimos e enunciamos. *A priori*, essa habilidade leva o alfabetizando a sementar sequências fonológicas e ortográficas para, posteriormente, compreender o enunciado escrito.

Parece razoável apontar a prática da CF como recurso plausível para minorar dificuldades e transtornos de leitura e escrita numa população que apresente analfabetismo funcional tanto quanto déficits mental, articulatório e/ou auditivo, como é o caso de algumas das síndromes anteriormente mencionadas. A tomada de consciência de que a língua falada pode ser segmentada em unidades distintas é relevante na fase incipiente da alfabetização para qualquer aprendiz: a frase é composta por palavras e estas últimas são formadas por sílabas que, por sua vez, se constituem de unidades menores categorizadas como fonemas. A Consciência Fonológica é, portanto, um conjunto de habilidades heterogêneas com uma estrutura hierárquica que se inicia com a consciência de unidades mais globais até a percepção dos segmentos fonêmicos da fala. Esse recurso pedagógico, quando adotado nas salas de aula especiais, pode facilitar o processo de decodificação grafofonológico, suscitando fluência na leitura e minimizando erros de escrita.

Ao se pensar em Consciência Fonológica, depreende-se um conhecimento explícito e reflexivo: o indivíduo aprende a separar e categorizar os sons de maneira que o permita entender como as palavras são codificadas. Operações de contar, segmentar, unir, adicionar, suprimir, substituir e transpor sons possibilitam as crianças ou jovens em fase de alfabetização a trabalhar diferenças, semelhanças, quantidade e ordem dos sons da fala. Face à função mental, Stampa (2009) chama a atenção para o fato de que a falta de consciência fonológica pode estar relacionada às exigências cognitivas da tarefa, aspecto que se aplica às populações ditas atípicas.

Desenvolvendo a Consciência Fonológica

A CF se desenvolve através de diferentes formas. Atividades lúdicas que incluem músicas, cantigas de roda, poesias e jogos orais promovem a atenção para a estrutura sonora da palavra. A percepção consciente dos sons, por sua vez, leva o alfabetizando a fazer conexões entre grafemas e fonemas, suscitando a generalização e memorização da relação som-letra.

Entre os níveis de CF, destacam-se as rimas e aliterações, a consciência sintática, a consciência silábica e a consciência fonêmica. A rima é uma correspondência fonêmica entre duas palavras a partir da vogal da sílaba tônica. A semelhança é sonora, e não necessariamente gráfica. É interessante frisar que, em certas brincadeiras espontâneas, mesmo sem tomar conhecimento da rima, a criança atesta sua capacidade metafonológica, como no exemplo "Fabiana, cara de banana". Para os disléxicos, particularmente, de acordo com o que postula a literatura, o trabalho com rima é muito mais difícil.

A aliteração, um recurso poético como a rima, é a repetição de um fonema na posição inicial das palavras. Essa abordagem permite ao aprendiz estabelecer uma correspondência entre som e letra. O *trava-língua* é uma forma de aliteração, como no exemplo *O rato roeu a roupa do rei de Roma.*

A Consciência Sintática refere-se à capacidade da criança para segmentar a frase em unidades menores (as palavras) e, ao mesmo tempo, estabelecer uma relação entre essas unidades numa sequência lógica, como no exemplo *a/menina/gosta/de/comer/fruta.* Alguns erros comumente verificados nas fases iniciais da escrita, como aglutinações e separações indevidas podem estar associadas à dificuldade de consciência sintática. De acordo com certos autores, isso implica a capacidade de análise e síntese auditiva da frase (Stampa, 2011).

A Consciência Silábica, por sua vez, é a habilidade de segmentar as palavras nas unidades que as compõem, ou seja, as sílabas. Tal como ocorre com a Consciência Sintática, na fase de Consciência Silábica, a criança realiza análise e síntese vocabular. Atividades de Consciência Silábica envolvem operações de contar, adicionar, subtrair e substituir sílabas, a fim de formar novas palavras, por exemplo, *ga/to* – *pa/to* ou *ca/sa* – *ca/sa/do*.

Finalmente, a Consciência Fonêmica, que consiste na capacidade de análise e segmentação dos fonemas que constituem a palavra, é a mais refinada habilidade de Consciência Fonológica, mas também a última a ser adquirida. É interessante observar, portanto, que a CF é um conjunto de habilidades metalinguísticas que partem do nível sintático para o fonológico.

Primeiramente, a criança desenvolve a consciência no nível das palavras, seguida do nível das sílabas, que, por sua vez, antecede o nível da consciência fonêmica. Esta última tem relação direta e coincide com o desenvolvimento da escrita nas línguas de sistema alfabético, uma vez que possibilita ao indivíduo tomar consciência das estruturas mínimas da língua, ou seja, os fonemas, e estabelecer a relação entre os sons e os símbolos que os representam, os grafemas. Atividades de Consciência Fonêmica envolvem quais e quantos fonemas formam uma palavra, como, por exemplo, *p/a/t/o*. A partir daí, a criança pode usar sua criatividade adicionando, suprimindo e trocando fonemas numa única palavra para formar novos itens lexicais.

Estímulo e educação inclusiva

Uma investigação conduzida por Cardoso-Martins (1999) constatou que indivíduos com SD que já leem apresentam a habilidade de prestar atenção consciente aos sons da fala. Conclui-se, portanto, que a sensibilidade à identidade fonológica pode servir de base para o desenvolvimento das habilidades alfabéticas de leitura em populações com déficits intelectuais. Apesar de portadores de SD e de dislexia, por exemplo, apresentarem um desempenho metafonológico inferior em comparação aos seus pares considerados normais, há evidências de correlação entre Consciência Fonológica e sucesso na alfabetização desses indivíduos.

É importante frisar que o programa de habilidade de CF adotado numa sala de aula especial (ou regular inclusiva) deve ser iniciado a partir do nível de dificuldade identificado para cada criança ou jovem alfabetizando. Há de se levar em conta que, no caso de sujeitos atípicos, como os SDs, problemas de ordem neurológica, déficits de memória e de processamento auditivo dificultam a percepção consciente dos sons. Além disso, o transtorno nas habilidades motoras orais contribui para a ininteligibilidade da fala (Silva, 2011). Há ainda muitos autores nas áreas da Fonoaudiologia, da Psicopedagogia, da Pedagogia (Almeida, 2011a) que vêm discutindo a denominada Educação Inclusiva e propondo inúmeras práticas pedagógicas (Cunha, 2011; Almeida, 2011b; Machado e Nunes, 2011) voltadas para os diversos sujeitos que eventualmente possam vir a interagir numa sala de aula. São trabalhos práticos com base em descrição e análise dos transtornos que mencionamos (Olivier, 2011; Relvas, 2011; Maia; 2011a e b; Alves, 2011) e que levam em conta a singularidade dos assim chamados "incluídos".

Adams et al. (2006: 103) acreditam que "os fonemas são melhor distinguidos pela forma como os fones são articulados do que pela forma como soam. Por esta razão, deve-se estimular as crianças a sentir a forma como sua boca e a posição de sua língua mudam em cada som". Essa declaração é particularmente apropriada para portadores de SD, haja vista a dificuldade de natureza articulatória enfrentada por esses indivíduos. Preconiza-se, dessa forma, que os jogos de linguagem sejam retomados com frequência, até que tenham sido dominados e possam ser ampliados. A cada etapa novos desafios fonológicos podem ser apresentados numa progressão gradual, juntamente com aqueles praticados previamente. Tais propostas pedagógicas aplicam-se muito bem em sujeitos considerados típicos, especialmente em alunos de EJA (Educação de Jovens e Adultos). Como atestam Capovilla e Capovilla:

> o texto deve ser introduzido de modo gradual, com complexidade crescente, e à medida que a criança for adquirindo uma boa habilidade de fazer decodificação grafofonêmica fluente, ou seja, depois que ela tiver recebido instruções explícitas e sistemáticas de consciência fonológica e de correspondências entre grafemas e fonemas. (Capovilla e Capovilla, 2002: 64)

Testes de enunciação, leitura e escrita

Para investigar a ocorrência de processos fonológicos de simplificação (característicos das falas de indivíduos com déficit articulatório), Silva (2011) propõe um teste com gravuras de palavras polissílabas com diversos fonemas da língua em diferentes posições. A escolha de vocábulos polissílabos é motivada pelo fato de a dificuldade de programação motora de sequências sonoras mais longas levar à simplificação de padrões silábicos.

São avaliados nesse tipo de teste aspectos relativos à fala disártrica que se caracteriza pela omissão ou distorção de um ou mais sons, além de inconsistência na coarticulação de encontros consonantais. Para verificar a ocorrência ou não de coarticulação de encontros consonantais (ec), a autora supracitada sugere a apresentação de figuras que designam palavras com os seguintes encontros consonantais em diferentes posições: /pr/, /pl/, /vr/, /dr/, /tr/, /tl/, /kl/, /kr/, /bl/, /br/, /fl/, /fr/, /gr/ e /gl/. Para a verificação de troca e/ou omissão de fonemas, utiliza-se nova lista contendo palavras monossílabas ou dissílabas. Nesse caso, a opção por vocábulos de menor extensão e com estruturas silábicas simples (v e cf) se deve à intenção de verificar se esse grupo de itens lexicais suscita melhor desempenho oral e escrito em relação às palavras polissílabas.

Durante a realização dos testes com palavras familiares, os informantes nomeiam cada figura apresentada. A palavra enunciada deve ser gravada em áudio e depois transcrita foneticamente. Em seguida, os sujeitos de pesquisa são solicitados a escrever o nome das figuras que enunciam. Assim, pode-se traçar um paralelo entre oralidade e escrita. Finalmente, o professor fornece fichas contendo os nomes das figuras. Essa etapa, também registrada em áudio e posteriormente transcrita, tem por objetivo avaliar a relação da escrita com a leitura, ou seja, a relação entre os processos de codificação e decodificação dos itens lexicais testados.

O critério adotado para identificar itens lexicais (familiares) com indícios de escrita desviante é o de ponderar se o erro de ortografia é previsível ou não para determinado vocábulo. Por exemplo, mostra-se a figura de um prato para o alfabetizando, solicitando que ele escreva o nome daquele objeto. Pode-se até esperar que crianças com desenvolvimento típico grafem *pratu*, tomando-se como critério de previsibilidade a influência da fala na escrita. Ou ainda *pato*, já que há uma tendência, nas fases iniciais da alfabetização, à simplificação do padrão ccv para cv. Porém, não é previsível que se grafe *patora*, por exemplo. A palavra *prato* grafada *patora* pode indicar um desvio de natureza fonético-fonológica que se reflete na escrita, tal como a dificuldade de percepção e memorização dos sons ou ainda de programação motora das unidades sonoras que compõem a palavra. Assim, torna-se necessária uma avaliação criteriosa de cada caso para que se possa separar o que se considera fala e/ou escrita desviante daquilo que se concebe como erro ortográfico previsível para alunos ditos normais em fase de alfabetização, ou seja, processos não exclusivos de grupos atípicos.

Por fim, pode-se elaborar uma lista contendo palavras não familiares selecionadas do dicionário. O objetivo desse teste é avaliar se o aluno apresenta melhores resultados de leitura e escrita em comparação aos testes anteriores, com palavras com as quais está familiarizado. A intimidade com o item lexical favorece a leitura visual, não havendo necessidade de decodificação. Desse modo, o foco do teste com palavras não usuais é avaliar a real habilidade de correspondência grafofonológica (decodificação grafema-fonema), já que o aluno não poderá fazer a leitura via rota lexical (visual). O teste com palavras não familiares pode ser realizado da seguinte maneira: em primeiro lugar, o professor lê pausadamente a palavra e solicita ao aluno que escreva o que ouve. Ao término da etapa de escritura de todas as palavras, pede-se que o aluno leia as fichas com os nomes dos vocábulos não familiares. A leitura deve ser então gravada e transcrita.

Assim, os sujeitos (alunos ou informantes de uma pesquisa) são submetidos a uma bateria de testes com palavras que fazem parte do seu repertório lexical e palavras não familiares. O critério para a escolha das palavras testadas, em todos os casos, à exceção do grupo de palavras não familiares, é o grau de familiaridade com os vocábulos, os quais devem suscitar a enunciação espontânea a partir da visão das gravuras. A elaboração das listas propostas em Silva (2011) tem como base uma bateria de testes aplicada por Rodrigues (1989) para avaliar o papel do déficit motor dos ofa (órgãos fonoarticulatórios) na aquisição desviante do sistema fonêmico de crianças com desenvolvimento típico.

Eis uma sugestão de listas de palavras (familiares). No teste com palavras familiares, o professor/fonoaudiólogo deve apresentar ao aluno as gravuras referentes aos vocábulos testados.

I – Processos fonológicos de simplificação (PFS)	II - Coarticulação de EC (CEC)	III - Alteração fonêmica em palavras monossílabas e dissílabas (AFMN)
Liquidificador	Prato	Chapéu
Hipopótamo	Livro	Pão
Margarina	Cruz	Bolsa
Geladeira	Cobra	Azul
Maracanã	Quadro	Cinto
Esqueleto	Travesseiro	Nuvem
Melancia	Gravata	Pé
Botafogo	Bicicleta	Leite
Elefante	Flamengo	Carro
Lagartixa	Drácula	Mala
Computador	Brinco	Unha
Televisão	Biblioteca	Faca
Sanduíche	Planta	Garfo
Matemática	Atlântico	Queijo
Chocolate	Trem	Ovo

Tabela 1 – Lista de vocábulos familiares

Na sequência, uma sugestão de palavras não familiares retiradas do *Dicionário Aurélio.*

Paleontologia	Sazonal
Fugacidade	Turaniano
Arinque	Imaculatismo
Marroada	Jeribazeiro
Enantiose	Ranfoteca

Tabela 2 – Lista de vocábulos não familiares

Subsídios pedagógicos em Consciência Fonológica

Esta seção compila abordagens pedagógicas propostas em Stampa (2009) a partir de subsídios da Consciência Fonológica. Pretende-se ilustrar através das atividades lúdicas apresentadas que o exercício consciente da relação som-letra tende a atenuar déficits de lectoescrita durante o processo de alfabetização. As práticas aqui sugeridas constituem uma pequena amostra do "leque" de habilidades metafonológicas, em geral, aplicadas em alfabetizandos com desenvolvimento típico, mas igualmente passíveis de serem utilizadas no contexto da educação especial.

Atividades de consciência Fonológica implicam, antes de mais nada, a consciência auditiva: a capacidade de perceber e reagir a um estímulo sonoro. De acordo com a autora suprarreferida, qualquer dificuldade nesse sentido gera problemas de aprendizagem e de comunicação. Preconiza-se que o grupo de alfabetizandos, como um todo, seja estimulado com atividades perceptivas gerais através, por exemplo, da audição de sons oriundos do próprio corpo (bater palmas, tossir, soprar, espirrar), de sons de instrumentos musicais, variando em frequência e intensidade (tambor, flauta, violão) e reagir à ausência de som (parar de dançar quando um som produzido de forma contínua for interrompido) e assim por diante. Esses exercícios podem ser aplicados em sala de aula com a orientação do professor e/ou do fonoaudiólogo.

Sequencialmente, deve-se pesquisar a memória auditiva do indivíduo, isto é, a capacidade de reter e reproduzir estímulos sonoros. Dentre as tarefas sugeridas, ressalta-se a repetição de palavras quanto à rima, por exemplo, *bola – mola, bola – mola – rola*, quanto ao número de sílabas como em *nó – pé, bolo – sola – picolé – sacola,* quanto à sequência de palavras relacionadas, por exemplo, *maçã – pera, maçã, pera, uva* etc. Tais atividades podem ser adaptadas de acordo com a criatividade do professor. Entretanto, aconselha-se variar o grau de dificuldade gradativamente, de acordo com a evolução de cada caso.

Stampa (2009) chama a atenção para o fato de que a memória auditiva sequencial (capacidade de perceber e repetir sons na mesma ordem em que foram produzidos) é uma habilidade fundamental para o sucesso da leitura e da escrita. Déficits de memória sequencial acarretam inversões ou substituições de sílabas em palavras (*pipoca – picapo*) e de palavras em frases. Os testes para avaliar esse tipo de memória baseiam-se novamente em séries de repetições que vão desde o uso de instrumentos musicais variados (o aluno é solicitado a repetir a sequência dos sons ouvidos) até a repetição de palavras soltas ou frases simples, aumentando-se o número de itens lexicais a cada etapa, por exemplo, *o menino caiu, o menino caiu da cadeira, o menino caiu da cadeira e chorou.*

Ainda no que tange à percepção auditiva, a discriminação, capacidade para distinguir um som dos demais, é outra habilidade suscetível de ser explorada em sala de aula. Dificuldades nessa capacidade, em particular, podem deflagrar confusão e troca de fonemas, por exemplo /vaka/ x /faka/, acarretando problemas na correspondência som-letra e, por conseguinte, desvios de leitura e escrita. A avaliação dessa capacidade pode ser iniciada por tarefas que envolvam discriminação de sons não verbais: toca-se, por exemplo, um chocalho; após breve pausa, toca-se um sino. O aluno, em seguida, é questionado se os sons são iguais ou diferentes. Já os testes para verificar a discriminação de sons verbais englobam uma série de exercícios, entre os quais se destacam:

- o professor/terapeuta solicita ao aluno que reaja ao ouvir um som previamente estabelecido (o aluno pode levantar um braço ou bater palmas ao ouvir o som, por exemplo). Stampa (2009) sugere que tais exercícios comecem por fonemas que possam ser prolongados, como os fricativos /f/, /v/, /s/, /z/ etc. Dá-se continuidade com fonemas não passíveis de prolongamento, como os oclusivos /k/, /g/, /d/, /t/, /b/ e /p/. A autora chama atenção para o fato de que se deve estimular o grau de dificuldade dos exercícios através da enunciação de fonemas auditivamente semelhantes. Estes, em geral, diferem-se em apenas um traço distintivo, aspecto que dificulta a percepção pelo ouvinte;
- o professor/terapeuta pode trabalhar com pares de fonemas, solicitando ao alfabetizando que responda se os pares enunciados são iguais ou diferentes (/p/–/p/ são iguais ou diferentes? /f/–/v/ são iguais ou diferentes?). Com os sons vocálicos procede-se de forma semelhante, sempre solicitando do aluno uma reação previamente combinada, por exemplo, bater palmas quando os pares de vogais enunciadas forem iguais (a-a, e-o, i-u, o-o etc.).

Uma vez que sons consonantais e vocálicos tenham sido introduzidos separadamente, pode-se combiná-los através de uma infinidade de padrões silábicos (cv, vc, cvc, ccv etc.), formando pares que devem ser discriminados (pai – pia). Posteriormente, pode-se combinar palavras com fonemas contrastantes (folha/rolha, lata/mata etc.), aumentando-se o grau de dificuldade com vocábulos que englobem fonemas auditivamente semelhantes (homorgânicos), como *pote/bode* e *fila/vila*. Stampa (2009) sugere uma série de pares de palavras com diversos fonemas em diferentes posições para esse propósito.

Afora a questão acústica, o trabalho de consciência fonológica deve envolver a prática criteriosa do gesto articulatório relacionado ao som previamente ouvido. O professor tem que estar atento à forma como o alfabetizando articula os sons e, caso seja necessário, encaminhá-lo à clínica fonoaudiológica. A interação entre esses dois profissionais é, desse modo, aconselhável, quando não imprescindível.

Propomos, a partir das sugestões feitas anteriormente que, ao constatar que o alfabetizando consegue fazer correlação entre a percepção acústica do som e sua respectiva realização fonética, o professor apresente as formas gráficas possíveis de um dado fonema. Sendo bem-sucedida a prática acústico-articulatória, passa-se, então, à etapa de tomada de consciência de que a relação som-letra não é necessariamente unívoca. O aluno precisa assimilar que o som /s/, por exemplo, assume diversas grafias, entre as quais, *s, ss, sc, ç*. Nesse ponto, julgamos que a estratégia de memória visual da palavra exerça um papel fundamental para o estabelecimento da escrita canônica. Exercícios do tipo cópia e ditado podem ajudar o aluno a fixar as diferentes grafias de um mesmo som, como é o caso de *sala, assado, crescer* e *açúcar*, além de dar conta da assimilação da grafia de letras que não têm som, como é o caso do *h* em *hoje, homem, hotel* e *hora*.

Em se tratando de indivíduos com desenvolvimento atípico, o professor deve estar atento às especificidades de cada um. O trabalho de estimulação, portanto, é individual e dependente da *performance* do aluno.

PALAVRAS FINAIS

Pensar na possibilidade de alfabetização de indivíduos com desenvolvimento atípico não é utopia, mesmo tendo como paradigma os sujeitos caracterizados como típicos. O letramento inclusivo pode ser realidade nas salas de aula para alunos especiais, ainda que o processo aconteça de forma mais lenta.

Pesquisas com portadores de Dislexia e de SD demonstram que os desvios de leitura e escrita não são totalmente aleatórios. Silva (2011) salienta que, em se tratando de deficiência mental, cada caso é um caso. Como salientado no texto, cabe à escola e, em especial, a uma equipe interdisciplinar (alfabetizador, fonoaudiólogo, psicólogo e outros profissionais afins) desenvolver um "olhar clínico" para as reais necessidades de cada aluno, a fim de efetivar e potencializar o processo de letramento.

Referências bibliográficas

Adams, J. M. Et al. *Consciência fonológica e alfabetização.* Porto Alegre: Artmed, 2006.

Alves, Fátima. *Para entender síndrome de down.* Rio de Janeiro: WAK Editora, 2011.

Almeida, Geraldo Peçanha. *Minha escola recebeu alunos para a inclusão. Que faço agora?* Rio de Janeiro: WAK Editora, 2011a.

_______. *Desenvolvimento da Escrita.* 3. ed. Rio de janeiro: WAK Editora, 2011b.

Almeida, Amanda; almeida, Maria; almeida, Maykonn. *Manual para tratamento de disgrafia:* disortografia e troca de letras. Biblioteca24horas, 2010.

Aquino, M. F. *Uma proposta de tipologia de erros de leitura:* análise sociolinguística e cognitiva. João Pessoa, 2010. Tese (Doutorado) – UFPB.

Avila et al. Tipologia de erros de leitura de escolares brasileiros considerados bons leitores. *Pró-fono Revista de atualização científica,* 21 (4), pp. 320-5, 2009.

Bortoni-ricardo, Stella Maris. Métodos de alfabetização e consciência fonológica: o tratamento de regras de variação e mudança. *SCRIPTA,* Revista do Programa de Pós-Graduação em Letras e do Centro de Estudos Luso-afro-brasileiros da PUC Minas, v. 9 n. 18, 2006, pp. 201-20.

Boudreau, D. *Literacy skills in children and adolescents with Down Syndrome.* Reading and writing, 2002.

Cagliari, L. C. *Alfabetização e ortografia.* Educar n. 20, pp. 43-58, Curitiba: Editora UFPR, 2002.

Capovilla, A.; Capovilla, F. *Alfabetização:* método fônico. São Paulo: Memnon, 2002.

Cardoso-martins, C. *Consciência fonológica e alfabetização.* Petrópolis: Vozes, 1996.

Catts, H. W.; Kahmi, A. G. *Language and reading disabilities.* Boston: Ally Bacon, 1999.

Cunha, Eugênio. *Práticas pedagógicas para inclusão e diversidade.* Rio de janeiro: WAK Editora, 2011.

Deuschle, Vanessa Panda; Cechella, Cláudio. O déficit em consciência fonológica e sua relação com a dislexia: diagnóstico e intervenção. *Rev. CEFAC,* São Paulo, 2008. Disponível em: <http://www.scielo.br/scielo.php?script=sci_arttext&pid=S1516-18462009000600009&lng=en&nrm=iso>. Acesso em: 23 out. 2011. Epub Dec 05, 2008. <http://dx.doi.org/10.1590/S1516-18462008005000001>. Acesso em: out. 2011.

Ferreira, Carlos A. de Mattos; Thompson, Rita; Mousinho, Renata (org.). *Psicomotricidade clínica.* São Paulo: Lovise, 2002.

Ferreiro, E.; Teberosky, A. *Psicogênese da língua escrita.* Porto Alegre: Artes Médicas, 1999.

KATO, M. A. *No mundo da escrita*: uma perspectiva psicolinguística. Ática, São Paulo, 1995.

LOU, Oliver. *Distúrbios de aprendizagem e de Comportamento*. 6. ed. Rio de Janeiro: WAK Editora, 2011.

KLEIMAN, A. (org.) *Os significados do letramento*: uma nova perspectiva sobre a prática social da escrita. Campinas, Mercado de Letras, 1995.

KORKMAN, M.; PESONEM, A. E. Comparison of Neuropsychological test profiles of children with attention deficit-hyperactivity disorder and/or learning disorder. *Journal of Learning Diabilities*, 1994, 27, pp. 383-92.

LOPES, I. *Cenas de letramentos sociais*. Programa de pós-graduação em Letras da UFPE. Recife, 2006 (Teses).

MAIA, Heber (org.). *Neuroeducação*: a relação entre saúde e educação. Rio de janeiro: WAK Editora, v. 1, 2011 (Neuroeducação).

________ (org.). *Neurociências e desenvolvimento cognitivo*. Rio de Janeiro: WAK Editora, v. 2, 2011 (Neuroeducação).

MACHADO, José R. M.; NUNES, Marcus V. S. *245 jogos lúdicos para brincar como os nossos pais brincavam*. Rio de janeiro: WAK Editora, 2011.

MAREC-BRETON, N.; GOMBERT, J. A dimensão pedagógica nos principais modelos de aprendizagem de leitura. In: MALUF, M. R. (org.) *Psicologia educacional: questões contemporâneas*. São Paulo: Casa do Psicólogo, 2004.

MENDES, Luciana; MAIA, Marcus; GOMES, Gastão Coelho. Dislexia e processamento sintático. *Rev. psicopedag.*, São Paulo, v. 27, n. 82, 2010. Disponível em: <http://pepsic.bvsalud.org/scielo.php?script=sci_arttext&pid=S0103-84862010000100006&lng=pt&nrm=iso>. Acesso em: out. 2011.

MORGAN, M. Moni, K. B.; Jobling, A. (2004). What's it all about? Investigating reading comprehension strategies in young adults with Down syndrome. *Down Syndrome Research & Practice*, 9, pp. 37-44.

MOLLICA, M. C. *Da linguagem coloquial à escrita padrão*. Rio de Janeiro: 7 Letras, 2003.

________ (org.) *Formação em letras e pesquisa em linguagem*. Rio de Janeiro: Navona Editora, 2005.

MOUSINHO, Renata. *Aspectos Linguístico- cognitivos da Síndrome de Asperger*: projeção, mesclagem e mudança de enquadre / Linguistic and Cognitive Aspects of Asperger's Syndrome: mapping, blending and frame-shifting. Tese (Doutorado em Linguística) – UFRJ, 2003.

PENA-CASANOVA, Jordi; *Manual de Fonoaudiologia*. 2. ed. Porto Alegre: Artmed, 1997.

RELVAS, Marta Pires. *Neurociência e transtornos de aprendizagem*: as múltiplas eficiências para uma Educação Inclusiva. 5. ed. Rio de Janeiro: WAK Editora, 2011.

RODRIGUES, Sônia das Dores; CASTRO, Maria José Martins Gomes de; CIASCA, Sylvia Maria. Relação entre indícios de disgrafia funcional e desempenho acadêmico. *Rev. CEFAC*, São Paulo, v. 11, n. 2, jun. 2009.

RONDAL, J. A Dificultades del lenguaje en el síndrome de Down: Perspectiva a lo largo de la vida y princípios de intervención. *Revista Síndrome de Down*, v. 23, n. 91, pp. 120-8, 2006.

SANTOS, Maria Thereza Mazorra dos, NAVAS, Ana Luiza Gomes Pinto. *Distúrbios de Leitura e Escrita:* Teoria e Prática. São Paulo: Manole, 2002.

SCLIAR-CABRAL, L. In: PELANDRÉ, N. *Ensinar e aprender com Paulo Freire:* 40 horas 40 anos depois. São Paulo: Cortez, 2002b.

________. *Guia prático de alfabetização*. São Paulo: Contexto, 2003.

SHAYWITZ, B. A. et al. Localization of Semantic Processing Using Functional Magnetic Resonance Imaging. *Human Brain Mapping*, 2, 1995, pp. 149-58.

SHAYWITZ, S. E.; FLETCHER, J. M; and SHAYWITZ, B. A. Issues in the definition and classification of attention deficit disorder. In: *Topics in Language Disorders* 14: 1 25, 1994.

Siegel, s. IQ is irrelevant to the definition of learning disabilities. *Journal of Learning disabilities*, 22, 469-478, 486, 1989.

Silva, c. a. p. p. g. da. *Distúrbios fonoarticulatórios na Síndrome de Down e implicações na lectoescrita*. Rio de Janeiro, 2011. Tese (Doutorado) – ufrj.

Soares, m. s. *Letramento e alfabetização*: as muitas facetas. Trabalho apresentado na 26ª Reunião Anual da Anped em Poços de Caldas, em outubro de 2003.

Stampa, m. *Aquisição da leitura e da escrita*: uma abordagem a partir da consciência fonológica. Rio de Janeiro: WAK Editora, 2009.

________. *Aprendizagem e desenvolvimento das habilidades auditivas*: Entendendo e Praticando. Rio de Janeiro: WAK Editora, 2011.

Trenholm, b.; Mirenda, P. Home and community literacy experiences. Down *Syndrome Research and Practice*, 10(1), 2006, pp. 30-40.

O ENSINO DE LÍNGUA PORTUGUESA PARA SURDOS

Ana Ziner Nogueira

PALAVRAS INICIAIS

A visão patológica sobre a surdez ainda influencia as práticas escolares e se materializa nas formas de concepção da pessoa surda em suas denominações: deficiente auditivo, portador de necessidades especiais, entre outras nomenclaturas que não garantem seu direito à identidade cultural e bilíngue. Neste contexto sobre a surdez, esta é reconhecida pela falta de audição e, no discurso da diversidade ainda etnocêntrico, é *a pessoa normal que apenas não ouve*, uma vez que – em suas práticas – a organização dos programas de ensino, principalmente o de língua, tem como referência o padrão ouvinte. De acordo com a política da educação inclusiva, a *libras* apresenta função linguística reduzida no discurso da *superação de barreira comunicativa*, ignorando que sob a expressão *que apenas não ouve* há muito a ser reconhecido: o valor linguístico e cultural de uma comunidade.

A LINGUÍSTICA E A EDUCAÇÃO DE SURDOS: UM BREVE HISTÓRICO

Essa visão sobre a comunidade surda ampara-se na concepção de língua como articulação do som. A capacidade intelectual humana era considerada pela relação língua e intelecto na Antiguidade Clássica e, como consequência, se o sujeito não possuísse uma língua oral, o seu intelecto estava comprometido, deficiente. Sendo assim, a língua de sinais (caracterizada pela ausência do som) era tratada como linguagem de mímicas e gestos, destituída de gramática, que os "surdos-mudos" usavam para se comunicarem entre os seus pares.

Na década de sessenta, do século xx, o linguista William Stokoe percebe que a comunicação por sinais das pessoas surdas norte-americanas não se tratava de simples mímicas ou de uma representação da língua inglesa através de gestos das mãos. Stokoe, ao investigar a comunicação por sinais dos surdos norte-americanos, chega à conclusão de que esta forma de comunicação satisfaz os critérios linguísticos de língua natural e, portanto, a *American Sign Language* (Língua de Sinais Americana) – como todas as outras línguas de sinais no mundo – passa a ser reconhecida pelo *status* de língua.

No Brasil, recentemente, conhecida pelas comunidades surdas como a lei de libras, a Lei 10.436, de 24 de abril de 2002, oficializa a língua brasileira de sinais como a língua das comunidades surdas brasileiras. Três anos mais tarde, surge o Decreto 5.626, de 22 de dezembro de 2005, sancionado para regulamentar a lei de libras e, assim, conduzir todo o processo educacional do surdo, tendo em vista o aspecto linguístico: educação bilíngue – possibilitando a educação ou como escola bilíngue ou, pelo menos, a existência de classes bilíngues. O surdo, então, goza legalmente do direito de instrução em sua primeira língua (a *libras*) e a língua portuguesa, em sua modalidade escrita, como a segunda língua.

Na história geral da educação de surdos, no século xviii, a educação de pessoas surdas passa por um período áureo: o surgimento da primeira escola pública para surdos, em Paris. O abade L'Epée se propõe a ensinar um grupo de pessoas surdas a ler e escrever em francês, através do seu método combinando a língua de sinais francesa com a gramática da língua oral francesa, chamado de sinais metódicos. Embora tenha sido o início de um letramento, a forma de comunicação sinalizada dos surdos ainda não era reconhecida pelas funções de uma língua. Após sessenta anos, Roch-Ambroise Bébian percebe o pouco aproveitamento dos sinais metódicos e o abandona, já que se torna claro que a linguagem natural dos surdos apresentava as mesmas funções das línguas orais e, assim, a educação dos surdos passa a ser por meio das línguas de sinais (Sacks, 2005: 33).

Nas sociedades europeias, sujeitos surdos assumem profissões intelectuais (escritor, engenheiro, filósofo, professor etc.). Com isso, há um vasto número de professores surdos no mundo, e a educação de surdos goza de reconhecimento linguístico e de uma educação própria para as pessoas surdas (Sacks, 2005: 34-5). Após alguns anos, professores surdos franceses dessa escola vêm para a América e fundam as primeiras escolas para surdos: Laurent Clerc (1816) – nos EUA, em Hartford – e Edward Huet (1857) – no Brasil, funda o Instituto Nacional de Educação de Surdos, no Rio de Janeiro.

Embora a língua de sinais tenha se mostrado eficaz no ensino-aprendizagem, ainda havia oposição a ela. Um grupo que se opunha à linguagem sinalizada na educação de surdos acreditava que o desenvolvimento linguístico do sujeito surdo deveria ser por meio da língua oral falada (inglês, francês, português etc.) – reconhecia esta modalidade de língua como o único caminho que possibilitaria alcançar o *status* de *normalidade*. Nesse ponto ressurge o surdo como sujeito "deficiente", "incompleto", considerando a surdez como patologia que necessita de tratamento, de terapias para que pudesse articular o som de uma língua para ser aceito socialmente. Então, em 1880, em Milão, no Congresso Internacional de Educadores de Surdos, estabelece-se que – a partir desta data – a educação de surdos seguiria o método oralista: a criança surda deve aprender a falar e usar a leitura labial para se integrar à sociedade, e a linguagem sinalizada passa a ser proibida até meados do século XX.

Essa medida levou o surdo ao *déficit* linguístico e, consequentemente, aos problemas educacionais – que continuam a existir em nossas escolas – devido à falta de uma aquisição de língua de modo natural para o desenvolvimento das operações mentais superiores, descritas por Vygotsky. A língua garante o suporte para a estruturação do pensamento humano, logo a língua de sinais fará este papel para a pessoa surda, permitindo-lhe o desenvolvimento cognitivo, emocional e intelectual para a sua construção como sujeito completo diante de si e da sociedade.

O atual contexto do ensino de língua portuguesa para surdos no Brasil

O ensino-aprendizagem da língua portuguesa tem sido um grande desafio tanto para os alunos surdos quanto para os professores da disciplina. As representações sobre a surdez pautada numa visão patológica sobre o surdo são, em grande parte, responsáveis pela dificuldade de se encontrar o caminho de letramento de surdo na escrita desta língua. Normalmente, há uma tendência histórica em tratá-lo como alguém que *apenas não ouve*, minimizando a sua identidade linguística, isto é, ignorando-o como alguém que pertence a uma comunidade linguística diferente dos alunos ouvintes.

Embora o Decreto 5.626/2005 conduza todo o processo educacional do surdo usuário de *libras*, o currículo da escola ainda está voltado para o falante nativo de língua portuguesa. De acordo com este documento, o ensino da língua portuguesa (em sua modalidade escrita) deve ser ofertado como ensino de segunda língua, de forma que

> Para complementar o currículo da base nacional comum, o ensino de Libras e o ensino da modalidade escrita da Língua Portuguesa, como segunda língua para alunos surdos, devem ser ministrados em uma perspectiva dialógica, funcional e instrumental, como:
>
> I – atividades ou complementação curricular específica na educação infantil e anos iniciais do ensino fundamental; e
>
> II – áreas de conhecimento, como disciplinas curriculares, nos anos finais do ensino fundamental, no ensino médio e na educação superior.
>
> (Cap. IV, § 2º, art. 15)

Pensando na aquisição da linguagem e no ensino de línguas, o aluno ouvinte, quando inicia sua trajetória escolar, praticamente já adquiriu toda a gramática de sua língua; por essa razão, a disciplina de língua portuguesa tem por objetivo o desenvolvimento e a reflexão crítica da competência linguística na língua materna e aquisição da modalidade escrita. Já no contexto de aprendizagem da língua estrangeira, esse aluno correlacionará a sua experiência linguística em língua materna com a língua-alvo e, desse modo, operará para o desenvolvimento de competências comunicativas na nova língua que está aprendendo.

Em contrapartida, quando inicia o seu processo de escolarização, a criança surda – em sua maioria filha de ouvintes – pode apresentar *déficit* linguístico em *libras* devido à ausência de um contexto linguístico apropriado para a aquisição de uma língua natural em família.

Pensando nessa realidade, a questão linguístico/cultural das comunidades surdas necessita ser compreendida pela visão socioantropológica no sistema educacional para propiciar ao surdo oportunidade de igualdade social e de gozar de uma educação eficiente. Para alcançar esse propósito, nas escolas brasileiras, a figura do professor de *libras* (de preferência surdo) é essencial, tendo por objetivos: (1) a aquisição de *libras* como primeira língua – como referência linguística e cultural; e (2) o ensino de *libras* como disciplina que trabalhe o desenvolvimento de competências linguísticas na primeira língua.

Essa questão é fruto da importância da primeira língua para as competências psicossociais humanas, já que é a língua materna, primeira língua, que sustenta as hipóteses, as inferências, as deduções, as relações lógicas e abstratas para a construção de um sistema simbólico e para a aprendizagem da segunda língua.

Um dos grandes desafios dos surdos nas escolas regulares é garantir o seu direito linguístico e compreender o ensino de línguas a partir de sua função e da metodologia apropriada. O ensino de português para falantes de língua materna mostra-se inadequado para os surdos e ouvintes filhos de surdos que têm a libras como primeira língua, no entanto, na grade escolar, não está prevista uma disciplina de português por escrito como segunda língua para usuários da língua de sinais.

Além disso, a visão tradicional do ensino de línguas – como já discutida por vários autores – mostra-se pouco eficiente para desenvolver competências na leitura e na produção escrita. Quando acontece a busca por uma estratégia de ensino do português para o surdo, é comum observar que o foco recai na repetição de estrutura, na substituição de itens gramaticais, na memorização de vocabulário e na gramática normativa, conduzindo o ensino-aprendizagem por um caminho árduo, superficial e artificial, uma vez que não explora a situação comunicativa de uso em práticas sociais.

Historicamente, a dificuldade com o português escrito apresenta-se sob os seguintes aspectos: vocabulário, gramática e estrutura sintática complexa. Isto demonstra que a memorização de vocabulário, itens gramaticais e repetição de estruturas não possibilitam a aprendizagem e desenvolvimento do sistema linguístico da língua alvo. A respeito dessa insuficiência metodológica, citamos o exemplo de uso da *categoria tempo verbal* da língua portuguesa em prática de leitura. Ao aplicar um questionário em forma de entrevista em português escrito e em língua brasileira de sinais, Nogueira (2007: 98) busca compreender a relação de alunos surdos do ensino médio numa escola pública do Rio de Janeiro com *libras*, língua portuguesa e a construção de uma identidade cultural e linguística. Na parte escrita da entrevista, havia perguntas de ordem pessoal, de escolaridade e de experiência linguística, tais como:

(a) Faz *uso* de prótese?

(b) Já *fez uso* de prótese alguma vez?

(c) Por que *usa* ou *deixou de usar*?

(d) *Frequentou* ou *frequenta* escola regular?

A partir desses exemplos, observa-se que os alunos surdos processam a semântica dos verbos, contudo, não conseguem elaborar a diferença entre as formas do verbo no tempo presente (*faz* e *usa; frequenta*) e no tempo pretérito perfeito (*fez* e *deixou de usar; frequentou).*

Abordar a categoria verbal por meio de exercícios de memorização dos paradigmas verbais não favorece a operação com os elementos linguísticos da língua-alvo e tampouco a reflexão crítica sobre outras informações contidas, de ordem morfológica principalmente, na produção de significados do ato discursivo: tempo, aspecto e modalização. Entre outras razões, essa dificuldade com o tempo verbal do surdo em reconhecer os morfemas deve-se às diferenças gramaticais entre as línguas envolvidas: a sua primeira língua (modalidade espaço-visual) e a língua alvo (modalidade oral-auditiva), uma vez que, além de modalidades linguísticas distintas, gramaticalmente, "a marca de tempo em *libras* não ocorre pelo mesmo processo da língua portuguesa. Em *libras*, o tempo verbal se divide em: passado, presente e futuro, inexistindo qualquer subcategoria de tempo verbal" (Nogueira, 2007: 98). Essa marca de tempo é realizada com o item lexical externo ao verbo, e não como parte integrante dele, como ocorre no português (Brito, 1995).

Considerando a influência da primeira língua sobre a segunda língua como uma etapa no processo de aprendizagem, no contexto da surdez, equivocadamente há a tendência em acreditar que "os erros" sejam um problema de aprendizado do aluno devido à surdez, principalmente em suas produções escritas. Na verdade, é um problema teórico-metodológico, pois seria neste estágio que se deveria intensificar uma abordagem que propiciasse ao aluno a reflexão sobre as diferenças entre os dois sistemas linguísticos envolvidos em sala de aula.

Ao tentar produzir a língua-alvo, o aluno surdo desenvolve um sistema linguístico de transição entre *libras* e *português*, linguisticamente denominado de interlíngua. Essa língua de transição apresenta um conceito restrito ao indivíduo, contudo Moita-Lopes (1999: 113-21) propõe a extensão desse conceito. Segundo o autor, pensar na interlíngua de forma restrita ao indivíduo não será prático para o professor em sala de aula, já que ele lida com turma. O conceito de interlíngua, como grupo de alunos, portanto, possibilita ao professor a consciência do processo de aprendizagem da segunda língua, "pois pode apontar os processos de aprendizagem dos alunos, os níveis linguísticos que apresentam áreas mais problemáticas, aspectos que ainda faltam ser estudados etc." (Moita-Lopes, 1999: 120).

Além dessa necessidade de refletir sobre uma interlíngua no processo de aprendizado do sistema linguístico em português, os gêneros textuais e a sua organização discursiva têm sido pouco aproveitados no ensino de surdos. Normalmente, as atividades com textos desvinculam-se das práticas discursivas sociais e aparecem somente voltadas às práticas pedagógicas de forma artificial, como, por exemplo, as pesquisas em revistas, jornais ou livro didático, sem um trabalho que reflita sobre o tipo de texto, a sua organização discursiva e os recursos linguísticos envolvidos na construção de significados. O gênero textual surge, então, como *pretexto* para memorização de vocabulário, por exemplo, mostrando-se uma atividade mecânica e não suficiente para inclusão do sujeito na leitura, assim Nogueira (2007: 99) observa que

> o jornal despertava interesse dos alunos quando as notícias lhes eram muito próximas, como as notícias da localidade onde vivem. Mas, fora desse contexto, o jornal e a revista são apenas materiais a serem recortados para a sala de aula. Quando se tentava ler o jornal, era visível a busca por palavras já conhecidas, juntando-as e associando-as à imagem se houvesse. Verificava-se que, ao fim da decodificação, muito pouco haviam apreendido das informações contidas no texto.

O aluno surdo compreende o mundo que o cerca pela experiência visual e, por não dominar o sistema de escrita de sua segunda língua, recorre a estratégias que possam satisfazer sua necessidade de informação no texto: *associação à imagem*. Por esse recurso, busca inferir significados que deveriam ser construídos por esquemas de leitura, que envolvem as suas experiências sociais, linguísticas e o sistema textual.

A ausência de um recurso metodológico que desenvolva a questão da competência textual deve-se ao fato de relegar as atividades de prática de texto (leitura e produção) a um segundo plano, priorizando o trabalho com "vocabulários, gramática e estruturação de frases em pequenos textos" (Karnopp, 2010: 66). De acordo com Karnopp (2010: 65-78), o ensino do português para surdos, no ensino básico, mostra-se elementar por minimizar a capacidade do aluno quando opta por utilização de fragmentos ou pequenos textos como pretexto gramatical, desconsiderando a natureza e função do texto ao desvincular a experiência linguística e o conhecimento de mundo do aluno.

Essas questões são pontos relevantes ao elaborar um programa de ensino de língua portuguesa em modalidade escrita quando se almeja contemplar a diversidade linguística sob a perspectiva socioantropológica. Nesta visão, a comunidade surda usuária de *libras* passa a ser reconhecida pelo direito de igualdade linguística e de manifestação de sua cultura, sem recorrer a estereótipos sobre a surdez e sem subjugar sua capacidade intelectual e linguística com *adaptações mecânicas*, que não atingem às expectativas para fins de uma competência linguística na língua portuguesa escrita.

A língua portuguesa por escrito para surdos: em busca de um referencial teórico-metodológico

No Brasil, o mito da homogeneidade linguística, como se todos que nascessem no país fossem falantes nativos do português, impede o reconhecimento das realidades de comunidades indígenas, de filhos de imigrantes estrangeiros e de comunidades surdas. Essa concepção cria enormes dificuldades para a construção de um sistema de ensino voltado às diversidades linguísticas e culturais. Concentrando a atenção na realidade de diversas comunidades linguísticas, o ensino de língua portuguesa pode se apresentar sob três naturezas:

1) A língua como forma de construção da pessoa e de comunicação cotidiana do indivíduo, como língua materna.
2) A língua como veículo de escolarização de comunidades que a utilizam como língua segunda.
3) A língua como referência sociopolítica e cultural nos espaços em que é língua estrangeira. (Mateus, 2002: 1)

Das três vertentes de ensino do português, o aspecto que nos interessa no momento é o segundo ponto, o ensino de português *como veículo de escolarização de comunidades que a utilizam como língua segunda*, uma vez que é este o foco desta discussão sobre o ensino de línguas e as comunidades surdas brasileiras.

Neste ponto, vale um comentário em relação ao significado entre língua estrangeira e segunda língua. Após a Segunda Guerra Mundial, com a independência de países africanos que viviam sob o sistema de colonização de países europeus, a língua de origem europeia assume o estatuto de língua oficial convivendo com as línguas locais (língua materna). Crispim (1990: 6) esclarece que – se "inicialmente, 'língua segunda' significou a primeira língua estrangeira aprendida" – após esse contexto histórico, a segunda língua passa a significar a língua do estrangeiro (em sua fase inicial) que requer o domínio de seu sistema em diversos contextos de uso. Em outras palavras, a segunda língua é a apropriação do sistema linguístico com função social quando o usuário está imerso na comunidade de fala da língua.

No Brasil, dentre outras comunidades linguísticas, duas línguas são reconhecidas oficialmente: a língua portuguesa e a língua brasileira de sinais. Na comunidade ouvinte, o português desempenha a função de língua materna/primeira língua, e *libras*, pelo menos deveria, a de segunda língua. O contrário ocorre com a comunidade surda, que ao dialogar com a comunidade ouvinte em diversas situações de práticas sociais (familiar, educacional, religiosa, profissional etc.), assim necessita dominar o sistema da língua oral, em sua modalidade escrita principalmente, sem sobrepor a importância da língua de sinais para sua formação psicossocial.

O ensino de uma língua implica assumir uma perspectiva metodológica ligada à crença de como está relacionada à apropriação do conhecimento e funcionamento da língua-alvo. As concepções de linguagem estão relacionadas a uma perspectiva teórico-metodológica condicionada à visão política a respeito da prática de ensino: ou contribuem para as novas construções de saberes ou legitimam a reprodução do conhecimento dominante (Oliveira e Wilson, 2010: 235-41).

Tradicionalmente, o enfoque das aulas de português é o do ensino da gramática exaustivamente e, no que diz respeito aos surdos, sem questionamentos sobre a finalidade do ensino desta língua para surdo usuário de *libras* e a sua identidade cultural nas práticas escolares. Afinal, qual o papel da língua de sinais em sala de aula? Por que a maioria das pessoas surdas no Brasil conclui o ensino básico com pouco ou sem nenhum domínio do sistema do português? Como estimular o desenvolvimento da competência linguística em leitura e produção escrita da língua portuguesa? Linguistas e estudiosos em educação discutem – desde a metade da década de noventa do século passado – o ensino da língua portuguesa como segunda língua, a partir das diferenças culturais e linguísticas dessas pessoas, o que demonstra a necessidade de políticas linguísticas e educacionais eficientes no contexto da surdez para aproximar a prática escolar aos estudos científicos.

Quando se ensina uma língua estrangeira, para desenvolver o seu uso com eficiência, torna-se necessária a escolha de uma teoria-metodológica que oriente o aprendiz a compreender as diferenças culturais manifestadas nas línguas envolvidas no contexto de sala de aula. Neste ponto, a questão crucial é a forma como o aluno surdo constrói suas experiências e aprendizagens nas práticas sociais através da natureza do *input* linguístico. O mundo dos sons está para a constituição do sujeito ouvinte e, dessa forma, os recursos sonoros – por exemplo, poesias e músicas, com exploração de rimas, assonância etc. – estão sempre presentes em salas de aula em escolas regulares, além da língua portuguesa em sua modalidade falada. Em contrapartida, esse recurso não possibilita a construção de significado e conhecimento para o aluno surdo usuário de *libras*, que percebe e significa o mundo pela experiência visual, sua língua é visual e os métodos de ensino da segunda língua precisam se adequar os recursos didáticos à natureza do sujeito.

O ensino de uma segunda língua precisa visar à competência comunicativa do aprendiz na língua-alvo, seus interesses e necessidades sociais. Para isso, o currículo de língua portuguesa deve levar em consideração as seguintes questões: a língua do aluno, sua cultura, a realidade da comunidade escolar e a função social da língua portuguesa (na modalidade escrita).

De acordo com Freire (1999: 31-2), ao propor um currículo de ensino de português como segunda língua, ao final do ensino básico, o aluno surdo deve ser capaz de:

> 1. Identificar, no universo que o cerca, a existência de mais de uma língua cooperando no sistema de comunicação;
> 2. Vivenciar uma experiência de comunicação humana, pelo uso do português como segunda língua, no que se refere a novas maneiras de se expressar e de ver o mundo;

3. Reconhecer que o aprendizado de português como segunda língua lhe possibilita acessar bens culturais;
4. Utilizar as habilidades comunicativas da leitura e da produção escrita para poder atuar em diversas situações no mundo;
5. Ler e valorizar a leitura como fonte de informação e prazer, utilizando-a como meio de acesso ao mundo do trabalho e de estudos avançados;
6. Construir conhecimento sistêmico, sobre a organização textual e sobre como e quando utilizar a linguagem nas situações de comunicação.

Freire (1999: 25-34), baseada em Moita-Lopes (1999), propõe que o foco de atenção seja dado no processo de ensino, incluindo "tanto professores quanto alunos interagindo no contexto de ação, neste caso, a sala de aula" e o "objetivo final é levá-lo [o surdo] a continuar a aprender por si mesmo". Nessa perspectiva, o ensino de língua portuguesa para as pessoas surdas mostra-se mais eficiente e o papel professor deixa de ser um mero reprodutor para agir como mediador-participante da construção de saberes a respeito do sistema da língua-alvo. A sala de aula seria o espaço da negociação entre línguas (a *libras* e a língua portuguesa) e culturas (a do ouvinte e a do surdo), reconhecendo a importância dos dois sistemas linguísticos envolvidos no ensino-aprendizagem. Se o professor não conhece ou não domina a *libras*, a presença do intérprete mostra-se essencial nesse processo.

UMA PROPOSTA TEÓRICO-METODOLÓGICA EM FUNÇÃO DO BILINGUISMO NO CONTEXTO DA SURDEZ

A teoria-metodológica proposta segue a perspectiva sociointeracional baseada na teoria de esquemas de Moita-Lopes (1999: 137-43), que considera que o ato de ler seja uma forma de interação comunicativa no qual é exigido um "processo real de negociação de significados" entre o leitor e o escritor, "posicionados social, político, cultural, e historicamente" Moita-Lopes (1999: 139).

Nessa perspectiva teórica, com o objetivo de estimular a competência textual, a atenção recai para a organização de um programa que relacione os conteúdos gramaticais e os procedimentos metodológicos em função da prática discursiva escrita. Para isso, o professor deve considerar os esquemas envolvidos no processo de construção de significado no ato da leitura: conhecimento de mundo, o conhecimento do sistema linguístico e o conhecimento esquemático do texto.

O esquema referente ao conhecimento de mundo envolve as experiências e os saberes construídos nas práticas sociais através da língua de sinais. No caso dos alunos surdos, está diretamente condicionado à natureza (usuário de uma língua espaço-visual) e qualidade do *input* linguístico, isto é, o nível de domínio de *libras*, a forma em que apreendem as informações, a interação na família, se frequenta comunidades surdas e as identidades sociais, por exemplo.

Embora diversas pesquisas nas áreas da linguística apontem a importância da língua de sinais para o desenvolvimento linguístico, social e cognitivo do sujeito surdo, ainda hoje é comum encontramos casos de crianças privadas da língua brasileira de sinais. Isso implica a forma de construção do conhecimento de mundo, já que através da língua adquirimos os valores simbólicos convencionados em sociedade (os conceitos e regras sociais, os valores culturais e políticos etc.).

Sacks (2005: 50-6) comenta o caso de uma criança surda que inicia o seu processo de escolarização sem língua. Como não escrevia nem falava e nem conhecia a língua de sinais, utilizava-se de gestos e pantomima. É somente quando ingressa na escola (aos 11 anos) que entra em contato com a língua de sinais. O autor descreve uma grande habilidade do menino para o desenho, a resolução de problemas visuais e jogos de quebra-cabeça. Contudo, demonstrava ser incapaz de compreender perguntas ou elaborar respostas, narrar o que lhe acontecera em um final de semana mesmo em língua de sinais. Assim, descreve essa criança:

> via, distinguia, categorizava, usava; não tinha problemas com a categorização ou generalização "perceptiva", mas, ao que parecia, não conseguia ir muito além disso, ter em mente ideias abstratas, refletir, brincar, planejar. Ele parecia totalmente exato – incapaz de julgar imagens, hipóteses ou possibilidades, incapaz de entrar numa esfera imaginativa ou figurativa. (Sacks, 2005: 52)

A língua é o principal instrumento do pensamento e, por essa razão, a ausência de língua de sinais confina o surdo a um mundo limitado e imediato (Sacks, 2005); é a língua que propicia a experiência simbólica, já que "os signos são fruto desta capacidade cognitiva do homem de 'internalizar' e 'mediar' a experiência que o cerca e, através deste processo evolutivo, gerar o conhecimento" (Fernandes e Correia, 2010: 15), o que possibilita desenvolver a noção de tempo que utilizamos ao narrar um fato ou experiência, dentre outros exemplos, adquiridos em interações sociais.

No entanto, quando o surdo apresenta competência e desempenho em *libras* – principalmente o filho de surdos – não se observa essa *incapacidade de operar com as esferas imaginativas e figurativas* e, portanto, o processo de construção de sentido de mundo será realizado pela natureza linguística em práticas sociais, tal qual ocorre com um ouvinte e a sua língua oral.

O professor precisa estar consciente da diversidade em relação às experiências linguísticas e sociais de seus alunos ao preparar os recursos metodológicos para o ensino da língua portuguesa e, assim, buscar estratégias que possam despertar a consciência do aluno para esse esquema e mostrá-lo que – como sujeito social, político e cultural – existe o processo de negociação entre ele e o texto para a construção de significado.

No que diz respeito ao esquema do sistema linguístico, refere-se ao conhecimento da língua que o leitor operará em níveis sintático, morfológico e semântico. O conhecimento sistêmico possibilita a escolha entre um ou outro código da língua e a forma de organizar a gramática da língua de acordo com as intenções discursivas. Assim, ao dominar o sistema, o aluno será capaz de decodificar o sistema construindo significado no ato da leitura e, também, de direcionar suas intenções comunicativas em sua produção escrita.

Logo, aprender a fazer uso de uma língua não é conhecer palavras ou fazer uso de algumas estruturas comunicativas. Com relação a esse pensamento, Fernandes e Correia (2010: 18) menciona o fato de ainda ser muito comum a crença de alguns "profissionais da área de surdez apontar crianças surdas em fase de aquisição de língua portuguesa (sem terem o domínio de língua de sinais) como falantes em potencial", uma vez que conseguem realizar a leitura labial e "se comunicar razoavelmente". Aprender uma língua é mais que a possibilidade de uma comunicação imediata; é nos colocar em contato com o *eu* e o *mundo*, é envolver identidades e aspectos culturais, sociais e psicossociais no ato discursivo.

Quanto a considerar a língua do aluno no processo de ensino da segunda língua, embora haja controvérsias nesta questão, no contexto da surdez, Fernandes e Correia (2010), Karnopp (2010) e Freire (1999) afirmam a importância de *libras* para o aprendizado do português escrito pelo surdo. Que fique claro que o papel da língua de sinais não deve ser um mero recurso (pretexto) pedagógico como ocorreu na Comunicação Total[1], já que o objetivo era somente levar o surdo à aquisição do sistema de língua oral.

A língua brasileira de sinais ativa os esquemas cognitivos expressos nos outros dois componentes: conhecimento de mundo e o esquema textual (tipos discursivos). O esquema textual refere-se à forma como os textos são estruturados, a organização do discurso de acordo com o tipo e o gênero textual. A experiência com tipos discursivos e a forma em que organiza o discurso na primeira língua (narrar, descrever, argumentar) possibilita ao aluno a reflexão sobre as diferenças entre a sua língua e a segunda língua, desenvolvendo a capacidade crítica – ao contrastar os dois sistemas – de construir significado e aprofundar o seu conhecimento linguístico em direção à construção de uma identidade bilíngue.

Do discurso visual ao verbal: uma prática de letramento de surdos

O procedimento de ensino de língua portuguesa para surdos que será apresentado a seguir já foi testado em uma escola regular de ensino médio. A respeito do procedimento metodológico, os recursos didáticos propostos mostram-se adequados e eficientes em qualquer fase do ensino básico. Devido à proposta ter como prática central o texto em todo o programa e a escola privilegiar o conteúdo, o professor pode elaborar seu planejamento buscando o gênero textual que melhor se coaduna ao conteúdo, com o cuidado de não tornar o texto um pretexto gramatical.

É comum o aluno surdo chegar ao ensino médio com a noção de texto não condizente com a sua função social, já que em todo o ensino fundamental a experiência com a prática de textual é deficiente. Compartilhando os mesmos objetivos do ensino de português para surdos apresentados por Freire (1999) anteriormente, o professor pode organizar os gêneros textuais a partir da linguagem não verbal visual (como charges, pinturas, quadros, esculturas, fotografias etc.) e, processualmente, inserir textos verbais (pequenas sinopses de filmes de jornal, anedotas, filmes legendados, contos, crônicas, textos de jornais, livros etc.).

A natureza linguística determina o modo como as informações são apreendidas para a construção do conhecimento, sendo assim – de acordo com Gesueli (2004: 39-48) – recursos didáticos visuais podem se tornar materiais didáticos eficientes no letramento de crianças surdas.

A noção de texto para o aluno surdo é essencial, uma vez que o considera somente como um conjunto de palavras por não dominar suas relações na construção de sentido global. Isso implica a forma de produção de texto, que se caracteriza pela ausência de coerência e progressão do fluxo informacional, entre outras características.

As atividades devem favorecer a interação do aluno com o texto imagístico para que se tornem representativas em prática de leitura e, posteriormente, em produção escrita. Ao solicitar o sentido em uma figura e questionar o processo que – baseados no conhecimento de mundo – conduz até a resposta, os elementos que compõem as *pistas discursivas* passam a ser ilustrativas para despertar a noção de *tessitura*, facilitando a compreensão de que as palavras ou estruturas frasais (no discurso verbal) assumem o papel dos elementos imagísticos. Isso também se reflete na produção escrita, pois esse sentido crítico irá amadurecendo e despertando para a necessidade de selecionar e relacionar os itens lexicais na constituição de um campo de significação no ato discurso. Assim, a elaboração de quadros ilustrativos que compõem os campos semânticos possibilita o trabalho com vocabulário dentro de um contexto de uso.

Como a proposta de ensino do português escrito se volta para a prática discursiva, o texto precisa ser explorado como um todo, não somente se ater a um ponto para a aula. Desse modo, um texto pode ser utilizado em vários outros pontos de aulas. A partir da mesma imagem, podem ser abordados o tema, o título e, então, iniciar a produção escrita do aluno com um pequeno resumo, utilizando as pistas visuais e os seus significados para o significado do discurso.

O texto imagístico também pode contribuir para a construção de conceitos sobre as funções e disposições dos elementos que compõem o sistema da língua portuguesa. Voltando ao uso de imagens, por meio de transferências de funções entre as imagens e as palavras, pode-se elaborar um trabalho de percepção sintática estimulando a reflexão do aluno sobre o núcleo de um sintagma nominal, por exemplo, e o seu modificador. Dessa maneira, o aluno poderá entender que, se o núcleo for modificado por outra figura ou palavra, a temática se altera; contudo, se substituir os modificadores do sintagma nominal, a temática permanece com outras implicações ou qualificações. Esse tipo de relação possibilita a compreensão da função dos substantivos e adjetivos na construção do sentido no texto.

Dessa forma, as práticas discursivas visuais constituem a natureza linguística e cultural dos surdos; é desse modo que os surdos adquirem informações, relacionam-se com o mundo, constroem conhecimentos. Como a maioria dos surdos é de famílias ouvintes, os meios de comunicação não estão voltados para esta diferença de ordem linguística, e como ainda não domina o mundo da leitura, há a necessidade de o professor buscar recursos que estimulem a reflexão para promover o conhecimento sobre diversos aspectos: social, cultural, político, histórico etc.

É nessa construção de conhecimentos e saberes que as imagens mostram-se eficientes. Durante a prática de leitura, em que o aluno compartilha informações com os outros alunos e o professor em sua língua, vai tomando consciência sobre o esquema de leitura e, por consequência, do fluxo informacional essencial para a progressão e coerência discursiva.

Foram aplicados a uma turma de primeiro ano do ensino médio, no primeiro bimestre do ano letivo de 2009, textos-imagem. Neste período, fizeram parte do programa os gêneros discursivos: charge (com vários aspectos temáticos), história em quadrinhos (com objetivo de trabalhar a organização da informação e o tempo cronológico e narrativo), filme (após debate, como atividade de produção escrita: a sinopse do filme – com objetivo de promover a experiência com a organização do discurso narrativo) e crônica. O conteúdo gramatical é trabalhado de acordo com sua manifestação no texto.

A atividade com a crônica de Fernando Sabino – intitulada *Protesto tímido* – além do conhecimento da estrutura deste gênero, possibilitou levar o aluno a refletir como o texto pode ser organizado (nos modos narrativo, descritivo e dissertativo) e como o autor busca selecionar itens do sistema linguístico (predicações, adjetivos, aspecto verbal [perfectivo, imperfectivo, duração/processo], figuras de linguagem etc.) em cada modo discursivo com função argumentativa, a ação sobre o leitor. Como as outras atividades, o foco recai na negociação leitor (aluno)-autor-texto, sendo assim – pela complexidade do gênero – a abordagem do texto foi realizada ao longo do terceiro bimestre. Após explorar todas as possibilidades com o texto, os alunos produziram os seus, tendo como objetivo *sensibilizar* o leitor para uma questão social. A atividade deveria partir de uma experiência do aluno e chegar a um apelo social.

Dessa programação de ensino de língua portuguesa surge a produção escrita de uma aluna que, no início do ano letivo, apresentava desconforto e pouco desempenho na disciplina:

A professora

Eu tinha muito raiva, nervosa, vergonhar foi passado foi muito horrível. Eu tava sentada depois a professora falou assim venha aqui você ler o seu livro de português venha aqui levantar assim ela falava foi isso eu falava não quero porque tenho muita vergonha muito. Ela falava problema não venha levantar aqui pra os alunos ver você lendo o livro então eu tinha muito vergonhar. Mas a professora foi ruim também os alunos ficava rindo em mim muito. Eu tinha muito vergonha muita sentir triste. Eu sei a professora tinha rindo em mim porque eu falava e muito feio e horrível muito horrível também a professora tinha desprezo e preconceito eu tinha muito triste então foi passado.

Agora tem muita problema lá fora minha vizinha despreza a mim mas eu não fiz nada pra ela. Ela falou assim vc ta metida. Ela não gosta surda nada ela não ver a minha cara por isso ela preconceito em mim. Eu falei pra ela, oi! Ela não fala nada pra mim nada. Foi muito difícil pra as pessoas preconceito surda deficiente etc... também meu pai não ver a minha cara. Meu pai nada fala pra mim ele gostar muito minha irma ouvi. Então é mesmo preconceito em mim. Agora eu vi muitas vezes as pessoas preconceito pra a surda foi lá na rua.

Também o homem sentado na rua mendigo as pessoas deprezo eu vi ele muito pena eu do dinheiro pra ele. Então muitas gente pessoas preconceito, desprezo eu vi muitas vezes lá fora também na rua. Quem é foi culpa governo homem não ajuda nada pessoas. Eu tenho mito pena muito.

(Aluna G, 1ª série do ensino médio)

Primeiramente, vamos ilustrar a situação da aluna G antes de comentar seu texto, apresentado acima. A aluna é fluente em *libras*, e sua produção textual, no início do ano letivo, era simples, sem progressão temática, com um único parágrafo de, no máximo, cinco linhas, devido a pouca prática com escrita. Não se mostrava muito à vontade com a disciplina, preferindo se manifestar somente se fosse solicitada pela professora. Ao fim do terceiro bimestre, participava dos debates em aulas, buscava relacionar as formas de produção de sentido de sua primeira língua com a língua portuguesa, questionando a relação de sentido entre os sistemas linguísticos, embora a comparação, em certos contextos, se mostrasse uma tarefa complicada devido às línguas pertencerem a modalidades distintas.

No conhecimento do sistema textual, ainda com alguma limitação vocabular, observamos o fluxo de informação importante para a progressão temática do preconceito social: (a) o surdo na escola; (b) o surdo no contexto social ("vizinha"); (c) o surdo na família; e (d) o preconceito de forma geral (situação dos moradores de rua; "mendigos"). Ainda problematiza com algo que podemos dizer que seja uma tese: *governo homem não ajuda nada pessoas.*

Com relação ao conhecimento do sistema linguístico, mostrou competência com uso do *imperfectivo*, ao enfatizar a recorrência de ações verbais na escola, e o *perfectivo* (o pontual), em família, na vizinhança e no contexto social, além do uso de estruturas verbais com auxiliares, por exemplo. O uso dessas categorias funcionais da gramática da língua portuguesa demonstra o processo de apropriação da escrita em prol da produção de sentido para alcançar as suas intenções discursivas.

Quanto às formas gramaticais, elementos flexionais, preposições, conectores, algumas estruturas que ainda não estão de acordo com o português, não podemos considerar como "erros", uma vez que – além de não prejudicar a coerência discursiva – são produtos da interlíngua. Vale ressaltar a interlíngua como o processo intermediário entre duas línguas que, com o respeito à natureza linguística do aprendiz e recursos apropriados para relacionar os sistemas envolvidos de modo dialógico, conduz à operação nos dois sistemas com competência, logo à aprendizagem da segunda língua, o português escrito.

Para refletir um pouco mais

Comentamos a importância do reconhecimento da pessoa surda em relação à língua e à cultura, em que a língua brasileira de sinais desempenha função de primeira língua, e a língua portuguesa, principalmente em sua modalidade escrita, a de segunda língua. Com base nas questões envolvidas no capítulo, pesquise sobre as filosofias educacionais para surdos (Oralismo, Comunicação Total e Bilinguismo) e discuta as seguintes questões:

a) A razão de o Oralismo ter sido um fracasso na educação de surdos.
b) Embora a Comunicação Total permita o uso da língua de sinais, tal como no Oralismo, mostrou-se uma abordagem ineficiente na educação de surdos.
c) O conceito e os tipos de bilinguismo e suas implicações no contexto da educação de surdos.
d) A relação entre língua e cultura e a comunidade surda.

1- A seguir se encontra uma carta de uma pessoa ouvinte estrangeira. Compare a sua escrita com a produção "A professora", da aluna G (presente no capítulo), e, assim, procure responder o que for solicitado a seguir.

Carta de uma ouvinte estrangeira

Querida B

Desculpe a demorra na resposta à sua carta. Estou com muito feliz recebê-la. O problema é que estou escrevendo como louca de manhã até a noite, artigos pra meus professores lá nos EUA, aplicações às fundações que oferecem verbas para fazer pesquisa, e cartas pra parentes e amigos porque tenho uma amiga aqui que vai viajar domingo e ela concordou em levar essas coisas e mandar pelo correio de São Francisco. È mais barato do que mandar pelo correio daqui no Brasil até cidades nos EUA.

Claro que você vai ser bem-vindo ficar comigo. Então vou esperando você no dia 22/10/93. Que pena que você não está aqui agora que a Associação Alvorada é celebrando o aniversário este fim do semana. Por favor informe-me sobre a hora da chegada para que eu possa ficar em casa àquele tempo.

Eu também tenho muitas saudades pra você, R., K. e tudo mundo do curso e do congresso. Vai boa ver você logo.

(Santos, Deize Vieira dos. *Coesão e coerência em escrita de surdos.* Departamento de linguística e filologia, Faculdade de Letras, UFRJ, Dissertação de mestrado, 1994, p. 130)

a) Aponte as características de ordem sistêmica (aspecto linguístico) encontradas nas duas produções escritas (a da estrangeira e a da aluna surda).

b) A partir dos pontos levantados no item (a), a qual conclusão podemos chegar?
c) Levando em consideração os itens anteriores, apresente como a prática do ensino de português vem abordando essa questão.

Palavras finais

A educação de surdos que tem como objetivo o bilinguismo precisa considerar a realidade de muitas crianças e adolescentes surdos em relação à aquisição da primeira língua. No país, ainda são poucos surdos que adquirem a libras em mais tenra idade, isso prioriza a necessidade de uma política educacional que propicie a aquisição desta língua nas escolas e o letramento dessas pessoas na própria língua antes de expô-las ao aprendizado da segunda.

A luta política da comunidade surda por uma educação bilíngue sustenta seu discurso no fracasso que tem sido a educação de surdos desde o Congresso de Milão por falta de um referencial linguístico ideal, comprometendo o desenvolvimento psicossocial do sujeito e privando-o do direito à educação básica e, consequentemente, o ensino superior.

Por razões que discutimos no capítulo, a língua portuguesa tem sido também um fator de exclusão da comunidade surda nas práticas escolares. Então, há urgência de um currículo escolar que contemple a língua brasileira de sinais e a língua portuguesa escrita para surdos visando o ideal bilíngue, reconhecendo os aspectos funcionais de cada uma delas e compreendendo que o papel da língua de sinais não é somente levar o sujeito a aprender a língua da comunidade ouvinte para se incluir socialmente. Pensar assim é não reconhecer a trama de identidades em jogo nas práticas de ensino da segunda língua; é, acima de tudo, não reconhecer o sujeito linguístico-cultural, mas é – como observa Karnopp (2010: 78) – colocar a língua do surdo na situação de *inferiorizada e descaracterizada no contexto escolar*.

Assim, há a necessidade de se considerar que o processo de ensino de língua portuguesa envolve conflitos entre a língua do aprendiz e a língua que está aprendendo. "O encontro com uma língua estrangeira [ou segunda língua] faz vir à consciência alguma coisa do laço mais específico que mantemos com a *nossa* língua" (Revuz, 2002: 215).

Diante desses fatores, resta-nos questionar por qual viés a política pública educacional compreende a educação bilíngue e refletir sobre o papel dos profissionais envolvidos neste contexto da surdez: o professor surdo de libras, o professor bilíngue, o professor de Língua Portuguesa e o intérprete.

Embora o papel do intérprete seja fundamental no processo educacional, não podemos achar que somente a sua figura representa igualdade de ensino e promova ao ideal linguístico, pois se o currículo não contemplar a realidade do sujeito linguístico-cultural e, portanto, a disciplina de língua portuguesa não se adequar à natureza linguística do surdo e buscar uma teoria-metodológica que dê conta de suas necessidades bilíngues, a educação de surdos continuará fadada à visão patológica da surdez, causando danos linguísticos e educacionais.

Nota

[1] A Comunicação Total, com o propósito de levar ao aluno surdo a aquisição da língua oral, utiliza-se da língua de sinais como recurso pedagógico, sem reconhecer o seu *status* e importância de primeira língua do sujeito surdo. Assim, através de sinais, reproduzia as regras do sistema da língua oral (português), criando um código conhecido como "português sinalizado" pelos linguistas e estudiosos em educação de surdos brasileiros.

Referências bibliográficas

Brasil. Lei 10.436, de 24 de abril de 2002. Dispõe sobre a Língua Brasileira de Sinais-Libras e dá outras providências. *Diário Oficial da União*, Brasília, 2002.

______. Decreto 5.626, de 22 de dezembro de 2005. Brasília, 2005.

Brito, Lucinda Ferreira. *Por uma gramática de língua de sinais*. Rio de Janeiro: Tempo Brasileiro: UFRJ, 1995, pp. 27 e 48.

Crispin, Maria de Lurdes. Português uma Língua Estrangeira. In. *Revista Internacional de Língua Portuguesa*, n. 3, jul. 1999, pp. 6-12.

Fernandes, Eulalia; Correia, Claudio M. de Carvalho. Bilinguismo e surdez: A evolução dos conceitos no domínio da linguagem. In: Fernandes, Eulalia (org.). *Surdez e Bilinguismo*. Porto Alegre: Editora Mediação, 2010, pp. 7-25.

Freire, Alice Maria da Fonseca. Aquisição do português como segunda língua: uma proposta de currículo para o Instituto Nacional de Educação de Surdos. In: Skliar, Carlos (org.). *Atualidade da educação bilíngue para surdos. Interfaces entre pedagogia e linguística*. Porto Alegre: Editora Mediação, 1999, pp.25-34.

Gesueli, Zilda Maria. A escrita como fenômeno visual nas práticas discursivas de alunos surdos. In: LODI, Ana Claudia Balieiro; Harrison, Kathryn Marie Pacheco; Campos, Sandra

Regina Leite de (orgs.). *Leitura e escrita no contexto da diversidade.* Porto Alegre: Editora Mediação, 2004, pp. 38-48.

Karnopp, Lodenir Becker. Práticas de leitura e escrita em escolas de surdos. In: Fernandes, Eulalia (org.). *Surdez e Bilinguismo.* Porto Alegre: Mediação, 2010, pp. 65-79.

Mateus, Mira. *Uma política de língua para o português.* Conferência apresentada num colóquio sobre A Língua Portuguesa na Universidade de Santiago de Compostela, em abril de 2002. Disponível em: <http://www.iltec.pt/pdf/wpapers/2002-mhmateus-politicapt.pdf). Acesso em set. 2011.

Moita-lopes, Luiz Paulo da. *Oficina de Linguística Aplicada.* A natureza social e educacional dos processamentos de ensino/aprendizagem das línguas. São Paulo: Mercado de Letras, 1996.

Nogueira, Ana Carla Ziner. *Cultura, língua e valores surdos em uma escola inclusiva*: a sala de recursos. Rio de Janeiro, 2007. Dissertação (Mestrado em Linguística) – ufrj.

Oliveira, Mariangela Rio de; Wilson, Victoria. Linguística e ensino. In.: Martellota, Mário Eduardo. *Manual de linguística.* São Paulo: Contexto, 2010, pp. 235-41.

Revuz, Christine. A língua estrangeira entre o desejo de um outro lugar e o risco do exílio. In.: Signorini, Inês (org.). *Línguag(gem) e identidade.* Elementos para uma discussão no campo aplicado. São Paulo: Mercado de Letras, 2002, p. 213-61.

Sacks, Oliver. *Vendo Vozes.* Uma viagem ao mundo dos surdos. Trad. Laura Teixeira Motta. São Paulo: Companhia da Letras, 2005.

As organizadoras

Roza Palomanes

Doutora em Linguística pela Universidade Federal do Rio de Janeiro (UFRJ) e professora adjunta desta disciplina do Departamento de Letras e Ciências Sociais da Universidade Federal Rural do Rio de Janeiro – UFRRJ. Foi professora dos ensinos fundamental e médio da rede pública do Rio de Janeiro. É pesquisadora e uma das coordenadoras do Grupo COGNIDIN – Cognição, Discurso e Interação, da UFRRJ. Participa do Grupo de Estudos Discurso & Gramática da UFRJ, coordena o NEPROEN – Núcleo de Elaboração de Projetos de Ensino, na UFRRJ, e é coordenadora geral do curso de Pós-graduação *lato sensu* a distância (convênio CECIERJ/UFRRJ). É coautora do livro *Manual de linguística*, publicado pela Contexto.

Angela Marina Bravin

Professora de Língua Portuguesa do Departamento de Letras e Comunicação Social da Universidade Federal Rural do Rio de Janeiro (UFRRJ), mestre e doutora em Letras Vernáculas pela UFRJ. Atualmente, desenvolve pesquisas sobre indeterminação do sujeito em textos acadêmicos, com base na Sociolinguística Variacionista, e coordena o grupo de pesquisa ESAELP (Estudos sociolinguísticos aplicados ao ensino de língua portuguesa). Atuou como professora de Língua Portuguesa em escolas públicas do Rio de Janeiro, nos níveis fundamental e médio. É autora de artigos científicos publicados em periódicos brasileiros.

Os autores

Ana Ziner Nogueira

Professora da Universidade Federal Rural do Rio de Janeiro (ICHS/DLC – Letras), com pesquisa em Estudos Linguísticos e Educação de Surdos: Estudo linguístico em Libras, ensino/aprendizagem da Língua Portuguesa por Escrito (L2) para Surdos e educação inclusiva para surdo em ensinos básico e superior. A linha de pesquisa é fruto de sua experiência com o ensino de Língua Portuguesa em sistema estadual de ensino. Mestre pela Universidade Federal do Rio de Janeiro, em programa de Pós-graduação em Linguística, concentração em área de Língua e Sociedade e especialista em Língua Portuguesa: Estudos de texto (UFRJ).

Andressa Ribeiro

Acadêmica de Fonoaudiologia da Faculdade de Medicina da UFRJ. Pesquisadora no projeto Migração, Redes Sociais, Acomodação, Variação e Mudança, orientado por Maria Cecília Mollica. Bolsista CNPq.

Angélica Furtado da Cunha

Doutora em Linguística pela Universidade Federal do Rio de Janeiro e professora titular dessa disciplina na Universidade Federal do Rio Grande do Norte. É líder do Grupo de Estudos Discurso & Gramática da UFRN. Organizadora, coautora e tradutora de livros na área de Linguística Funcional. Coautora do livro *Manual de Linguística*, publicado pela Contexto.

Cynthia Patusco

Doutora em Linguística pela UFRJ. Professora adjunta do curso de Letras da UniverCidade (Faculdade da Cidade – Rio de Janeiro) desde 1999. Atua principalmente nas seguintes áreas: fonética e fonologia, patologias da linguagem, alfabetização e letramento. Pesquisadora do PEUL (UFRJ).

Deise Moraes Pinto

Pesquisadora associada ao Grupo de Estudos Discurso & Gramática (UFRJ). Professora da UNIABEU Centro Universitário. Licenciada em Português/Inglês (1998), mestra em Linguística (2003) e doutora em Linguística (2008), pela Universidade Federal do Rio de Janeiro. Atua na área de Linguística Funcional.

Edvaldo Balduino Bispo

Doutor em Estudos da Linguagem pela UFRN e professor de Língua Portuguesa na mesma instituição. Suas pesquisas focalizam questões morfossintáticas do português brasileiro e ensino de língua materna em perspectiva funcional, área em que tem publicado vários artigos.

Gabrielle Costa Lourenço

Atualmente é aluna em formação do curso de Fonoaudiologia da Faculdade de Medicina da Universidade Federal do Rio de Janeiro e bolsista em Iniciação Tecnológica (PIBIT) do projeto Migração Social, Redes Sociais, Acomodação, Variação e Mudança, que tem como orientadora a professora e pesquisadora Maria Cecilia Mollica.

Gerson Rodrigues

Professor Adjunto i do Departamento de Letras e Comunicação da Universidade Federal Rural do Rio de Janeiro. Mestre pela Universidade Federal do Rio de Janeiro e doutor pela Universidade Federal Fluminense, foi professor das redes estadual, municipal e privada de ensino como professor de Língua Portuguesa. Atualmente faz parte do Núcleo de Interfaces Gramaticais, do qual é um dos coordenadores e em que estuda a interface sintaxe-semântica nos processos de mudança linguística no português brasileiro.

Gilson Costa Freire

Graduado em Letras pela Universidade do Estado do Rio de Janeiro (UERJ), com mestrado e doutorado em Letras Vernáculas pela Universidade Federal do Rio de Janeiro (UFRJ). Trabalhou por dez anos como professor efetivo do ensino fundamental nas redes municipais do Rio de Janeiro e de Duque de Caxias, passando também pela Secretaria de Estado da Educação do Rio de Janeiro como professor efetivo do ensino médio. Atualmente é professor adjunto no Departamento de Letras e Comunicação da Universidade Federal Rural do Rio de Janeiro (UFRRJ), no qual atua na formação de professores de Língua Portuguesa. Tem como objeto de pesquisa a variação e a mudança sintática relacionadas ao sistema pronominal do português brasileiro em comparação com o português europeu, nas modalidades falada e escrita, focalizando a redução do quadro de clíticos de terceira pessoa e as estratégias para sua substituição.

Karen Sampaio Alonso

Professora adjunta do Departamento de Linguística e Filologia da UFRJ. Licenciada em Português/Literaturas, mestre e doutora em Linguística pela Universidade Federal do Rio de Janeiro. Atua na área de Linguística Cognitivo-Funcional e de Linguística Histórica. Foi professora substituta de Língua Portuguesa na Universidade Federal Fluminense na Universidade do Estado do Rio de Janeiro – Faculdade de Formação de Professores e na Faculdade CCAA. Atuou no curso de Especialização em Linguística Aplicada do Centro Educacional Geraldo Di Biase. É coautora do livro *Funcionalismo linguístico: novas tendências teóricas*, publicado pela Contexto.

Maria Cecilia Mollica

Titular em Linguística da UFRJ e pesquisadora I do CNPq. Atua nos Programas de Pós-graduação em Linguística (UFRJ) e em Ciência da Informação (IBICT/UFRJ). Professora do curso de Fonoaudiologia da Faculdade de Medicina da UFRJ. Atualmente, é representante do CONSUNI na instituição. Já dirigiu a Faculdade de Letras, além de ter assumido vários cargos em outras instâncias. É coordenadora do Programa de Estudos sobre o Uso da Língua (PEUL) e membro do Programa EJA vinculados à PR-5 e a COPPE. Presidente da ABRALIN (2001-2003). Sua pesquisa abrange aspectos sociofuncionais da mudança linguística, a lectoescrita, o processamento da linguagem através de contato on-line e off-line entre redes sociais. Tem vários livros publicados como autora, coautora, organizadora de coletâneas e artigos em revistas nacionais e internacionais. Possui produção de material instrucional inovador. É coorganizadora do livro *Introdução à Sociolinguística*, autora de *Fala, letramento e inclusão social* e organizadora de *Linguagem para formação em Letras, Educação e Fonoaudiologia*, todos publicados pela Contexto.

Mariangela Rios de Oliveira

Professora-associada da Universidade Federal Fluminense, onde coordena o Programa de Pós-graduação em Estudos de Linguagem. Tem doutorado pela Universidade Federal do Rio de Janeiro em Letras Vernáculas – Língua Portuguesa. É editora da *Revista Gragoatá*, pesquisadora do CNPq, secretária executiva da ANPOLL e coordenadora geral do Grupo de Estudos Discurso & Gramática. Autora de livro, organizadora de coletâneas, de capítulos e artigos na área dos estudos morfossintáticos do português na vertente funcionalista e na interface com o ensino de português. É coautora de *Manual de Linguística* e de *Funcionalismo linguístico: novas tendências teóricas*, ambos publicados pela Contexto.

Mônica Piza

Professora adjunta I no Departamento de Letras e Ciências Sociais da Universidade Federal Rural do Rio de Janeiro – UFRRJ. Possui graduação em Letras – Português/Inglês – pela Federação das Faculdades Celso Lisboa, mestre em Língua Portuguesa pela Universidade Federal do Rio de Janeiro e doutora em Língua Portuguesa pela mesma instituição. Participa como pesquisadora do Núcleo de Estudos Morfossemânticos do Português (NEMP) pela UFRJ e é líder do Núcleo de Interfaces Gramaticais (NIG) pela UFRRJ. Foi durante dezesseis anos professora da Rede Municipal de Ensino do Rio de Janeiro para o ensino fundamental II. Participa como avaliadora de exames vestibulares no Rio de Janeiro, tais como UERJ, UFRJ, CEDERJ e do ENEM.